ORIENTAÇÃO PROFISSIONAL EM AÇÃO

CIP-BRASIL. CATALOGAÇÃO NA PUBLICAÇÃO
SINDICATO NACIONAL DOS EDITORES DE LIVROS, RJ

078

Orientação profissional em ação : formação e prática de orientadores / organização Marilu Diez Lisboa, Dulce Helena Penna Soares. - São Paulo : Summus, 2017.
312 p. : il.

Apêndice
Inclui bibliografia
ISBN: 978-85-323-1074-3

1. Orientação profissional. I. Lisboa, Marilu Diez. II. Soares, Dulce Helena Penna.

17-42198 CDD: 331.702
CDU: 331.548

www.summus.com.br

ORIENTAÇÃO PROFISSIONAL EM AÇÃO

FORMAÇÃO E PRÁTICA DE ORIENTADORES

VOLUME 1

MARILU DIEZ LISBOA
DULCE HELENA PENNA SOARES (orgs.)

summus editorial

ORIENTAÇÃO PROFISSIONAL EM AÇÃO – FORMAÇÃO E PRÁTICA DE ORIENTADORES
Volume 1

Editora executiva: **Soraia Bini Cury**
Assistente editorial: **Michelle Campos**
Projeto gráfico e diagramação: **Crayon Editorial**
Capa: **Alberto Mateus**
Impressão: **Sumago Gráfica Editorial**

Summus Editorial
Departamento editorial
Rua Itapicuru, 613 – 7º andar
05006-000 – São Paulo – SP
Fone: (11) 3872-3322
Fax: (11) 3872-7476
http://www.summus.com.br
e-mail: summus@summus.com.br

Atendimento ao consumidor
Summus Editorial
Fone: (11) 3865-9890

Vendas por atacado
Fone: (11) 3873-8638
Fax: (11) 3872-7476
e-mail: vendas@summus.com.br

Impresso no Brasil

SUMÁRIO

APRESENTAÇÃO
Marilu Diez Lisboa e Dulce Helena Penna Soares 9

PARTE 1
FORMAÇÃO E IDENTIDADE DE ORIENTADORES PROFISSIONAIS 17

CAPÍTULO 1
A formação de orientadores profissionais: um compromisso social multiplicador
• MARILU DIEZ LISBOA 19

CAPÍTULO 2
Ser orientador profissional: uma construção diária
• MAGDA BAETTA 39

CAPÍTULO 3
Constituição da identidade ocupacional fundamentada em estudos da psicologia social
• MARILU DIEZ LISBOA 61

CAPÍTULO 4
"Lanterna dos afogados": identidade profissional como fator de proteção em desenvolvimento de carreira
• IÚRI NOVAES LUNA 87

PARTE 2
ORIENTAÇÃO PROFISSIONAL SOB DIFERENTES OLHARES TEÓRICO-PRÁTICOS 113

CAPÍTULO 5
Uma análise gestáltica do processo de orientação profissional
• MARIA TERESA MANDELLI 115

CAPÍTULO 6
Uma abordagem holística em orientação profissional
• ADOLFO KUHN PFEIFER 145

CAPÍTULO 7
Orientação ou reabilitação profissional? Análise das possibilidades de ação na educação especial
• CAMILA DE SOUSA PEREIRA-GUIZZO 169

CAPÍTULO 8
Orientação profissional curricular: um modelo possível
• ANNA KELLY FRAXE TIZIANEL FROTA 187

PARTE 3
ANOS UNIVERSITÁRIOS: JUVENTUDES E CARREIRA 205

CAPÍTULO 9
Juventudes: sentidos do trabalho e o processo de escolha profissional
• REGINA CÉLIA BORGES 207

CAPÍTULO 10
Trabalhando critérios de escolha com jovens em orientação profissional
• GABRIEL FEIGEL, JOÃO LUCAS XAVIER SCHÜLER E IÚRI NOVAES LUNA 227

CAPÍTULO 11
Repercussões de um curso pré-vestibular popular na vida dos estudantes
• GERUZA TAVARES D'AVILA, CLAUDIA BASSO, NÁDIA VERIGUINE E DULCE HELENA PENNA SOARES 257

CAPÍTULO 12
Autoconhecimento e planejamento da carreira por universitários
• NÁDIA VERIGUINE, GERUZA TAVARES D'AVILA E DULCE HELENA PENNA SOARES 277

APÊNDICE
A formação em orientação profissional: uma experiência de 21 anos
• MARILU DIEZ LISBOA E DULCE HELENA PENNA SOARES . . . 295

APRESENTAÇÃO

OS CAPÍTULOS QUE compõem este livro têm origem em estudos, pesquisas e práticas dos autores ao longo de 25 anos de uma parceria de trabalho que se efetivou, desde sua concepção, com o propósito de contribuir para a construção de uma área do conhecimento. Cada autor traz consigo um desejo de compartilhamento entre profissionais que vêm trilhando os caminhos da orientação profissional e de carreira por meio de trajetórias independentes, ao mesmo tempo que presentes numa relação profissional de inserção em diferentes tempos. Constrói-se então uma história que, concretamente, se constituiu em uma atividade que completa 21 anos: o Curso de Formação em Orientação Profissional e de Carreira - *A facilitação da escolha*, realizado pelo Instituto do Ser - Orientação Profissional e de Carreira.

Os autores deste volume são compostos pelas criadoras do curso mencionado e por seus ex-alunos, com exceção do prof. dr. Iúri Novaes Luna, colega cuja trajetória tem engrandecido o curso, no qual se integra como palestrante. Cada capítulo traz estudos, pesquisas, experiências e reflexões, suscitadas e discutidas na intersecção de suas práticas com o aprofundamento de conteúdos oferecidos pelo curso.

Os convites para compor esta obra se deram justamente pelo que foi sendo observado durante os momentos vivenciados nos grupos da formação em OPC, ricos em reflexões que vão se transformando em ações, pelos trabalhos de conclusão de curso ou, ainda, pelo embasamento que se constrói em cada aluno que se torna orientador profissional e produz resultados transformadores no âmbito da apropriação e de suas ações nessa área do conhecimento.

O livro, inicialmente proposto como a terceira edição revista do título lançado pela Summus em 2000, passou a ser pensado como primeiro volume de uma coleção, visto o número de produções relevantes advindas do curso de formação supracitado. A coleção terá a mesma denominação da obra inicial: *Orientação profissional em ação – Formação e prática de orientadores*, título que expressa exatamente o que nós, organizadoras, temos vivido como estudiosas, pesquisadoras, orientadoras profissionais e professoras dessa área do conhecimento e observado ao longo da formação dos estudantes.

Nosso propósito foi e continua sendo contribuir efetivamente com a evolução desta que tem se confirmado uma necessidade cada dia mais urgente: a solidificação da orientação profissional no Brasil. Vivemos um universo de complexidades que atingem jovens e adultos em todos os âmbitos de sua existência. O concernente ao trabalho não foge à regra, e justamente aí reside nossa responsabilidade de promover reflexões e escolhas assertivas e significativas para as pessoas em relação ao exercício profissional.

“Ser quando crescer” tornou-se uma tarefa complexa e de difícil escolha, por inúmeras razões, o que traz a necessidade de refletir antes de tomar decisões, bem como de analisar de forma cuidadosa desde o âmbito da subjetividade até o da concretude do momento vivido. Considerando as diferentes dimensões do tempo futuro, em curto, médio e longo prazo, "ser quando crescer" passa de uma projeção ao momento de ser adulto num estalar de dedos. Quando chega esse momento, assumir o ser adulto se torna mais difícil diante de uma realidade cada vez mais complexa e, mais do que isso, turbulenta e em permanente transformação.

O CAPÍTULO 1 enfoca a formação de orientadores profissionais no Brasil como um processo necessário e de relevância, já que a orientação profissional é hoje uma área do conhecimento com especificidades não necessariamente exploradas nos cursos de formação universitária que dela se ocupam. As questões discutidas no capítulo fundamentam e permeiam a formação de orientadores profissionais, circunstanciada no contexto brasileiro, nos últimos 25 anos de estudos e experiência da autora nessa área do conhecimento e diante de seu compromisso com o papel de professora/formadora de profissionais na área.

O CAPÍTULO 2 traz a perspectiva das condições fundamentais para o exercício da profissão de orientador profissional de jovens e adultos, especialmente nas instituições de ensino superior.

"O QUE VOCÊ quer/vai ser quando crescer?" Essa pergunta desafia as pessoas desde a infância, desencadeando ou reforçando o delineamento de um projeto de futuro. O Capítulo 3 discute a formação da identidade ocupacional, compreendendo-a como um desdobramento da identidade pessoal, sob perspectivas teóricas específicas e entendidas pela autora como complementares - psicanálise e psicologia social. São também considerados os aspectos ligados ao processo evolutivo do ser humano quanto à escolha profissional, bem como as diferentes influências, traduzidas pelos âmbitos econômico, sociológico e psicológico.

NO CAPÍTULO 4, a discussão é centrada nos impactos referentes às transformações da realidade laboral sobre a identidade, considerando que vivemos uma fase de modernidade, que traz um contexto de novas configurações de carreiras e diferentes expectativas sobre desempenhos no trabalho. O autor do capítulo defende que, se a modernidade atual é "líquida", uma identidade profissional mais clara e resolvida pode emergir como uma lanterna em meio à fluidez. Dentro dessa perspectiva, aborda: a identidade em sua perspectiva social e histórica; as novas exigências do exercício laboral; a identidade profissional como fator de proteção diante de novos modelos de carreira; a importância da orientação profissional e de carreira como forma qualificada de processar a construção de identidades profissionais.

O CAPÍTULO 5 apresenta as principais bases teóricas da Gestalt-terapia, articulando-as com o fazer clínico vinculado à orientação profissional com a população jovem.

O CAPÍTULO 6 discute o cenário de crise do trabalho humano, desencadeada por fatores complexos - históricos, sociais, econômicos, tecnológicos, culturais e políticos. Diante dessa realidade, propõe uma abordagem holística em orientação profissional, trabalhando com pressupostos baseados em estudos de longos anos e utilizando métodos e técnicas específicos da área do conhecimento da OP.

O CAPÍTULO 7 trata da orientação profissional de pessoas com deficiência, buscando a ampliação da percepção sobre as possibilidades do trabalho do orientador profissional, vista a complexidade do cenário atual do trabalho. Discute a interface da OP de pessoas com deficiência com outros campos do conhecimento, com destaque para a educação especial e, nos seus primórdios, os serviços de reabilitação profissional. A autora trabalha como ponto fundamental a escassa divulgação dessa área no contexto acadêmico e social.

O CAPÍTULO 8 apresenta um "modelo possível de orientação profissional curricular", buscando incentivar orientadores profissionais a construir, nas instituições de ensino, espaços que preparem jovens estudantes para o vestibular.

O CAPÍTULO 9 discute a orientação profissional e de carreira, refletindo sobre os sentidos que o trabalho suscita em jovens aprendizes - que procuram conciliar emprego e estudos e, na maioria, realizam a escolha profissional dentro de um contexto possível e, não raro, limitado e de modo "solitário".

O CAPÍTULO 10 descreve uma intervenção no processo de orientação profissional em uma escola de ensino médio visando estabelecer critérios para a realização de escolhas profissionais. Nessa abordagem, o orientador profissional atua mostrando aos estudantes que esses critérios costumam se desenvolver juntamente com valores e características pessoais, constituídos por meio de sua socialização - por suas vivências e experiências pessoais, familiares e sociais.

Adentrar à universidade, nela permanecer e concluir um curso superior é, até os dias de hoje, uma difícil tarefa para grande parte da população brasileira. Apesar da existência de mecanismos facilitadores, como o Exame Nacional do Ensino Médio (Enem), o Sistema de Seleção Unificada (Sisu) e o Programa de Ações Afirmativas (PAAs), que diminuem a nota de corte na seleção pelo tradicional exame vestibular, permanece a existência do chamado "funil", que seleciona e, consequentemente, exclui a maioria dos candidatos do ingresso nas universidades.

O CAPÍTULO 11 discute o acesso ao ensino superior brasileiro, tendo como objetivo apresentar esse tema e suas categorias analisadas de forma mais ampla. Como parte desse cenário, investiga como se coloca o ingresso às universidades brasileiras para os cidadãos de camadas populares.

O CAPÍTULO 12 examina a importância do processo de autoconhecimento no planejamento de carreira dos egressos das universidades, assim como a própria noção destes sobre o autoconhecimento. O texto também considera a importância da informação profissional para a população que ainda não se inseriu no mundo do trabalho ou àqueles cuja principal opção, nessa fase da vida, é o trabalho.

POR FIM, o apêndice oferece um relato histórico e uma exposição mais detalhada sobre a trajetória que deram origem a esta nova edição.

MARILU DIEZ LISBOA E
DULCE HELENA PENNA SOARES

PARTE 1

FORMAÇÃO E IDENTIDADE DE ORIENTADORES PROFISSIONAIS

A FORMAÇÃO DE ORIENTADORES PROFISSIONAIS: UM COMPROMISSO SOCIAL MULTIPLICADOR

MARILU DIEZ LISBOA

01

FORMAR PESSOAS EM uma área do conhecimento é um exercício cuja responsabilidade reside em nada menos do que colocar a serviço da sociedade profissionais que assumam, com comprometimento, eficácia e efetividade, o seu saber. Esse nobre ato não somente inclui a multiplicação de saberes, mas implica educar para ações profissionais assertivas, fundamentadas, dignas e éticas diante de quem for se beneficiar de suas capacidades.

No presente caso, estamo-nos referindo à formação de orientadores profissionais, que "no Brasil vem se constituindo em um processo evolutivo importante e, ao mesmo tempo, lento" (Lisboa e Soares, 2004). Essa reflexão foi feita no livro que originou a presente coleção, escrito e editado há 17 anos, tempo em que se constatava quanto a orientação profissional (OP) ainda necessitava se desenvolver para cumprir com seu papel diante da sociedade brasileira. Passados esses anos, ainda podemos dizer que muito há de se trabalhar para que a orientação profissional possa efetivamente servir aos indivíduos em suas diferentes fases da existência, bem como fazer frente a todos os segmentos sociais que compõem o coletivo.

Relendo o capítulo que inaugura o livro supracitado, gostaria de deixar claro que não me foi possível fugir de certas evidências sobre as quais cabe ainda ponderar, questões que naquela edição se colocavam como relevantes e ainda assim podemos considerar.

No momento em que nos apercebemos que desde 1924 a prática da "orientação vocacional" existe em nosso país, e considerando a progressiva rapidez no desenvolvimento dos processos sociais de nosso tempo, não podemos deixar de reconhecer a lentidão do desenvolvimento dessa área no que se refere ao seu alcance como prática e abrangência de público. Isso se agrava à medida que recordamos que algumas iniciativas se extinguiram, especialmente em escolas, ou hoje se efetivam em um considerável número de escolas particulares, mas como práticas pontuais, sem sustentabilidade, que também podem se extinguir a qualquer momento. Além disso, na maioria dos casos as escolas particulares que oferecem a OP o fazem de forma fragmentada, sem o compromisso com uma continuidade que garanta aos estudantes o mínimo de possibilidades de se preparar para enfrentar escolhas e de conhecer com mais profundidade o que o mundo do trabalho lhes pode oferecer. São raras as instituições de ensino particular que mantêm no currículo um tempo dedicado a sensibilizar o aluno para a questão da escolha de um futuro laboral construído com o cuidado devido, visando ao seu futuro profissional. Em geral, estas visam que seus estudantes alcancem sucesso na seleção para ingresso no ensino superior, proporcionando somente o conhecimento de profissões, sem considerar aspectos subjetivos e/ou reflexões acerca do momento mais adequado para ingressar nesse nível de ensino – e, em muitos casos, até pressionando para que esse ingresso se dê o mais urgentemente possível. Esse tipo de pressão tem causado inúmeros casos de angústia, insatisfação, queda da autoestima, sentimentos de desvalia e incapacidade, frustração, depressão, sintomas físicos e inclusive suicídio de estudantes em fase de seleção para ingresso no ensino superior. Nessa mesma linha, uma orientação profissional consistente se dá de modo mais efetivo, no Brasil, no âmbito das escolas particulares, por meio do trabalho de profissionais que empreendem uma luta árdua nesse sentido até se fazerem compreender e valorizar pela administração da escola, por estudantes, seus pais e professores.

A crise mundial estabelecida no campo do trabalho leva os países em vias de desenvolvimento a uma corrida desenfreada na busca de adaptação às realidades impostas pelo capitalismo flexível. Globalização, automação, incremento dos meios de comunicação, falta de atividades produtivas e surgimento de novas carreiras são alguns dos principais fatores mundiais determinantes das relações de trabalho, agravados em países dependentes como o Brasil. Em consequência, deparamos com o clamor pela rapidez, pela busca de novas identidades, pela corrida às novidades sem medir consequências, visando apenas a resultados. Essa tradição, desde que se estabeleceram a sociedade moderna e a pós-moderna, agrava-se pelo momento atual, reconhecidamente imerso em crises econômico-político-sociais de enorme proporção. Faz-se necessário, portanto, questionarmos, com vistas à reflexão e à busca de entendimento para nosso fazer profissional como orientadores: qual é o papel do orientador profissional diante dessa realidade? Por onde começar? O que fazer? Como contribuir num contexto tão conturbado, complexo e turbulento? Como ponto de partida, cabe resgatar a introdução da OP em nosso contexto; visando a uma compreensão que nos elucide, tomaremos como base uma breve análise histórica.

A orientação vocacional (OV), historicamente vinculada ao desempenho do trabalho humano como fim e constituída como campo de atuação nessa área, firmou-se no Brasil a partir de 1924 pelo trabalho de seleção e orientação dos alunos matriculados no curso de mecânica, no Liceu de Artes e Ofícios, por responsabilidade do professor Roberto Mange. Em 1942, vinculou-se à área de educação, quando a orientação educacional foi consubstanciada em lei pela Reforma do Ensino - a chamada "Lei Capanema". Entre esses dois momentos, o trabalho com a orientação vocacional realizou-se em organizações como a Estrada de Ferro Sorocabana, sob a responsabilidade dos professores Roberto Mange e Ítalo Bologna (1930); foi fundado o Serviço Público de Orientação Vocacional no Brasil em São Paulo, por Lourenço Filho e Noemi Rudolfel (1931); e entrou em funcionamento o Gabinete de Psicotécnica, sob a responsabilidade de Roberto Mange e Osvaldo de Barros (1937). A partir de 1942, como foi citado, a Orientação Vocacional passou a se desenvolver conjuntamente entre o mundo do trabalho - na seleção de pessoas - e a área da educação, ligada de início à capacitação de trabalhadores.

Já a disciplina Orientação Vocacional iniciou sua história, no Brasil, a partir da regulamentação do curso de Psicologia, em 1962. Posteriormente, passou a compor, como habilitação, os cursos de Pedagogia, inserida na área de orientação educacional. No entanto, há muito mais tempo a prática dessa disciplina vinha se desenvolvendo, tendo nascido, a exemplo do restante do mundo, como parte dos processos de seleção para o trabalho, quase sempre em organizações públicas. Cabe enfocar os primeiros passos da orientação, então nomeada de "vocacional", em nosso país, para que possamos nos posicionar no cálculo do seu tempo de existência diante do nível de abrangência, importância e obtenção de espaço na sociedade até nossos dias.

A busca de construção do papel do orientador profissional num novo contexto nos encaminha à pesquisa da compreensão dessa realidade. Com base em leituras, estudos, reflexões e discussões, podemos concluir que, hoje, o orientador profissional está orientando para a desorientação - ou seja, os caminhos se mostram cada vez mais indefinidos em termos de papéis profissionais circunscritos numa realidade presente complexa e futura desconhecida. Todo futuro assim o é, mas, agora, ante um novo paradigma - aquele que reputamos como da pós-modernidade -, mais indefinido se faz. Este se encaminha pelo que começamos a presenciar nas sociedades contemporâneas, apresentando:

1. a existência de um novo ou reforçado grau de fragmentação, pluralismo e individualismo;
2. a vida política, econômica e cultural deveras influenciada por fatos que ocorrem em nível global;
3. os partidos políticos cedendo lugar a novos movimentos sociais, baseados em sexo, etnia, localização;

4. as identidades coletivas de classe se dissolvendo em formas mais pluralizadas; a valorização de culturas minoritárias, em vez de identidades nacionais;
5. a promoção da política das diferenças; a identidade não é unitária nem essencial, mas fluida e mutável;
6. a associação do local com o global, ocorrendo a desindustrialização de muitas regiões e uma reindustrialização pós-industrial baseada em alta tecnologia; empresas e pessoas deixando as grandes cidades, preferindo se localizar em áreas suburbanas ou ex-urbanas.

Em síntese, vivemos num tempo que parece marcar um momento de perda - do que nós fomos - e, ao mesmo tempo, de incerteza - do que talvez possamos vir a ser.

E então nasce a pergunta: como orientar para a desorientação? E como formar orientadores que assim o façam?

Num primeiro momento, discute-se a necessidade de descobrirmos, juntos, que novos caminhos devemos trilhar e, em sua esteira, como fazê-lo. Essa não é tarefa simples. Em primeiro lugar, porque não existem novos caminhos prontos, mas se constituindo à medida que os trilhamos. A imagem do orientador profissional, poderíamos pensar, seria a de alguém portando uma lanterna, iluminando a escuridão, buscando desvendá-la, conhecê-la ao lado de seu orientando. Simbolicamente, a luz da lanterna seria nossa consciência, que, ativada por nossa capacidade de pensar, observar, nos comunicar, iluminaria o desconhecido; este necessariamente passaria a ser conhecido. Com isso, quero dizer que é imprescindível a disponibilidade do orientador para desvendar, para exercitar a consciência e, juntamente com seu orientando, descobrir aonde este poderá chegar.

Essa seria a proposta de postura do orientador profissional diante não somente do mundo do trabalho atual, mas da sociedade tal como está constituída. Postura no mínimo diferente da que temos adotado até então, não somente como orientadores, mas como seres no mundo, em todos os âmbitos da capacidade humana. Não há mais lugar para construirmos individualmente se quisermos privilegiar a sociedade como um todo. E, se assim não o quisermos, os prejuízos recairão sobre nós mesmos, pois somos por ela constituídos e, ao mesmo tempo, seus constituintes.

Assim como não mais há lugar para posturas de individualismo, também não o há para a acomodação, a negação, a segurança e a confiança em demandas externas. Cabe-nos orientar para o pertencer. Pertencer, hoje, no sentido mais amplo e profundo da palavra, significa, necessariamente, se desalienar. Desalienar-se significa não sermos reprodutores de modelos de uma sociedade que não privilegia o humano, mas, sim, o capital; pertencer significa sermos comprometidos e criativos; comprometidos conosco e com os outros; não vermos somente a parte, mas o todo; não olharmos somente para nós mesmos, mas para o outro com todas as suas potencialidades e diferenças; agirmos visando não somente a nós, mas também aos outros; compartilhar, interessando-nos, interagindo, comprometendo-nos.

O orientador profissional, mais do que nunca, deve se comprometer. Precisa mergulhar no caldo social ao qual pertence e dele emergir impregnado da cor que lhe for dada, como sujeito reflexivo e ativo dessa mesma realidade. Alguém que não somente pensa a realidade, mas o faz criticamente. E o que vem a ser pensar a orientação profissional criticamente senão, *a priori*, exercitar a crítica da sociedade para nela intervir?

O orientador de nossos dias não pode prescindir do conhecimento profundo dos processos mundiais nos âmbitos econômico, político e social. Sem ele, não poderá orientar para o mundo do trabalho nem ajudar seus orientandos a encontrar seus caminhos.

Estamos vivendo o atual momento como se as pessoas desconhecessem o lugar onde estão e necessitam viver. Somos bombardeados pela cruel realidade das crises econômicas que geram o desemprego, o subemprego, a precarização do trabalho, a desorientação para aqueles que já estão atuando como profissionais, as mudanças impostas pela desesperadora possibilidade de não conseguir sobreviver. O que é um desempregado senão um ser ameaçado em suas necessidades básicas, carregando consigo a família - aquela que, uma vez por ele constituída, depende de sua capacidade de trabalho para sobreviver até que possa gerir e formar, como se dá no curso da história, a própria família? O que ocorre com um pai ou uma mãe de jovens quando estes estão no momento de escolha de uma futura profissão se eles próprios não sabem como garantir a sobrevivência da família, uma vez que esta foi atropelada por uma crise econômica qualquer e sua fonte de sobrevivência - pai ou mãe - foi varrida do grupo economicamente produtivo da sociedade? O que pensa um jovem ou um adulto que passa por situações como a do desemprego, direta ou indiretamente, e necessita se reerguer numa sociedade em que o emprego se toma cada vez mais escasso e as oportunidades de trabalho, embora ofereçam novas ocupações, exigem cada vez mais um profissional especializado?

Como temos constatado, os orientadores não podem mais se preocupar em orientar só para o futuro. Devem orientar para o presente e, ainda, para a urgência ou ameaça da urgência da troca imediata de trabalho, no caso de adultos, e para a urgência do maior conhecimento possível do presente e do futuro do mundo do trabalho para adultos e jovens. Sim, porque, à medida que se conhecem esses dados, pode-se decidir com um pouco mais de chance de acerto, especialmente numa situação de incerteza.

Orientar para a incerteza, para o futuro, para a urgência do presente é o que propomos como a alternativa a esse momento. No entanto, *como* fazê-lo constitui talvez o segundo grande desafio. A preocupação com o *como* é o que se impõe a todos os profissionais da área que desejam realizar a OP de modo contextualizado com a realidade. Esse *como* também está inserido no atual contexto do mundo do trabalho, uma vez que ser orientador é uma profissão. Por isso, insisto na necessidade de pensar criticamente, pois somente essa forma de reflexão poderá nos levar a um distanciamento que trará, em consequência, a possibilidade de análises mais consistentes para o desenvolvimento do pensar e do fazer científico da OP.

Cabe esclarecer aos leitores que, a partir do momento em que se concluiu o breve histórico da OP deste texto, esta autora transcreveu o que constava como conteúdo na primeira edição do livro *Orientação profissional em ação – Formação e prática de orientadores*, com algumas alterações apenas. Faço essa observação no sentido de que possam constatar, como ocorreu comigo, quão pouco a realidade socioeconômica de nosso contexto mudou, estando, inclusive, agravada. Da década de 1990 até nossos dias, houve um crescimento de estudos e publicações na área de OP. No entanto, esse crescimento não corresponde à OP aplicada na sociedade, muito menos à formação de orientadores profissionais no ensino superior, uma vez que, nesse mesmo período, evidenciou-se um declínio quanto ao oferecimento da disciplina e de estágios em OP nas universidades e faculdades de Psicologia e Pedagogia do Brasil.

A preparação de alunos dos cursos de Psicologia e de Pedagogia para que atuem como orientadores profissionais vem se desenvolvendo, também, na forma de opção. Portanto, uma vez diplomado, o profissional nessas áreas tem permissão para atuar como orientador, independentemente de ter-se dedicado ao seu estudo ou estágio. Nessa medida, torna-se necessária a existência de cursos livres, que servirão para suprir deficiências e, na maior parte dos casos, formar orientadores profissionais.

Por ocasião de minha participação na mesa-redonda intitulada "O papel do orientador profissional: orientando para novas relações de trabalho", realizada no II Simpósio Brasileiro de Orientação Vocacional e Ocupacional em Canoas, Rio Grande do Sul, de 1º a 4 de outubro de 1997, referi a questão do *como* orientar diante dessas circunstâncias, apontando passos necessários para a realização de processos eficazes de OP.

O primeiro passo seria relativo ao estudo profundo da realidade em que estamos inseridos, sobretudo se considerarmos nossa situação de país subdesenvolvido e constantemente suscetível a crises econômicas.

Ser sujeitos e observadores de uma mesma realidade não é tarefa fácil. Nossa possibilidade de ler mais objetivamente o mundo que nos cerca e do qual fazemos parte fica impregnada por nossos desejos, emoções e por nossa sensibilidade. Razão e sensibilidade são fatores que se complementam, mas nem sempre são compatíveis em situações de crise. Portanto, se não considerarmos a importância da análise permanente da realidade como parte de nosso papel de orientadores, muito de nosso trabalho poderá estar perdido, acrescentando a isso o fato de nosso compromisso de trabalhar com os orientandos, para que também exerçam essa análise em sua práxis, ser prejudicado.

Ao referir sobre a análise da realidade na qual estamos inseridos, não poderia deixar de trazer o sentido dado ao termo nessa proposta, como um trabalho de reflexão que poderá gerar ações numa realidade concreta, utilizando-me de estudos de Paulo Freire. Essas ações poderão se constituir na concretização do compromisso com o meio social no sentido da hominização e da humanização; um compromisso com a ética como caminho para a humanização. Se o ser humano não trabalhar pela e para a humanidade, não estará trabalhando para si próprio, muito menos para e pelos demais. Constata-se que, há tempos, em nome do capital e do lucro, essa perspectiva vem cada vez mais se perdendo. Mais do que isso, estamos vivendo o que poderíamos chamar de mudança de paradigma quanto ao trabalho na sociedade, que se configura como uma evolução em avanços tecnológicos sem que, absolutamente, se considere o ser humano parte do meio social – até que este, de tão espremido em sua condição, passe a não ser útil como consumidor. Utilizando a tese do "neolítico moral" de Gianetti da Fonseca (1994), vemos que o próprio progresso material é diretamente proporcional ao declínio moral ou à erosão da ética na sociedade.

O segundo passo, visando à realização de processos eficazes de OP, sobre *como* orientar, seria a necessidade de questionar nosso papel, de nos perguntarmos até que ponto nós, orientadores, estamos contribuindo, e em que medida, com os orientandos, na busca de novos caminhos, uma vez que os processos de OP se restringem em nosso contexto, como regra, a uma procura individual, de si. Vale reforçar que não somente do indivíduo com suas possibilidades internas, mas como um ser contextualizado, tendo internalizado modelos que possam facilitar ou dificultar os enfrentamentos da sua existência.

Acredito que não devemos, como orientadores, "facilitar" ao orientando a aprendizagem ou o incremento de condutas que reforcem sua heteronomia ou até sua submissão – senão não estaria falando em pensamento crítico –, mas, ao contrário, ajudá-lo a se ver como sujeito de sua trajetória, comprometido com a sua existência – projeto de vida –, com o seu trabalho, contextualizado numa realidade de intensa complexidade. Desafiá-lo ao reconhecimento da realidade e do seu pertencer a ela não como objeto, mas como sujeito capaz de encontrar formas de sair das situações difíceis com autonomia. Por exemplo, trabalhando a criatividade para enfrentar o que está sendo pedido no novo cenário do mundo do trabalho. Aproveitando essa oportunidade para se encontrar, se perceber como um ser criativo, sem estar somente circunscrito ao objetivo de obter um trabalho repetitivo ou, ainda, se dedicar criativamente ao que faz. Aproveitando essa oportunidade para se reconhecer como criativo em outras circunstâncias, o mais amplamente possível, como condição de seu ser. Essa seria uma forma de fazê-lo acreditar em si mesmo e agir com mais autonomia.

Um terceiro passo refere-se ao que este livro se destina a demonstrar: a construção do papel de orientador comprometido e ético, buscando, por meio dessas condições, a multiplicação do saber científico e do fazer OP. A busca desse compromisso está diretamente ligada ao incremento do compartilhar.

Como parte da história da orientação profissional no Brasil, e a propósito da reflexão sobre posturas criativas e inovadoras, cabe aqui relembrar duas iniciativas que foram concebidas e realizadas com vistas ao desenvolvimento da OP no Brasil, permanecem até a atualidade e têm trazido resultados para essa área do conhecimento: a fundação da Associação Brasileira de Orientadores Profissionais (Abop), em 1993, iniciativa do grupo de profissionais atuantes no Instituto do Ser - Psicologia e Psicopedagogia, de São Paulo, com o apoio do Serviço de Orientação Profissional da Universidade Federal do Rio Grande do Sul (UFRGS); e, em 1996, a criação do Curso de Formação em Orientação Profissional - *A facilitação da escolha*, também como iniciativa do Instituto do Ser, hoje Instituto do Ser - Orientação Profissional e de Carreira. Estas se constituíram em propostas de ação que incluíram estudos com formação em mestrados, doutorados e pós-doutorados na área, práticas e ações específicas que envolveram muito esforço no alcance de seus objetivos por parte de suas idealizadoras e docentes.

Ambas as ações incluíram, desde sua criação, a soma de criatividade, conhecimentos científicos na área, disponibilidade e aprendizagem constante. Tiveram como base a preocupação com as questões diretamente ligadas ao alcance da população no que diz respeito a propostas éticas, comprometidas com o rigor científico, e, ao mesmo tempo, formação específica e desenvolvimento de competências para lidar com as escolhas e decisões no campo profissional da população.

Objetivou-se, ainda, o desenvolvimento do compromisso do orientador de estar consciente do seu papel social, traduzido na responsabilidade de ajudar o orientando a refletir sobre o seu futuro compromisso como profissional – não somente consigo e com seu núcleo familiar, mas também com o meio social em quaisquer de suas dimensões. Naturalmente, essa proposta como um todo se alicerça nos princípios éticos ligados à construção de um ser humano digno, comprometido com o grupo social e com as questões da cidadania.

Não é cabível, no mundo de hoje, trabalharmos em orientação profissional sem procurarmos conscientizar jovens e adultos acerca do que ocorre efetivamente na sociedade em suas várias dimensões: econômica, política, social, educacional etc. De alienação já temos o suficiente por conta do próprio sistema capitalista que coisifica o ser humano, tornando-o mera mercadoria a serviço de quem detém os meios de produção e o domínio econômico-político e social. O trabalho, como ação humana, está diretamente comprometido com o que ocorre na sociedade em seus vários âmbitos, reforçando ou rompendo o sistema. Reforçar é o mais comum, uma vez que romper implica mudanças de grande complexidade. Tendemos a repetir, a reproduzir o que nos é dado, sem nos apercebermos de quanto se faz importante a participação do indivíduo na construção da sua história e na da sociedade.

O desempenho do papel de orientador profissional deve passar, necessariamente, por esse caminho, sobretudo pelo grande esforço que o próprio sistema sociopolítico-econômico se encarrega de fazer para alienar as pessoas e torná-las quase tão somente objetos de consumo.

Não se trata de escolher uma profissão que satisfaça os desejos de quem escolhe, em maior ou menor profundidade, ou que possa inserir o indivíduo no mundo do trabalho presente ou futuro. Muito mais do que isso, trata-se de tentar escolher e desempenhar o papel profissional criticamente, com base na visão global sobre a situação imediata e mediata do contexto próximo e, também, na mais ampla, procurando construir uma trajetória profissional que esteja em consonância com os reais valores humanos.

A prova de que as escolhas da profissão, quando possíveis, estão desprovidas de qualquer compromisso com a sociedade em nosso país está nos comportamentos que testemunhamos sempre que abrimos um jornal ou qualquer outro meio de comunicação: corrupção, erros graves, falta de ética, troca de ética – não a favor da população, mas da própria categoria profissional, na maioria das vezes –, entre outros. Esses são fatos que não poderíamos negar e fazem parte da consciência profissional de qualquer cidadão. Assim, é também um compromisso da OP o atingimento mais abrangente do indivíduo, ajudando-o a abrir a consciência para o seu futuro e para o desenvolvimento de seu papel profissional.

Finalizando, faz-se importante considerar, de forma mais sistematizada, no que se deve constituir a formação do orientador profissional. Pode-se dizer que este se encontra sempre em processo de construção, tanto pelas mudanças próprias dessa área do conhecimento quanto por ela se constituir num saber e numa práxis pertencentes a um campo científico diretamente atrelado às mudanças sociopolíticas e econômicas de um país e do mundo do trabalho em geral.

Aqui serão propostos alguns pontos, como síntese do que até o momento foi exposto no presente capítulo, ficando o convite aos leitores envolvidos com essas questões a refletir e cuidar do fazer do orientador, nesse papel ou mesmo no de sujeito que dele se beneficia. Sabemos que o orientador profissional é, na verdade, um mediador. Portanto, seu fazer se implica com a relação entre sujeitos, o que inclui pontos sensíveis como estabelecimento de confiança, efetivo preparo científico e técnico e comportamento ético, no seu sentido mais amplo e profundo, para com o orientando, as instituições e a sociedade.

O primeiro ponto a ser considerado centra-se na constituição da identidade do orientador, que deverá pressupor o conhecimento, a análise e a apropriação de sua trajetória como indivíduo, cidadão, profissional e orientador, tendo em conta o seu processo de escolha profissional; o segundo, na sua relação com o que venha a ser trabalho desde a formação de sua identidade pessoal, considerando seus modelos de identificação ou outros significativos; o terceiro, a apropriação da questão profissional em seu contexto familiar como parte de um grupo social e cultural, vislumbrando suas particularidades com base na totalidade do mundo do trabalho passado, presente e futuro; o quarto ponto, reconhecimento de si próprio como ser social e ideológico, em busca da compreensão de sua formação ético-valorativa, presente na constituição não somente de sua escolha profissional, mas também em seu agir profissional; como quinto ponto, a busca de uma compreensão do mundo do trabalho presente e futuro, utilizando-se do exercício da visão crítica e prospectiva em relação ao significado da profissão como compromisso com a sociedade; e, sexto ponto, reconhecimento de seus limites como especialista em determinada área do conhecimento, buscando o aprofundamento de suas competências e cercando-se de outras áreas que possam complementar um trabalho integrado e interdisciplinar.

Tão sério quanto o compromisso do orientador profissional é o do profissional formador de orientadores. Está demonstrado que toda ação humana é multiplicadora, sob várias formas e em diferentes medidas. Assim, ao assumir a formação de pessoas em uma área do conhecimento, os pontos antes apresentados têm igual importância, acrescentando-se a eles: propiciar a reflexão sobre os temas pertinentes à área estudada, visando à construção do conhecimento e da capacidade de análise crítica sobre a situação subjetiva e objetiva do orientando; ajudar o futuro orientador a construir caminhos próprios, com base nos princípios da andragogia no ensino/aprendizagem, estimulando o incremento de uma futura prática condizente com os seus desejos e possibilidades, tendo o conhecimento como norte; incrementar nos estudantes/futuros orientadores a busca de novas formas de ação, com base em reflexão alicerçada em teorias diversas da área do conhecimento em questão, possibilitando sua identificação com tal ou tais teorias, para que possa continuar a construção do seu conhecimento mesmo após o término da formação; considerar e estimular as potencialidades dos estudantes/futuros orientadores quanto às várias formas de lidar com o conhecimento, ajudando-os a aperfeiçoar ou descobrir habilidades que farão sentido no desempenho de seu papel profissional; por fim, trabalhar para que cada estudante/futuro orientador conclua seu processo de formação capacitado para agir com o máximo de competência e envolvimento na área de OP, com base na ética e no compromisso com a construção de seres humanos igualmente éticos, críticos, autônomos e comprometidos. Estaremos, assim, incrementando ou criando um movimento em espiral, dialético, inacabado, certamente propulsor daquilo que temos de mais precioso e necessita ser potencializado, cultivando e alimentando a sua capacidade de pensar, sentir, criar e construir uma sociedade mais igualitária, humana e solidária, em que o ser humano tenha realmente um lugar.

Temos presenciado inimagináveis avanços tecnológicos e, ao mesmo tempo, a não correspondência de tais avanços em valores éticos e humanizadores. Em todas as áreas do conhecimento há lugar para a reflexão e a ação com o objetivo de formar uma sociedade mais humana e justa e, com ela, a construção da vida laboral – condições e relações de trabalho. O momento da busca de um fazer profissional se constitui, certamente, fértil para o pensar e o agir nesse sentido. Se exercermos nosso papel de orientadores profissionais alicerçados por esse compromisso, em muito poderá crescer a consciência de quem se dispuser a orientar e o seu papel diante dos orientandos. Está lançada a proposta.

Referências

BEILLEROT, J. *La formación de formadores – Entre la teoria y la práctica.* Buenos Aires: Centro de Publicaciones Educativas y Material Didáctico, 1998. (Série Los Documentos, v. 1)

CARVALHO, M. M. J. *Orientação profissional em grupo – Teoria e técnica.* Campinas: Psy, 1995.

CATTANI, A. D. (org.). *Trabalho: horizonte 2021.* Porto Alegre: Escritos, 2014. (Série Produção do Conhecimento, v. 2)

FONSECA, E. G. *Vícios privados, benefícios públicos?* São Paulo: Schwarcz, 1994.

FREIRE, P. *Educação e mudança.* 14. ed. Rio de Janeiro: Paz e Terra, 1988.

GARDNER, H. *et al. Responsabilidade no trabalho.* Porto Alegre: Bookman, 2009.

ICONOMÓPULOS, M. *et al. Programa de capacitación a docentes en orientación educacional, vocacional, ocupacional.* Buenos Aires: Marymar, 1998.

LEVENFUS, R. S. "Algumas teorias da psicologia vocacional". In: *Psicodinâmica da escolha profissional.* Porto Alegre: Artes Médicas, 1997.

NARDI, H. C. *Ética, trabalho e subjetividade.* Porto Alegre: Ed. da UFRGS, 2006.

PIMENTA, S. G. *Orientação vocacional e decisão – Estudo crítico da situação no Brasil.* 9· ed. São Paulo: Loyola, 1995.

RASCOVAN, S. *Orientación Vocacional – Aportes para la formación de orientadores.* Buenos Aires: Novedades Educativas, 1998. (Coleção Psicologia y Educación)

SENNETT, T. *A corrosão do caráter – Consequências pessoais do trabalho no novo capitalismo.* 5. ed. Rio de Janeiro; São Paulo: Record, 2001.

SER ORIENTADOR PROFISSIONAL: UMA CONSTRUÇÃO DIÁRIA

MAGDA BAETTA

02

EM 1998, A orientação profissional (OP) passou a fazer parte das atividades que exerço e, desde então, uma de minhas preocupações foi me qualificar o melhor possível. Durante alguns anos trabalhei nesse segmento em consultório particular e em uma instituição de ensino superior. Adquiri experiência suficiente para dar início ao curso que ministro desde 2006, atendendo adolescentes em grupo e individualmente, bem como estudantes universitários e profissionais.

Fui convidada, pela instituição em que trabalhava, com o propósito de preparar um grupo de psicólogos para trabalhar como orientadores profissionais. Após essa experiência, venho ministrando o curso e oferecendo formação às pessoas que atuam nessa área.

Uma das principais inquietações que realimento é sobre a formação desses sujeitos. Nos últimos 11 anos venho coordenando esse curso de formação, em que destaco a importância de uma qualificação estruturada para formar profissionais capacitados.

Para isso, lanço mão da técnica aqui denominada "diário no tempo", descrita neste capítulo, como ferramenta inicial à preparação dos alunos para dar seguimento ao curso. Desse modo, expor com proveito a aplicação dessa técnica faz-se fundamental para entender a dinâmica do trabalho da OP.

A função de um orientador profissional é facilitar a escolha de uma carreira para adolescentes e auxiliar na (re)formulação de novas perspectivas ocupacionais para jovens/adultos, bem como orientar a condução da (re)organização de vida para aposentados.

Situações profissionais adversas podem surgir em vários momentos da vida de uma pessoa. Essas "crises" necessitam ser identificadas, analisadas e trabalhadas em busca da melhor adaptação possível do sujeito às suas circunstâncias.

Acompanhar a tomada de decisão de uma pessoa é um trabalho que requer preparo diferenciado, uma vez que desenvolver o conhecimento dos conteúdos conscientes e inconscientes da própria psique - fatores que influenciam a escolha de um caminho na vida - e tomar ciência desses mecanismos de funcionamento em si mesmos constituem a base para atuar como orientador profissional.

A identidade profissional é construída por meio da identidade pessoal, assim como o projeto profissional compreende uma parte do projeto de vida. Compreender a imagem que o indivíduo desenvolve de si mesmo e capacitá-lo para percebê-la permitem orientá-lo na construção e formação de seu projeto original.

Dessa forma, para exercer a profissão de orientador profissional, é preciso adquirir habilidades e competências que permitam inteirar-se da própria identidade profissional e do estágio de desenvolvimento em que ela se encontra, o que leva para a capacitação do exercício da OP com adolescentes, jovens, adultos e aposentados, em instituições de ensino, clínicas ou em qualquer organização, seja pública ou privada.

A comprovação dessa realidade perpassa minha própria trajetória como orientadora profissional, tudo quanto nela investi e o que busquei para obter a necessária qualificação a fim de atuar nesse ramo – não só agregando conteúdos que sustentassem a prática, mas também construindo um suporte para minha condição como pessoa e profissional imbuída de questões muitas vezes confusas a respeito da própria identidade profissional e de processos subjetivos de tomadas de decisão.

Portanto, conduzir indivíduos para identificar seu perfil pessoal e elaborar um perfil profissional requer treinamento e preparo. A primeira atividade aplicada no curso é a vivência "diário no tempo", criada por mim e apresentada no II Congresso Estadual de Gestalt-terapia, realizado no Rio de Janeiro em 2008. Sob a modalidade de minicurso, a atividade recebeu o título de "Diário no tempo: a história de vida como instrumento no processo de formação de identidade profissional do orientador profissional".

Essa técnica tem como objetivo despertar no aluno/futuro orientador profissional a consciência do papel do profissional do segmento de OP, bem como construir uma prática mais humanizada e consistente para ele e para a sociedade e, assim, desenvolver essa profissão com embasamento adequado e comprometido.

Além disso, a vivência aqui abordada trata de destacar os aspectos importantes e marcantes da construção do projeto de vida com base no resgate do passado, na consciência do presente e na projeção no futuro, para então se chegar a decisões no momento atual e à conscientização da identidade profissional.

Entretanto, para descrever a técnica que desenvolvi é preciso antes apresentar a fundamentação teórica que utilizei, e ainda utilizo, em seu desenvolvimento e aplicação, uma vez que a Gestalt-terapia atua oferecendo ao cliente conscientização e responsabilização acerca dos processos que impedem a gerência de vida de modo adequado e harmônico.

Base conceitual

Para dar apoio ao emprego da técnica "diário no tempo", no processo de formação do orientador profissional empreguei, como suporte teórico, a relação existente entre a modalidade de orientação vocacional proposta por Rodolfo Bohoslavsky (1998), as obras de Dulce Helena Penna Soares e Marilu Diez Lisboa (2000) e os pressupostos filosóficos, éticos e metodológicos da abordagem gestáltica criada por Fritz Perls (2002).

Na década de 1950, o médico alemão Fritz Perls introduz a Gestalt-terapia com a publicação do livro *Ego, fome e agressão: uma revisão da teoria e do método de Freud* (2002). Entretanto, o marco fundador da abordagem gestáltica é a obra *Gestalt therapy* (1997), escrita por Fritz Perls em parceria com Ralph Hefferline e Paul Goodman.

A Gestalt-terapia busca compreender o ser humano lançando mão de bases filosóficas como o existencialismo, a fenomenologia, o humanismo e o holismo, além de bases científicas como a teoria de campo de Kurt Lewin, a teoria organísmica de Kurt Goldstein e a psicologia da Gestalt de Wertheimer, Kofka e Kohler (Perls, Hefferline e Goodman, 1997).

Essa abordagem possui uma visão holística de homem, compreendendo-o como parte de uma totalidade mais ampla (universo) e que estabelece uma relação de interdependência com o meio onde está inserido. O todo é muito maior que a soma de suas partes, já que só pode ser compreendido pelas interações entre as partes que o compõem, ou seja, não há separação da maneira como o homem sente, pensa e age no dia a dia. Essa relação representa sua expressão perante o mundo, que é diferente uma da outra e faz parte de um todo. Ao mudar uma delas, uma reconfiguração acontece, surgindo uma nova visão do todo.

Assim, promover um processo de identificação do potencial humano e seu sucessivo desenvolvimento é a preocupação fundamental das bases teóricas da Gestalt-terapia, que ampliam no indivíduo a consciência de se relacionar no mundo como ser de opção, livre para decidir sobre a própria vida e de se responsabilizar pelas consequências das próprias escolhas. Portanto, é na relação constante com o meio que a liberdade do sujeito é contextualizada, levando em consideração os limites e as possibilidades dele mesmo e do mundo que o cerca.

Quando surge um bloqueio no processo de escolha, instala-se uma problemática vocacional que precisa ser solucionada. Portanto, oferecer um local adequado para o orientando aprender a desbloquear o que o está impedindo é um dos papéis do orientador profissional.

Elucidar alguns conceitos fundamentais na estruturação dessa abordagem justifica o aprendizado que o orientador promove ao orientando na dissolução de sua problemática.

Foi com base no ciclo de contato – conceito derivado das influências que Perls recebeu da teoria organísmica de Kurt Goldstein, que compreende o ser humano como um sujeito que interage com o meio pelo processo de homeostase – que ele definiu como processo de autorregulação organísmica "aquele pelo qual o organismo mantém o equilíbrio e, consequentemente, sua saúde sob condições diversas. A homeostase é, portanto, o processo por meio do qual o organismo satisfaz suas necessidades" (Perls, 1985, p. 20 *apud* D'Acri, Lima e Orgler, 2007).

Ao citar a teoria organísmica de Kurt Goldstein, Ribeiro (1985, p. 107-8) defende que:

> 1. a pessoa é una, integrada e consistente. A organização é natural no organismo. A desorganização é patológica. 2. O organismo é um sistema organizado, com o todo diferenciado em suas partes. Qualquer elemento deve sempre ser visto como parte do organismo total. O todo não pode ser compreendido pelo estudo das partes isoladas. O todo é regido por leis que não se encontram nas partes. O todo é seu próprio princípio regulador. Não existe uma lei que, regulando as partes, formaria ou explicaria o todo. 3. O homem possui um impulso dominante de autorregulação, pelo qual é permanentemente motivado. Ele está permanentemente à procura de atualizar suas potencialidades. Esse impulso dá duração e unidade à sua vida, como pessoa. 4. O homem tem dentro dele as potencialidades que regulam seu próprio crescimento, embora possa e receba influências positivas de crescimento do meio exterior, as quais ele seleciona e utiliza.

No processo de autorregular-se, a interação com o meio é constante e, quando não se consegue satisfazer a necessidade, um estado de tensão invade o indivíduo, levando-o a experimentar uma sensação de vazio que chamamos, segundo os pressupostos da Gestalt-terapia, de situação inacabada.

A urgência em escolher uma ocupação que o satisfaça – necessidade presente no indivíduo que passa por orientação profissional – desencadeia um processo interno de restabelecer a homeostase - e, uma vez que essa necessidade não é satisfeita de imediato, uma nova necessidade surge e um novo ciclo de autorregulação aparece.

Diante dessas necessidades, Ribeiro (1985, p. 111) afirma:

> Quando um desejo se torna realidade, uma nova energia nasce no indivíduo. Desejos e necessidades são quase sempre estados deficitários a que as pessoas aspiram satisfazer, são como buracos da personalidade que devem ser preenchidos.

Assim, o orientador profissional conduz o orientando ao entendimento do processo de autorregulação. Para isso, usa como ferramenta de suporte as diversas técnicas apresentadas e aprendidas por ele no curso, a fim de ensinar o orientando a fazer as escolhas mais coerentes com seus verdadeiros interesses.

Em todo o processo o orientador observa como o orientando seleciona do meio o que é de seu interesse em dado momento, promovendo o contato com as inúmeras possibilidades, mesmo as não pensadas. Ficar atento a essa organização é entender que existe uma relação dinâmica entre o todo e suas partes, sendo esse todo a expressão final de como o orientando se estrutura.

A psicologia da Gestalt permite compreender como a relação entre figura e fundo (parte-todo) ilustra a maneira como o orientando organiza a percepção do todo, como seleciona no campo o que é possível para satisfazer sua necessidade (escolher) e de que maneira as necessidades emergem como tentativa de autorregulação organísmica. É nesse movimento proporcionado pelo contato "que figura e fundo seguem seu caminho de formação e destruição de novas *gestalten*, em um eterno renovar-se" (Ribeiro, 1985, p. 17).

Em seu dia a dia, o orientador profissional depara com inúmeros retratos da problemática vocacional, e é adquirindo bases sólidas para a atuação que promove ao orientando um alicerce para que suas ações culminem num "renovar-se" constante. Para isso, é fundamental que ele proporcione a si mesmo a construção de uma prática eficiente e singular.

Cada um executa o seu fazer de modo singular, e a cada atuação esse fazer se apresenta de diferentes formas, podendo ser visto e definido como uma forma criativa de construir o desempenho profissional.

Ao dar uma "boa forma" ao trabalho e desenvolver a habilidade criativa, o orientador profissional proporcionará a si mesmo e ao ambiente uma transformação significativa, uma vez que, segundo Zinker (2007, p. 15), "a criatividade é a celebração da grandeza de uma pessoa, a sensação de que ela pode tornar qualquer coisa possível". E, para ele, Gestalt-terapia é permissão para criar.

O conceito de "boa forma", de acordo com Zinker (2001, p. 52), "é baseado no fluxo suave de estruturação de *gestalten*. [...] a partir deste processo organísmico simples estou propondo uma estética de interação humana na situação terapêutica assim como uma boa forma para a intervenção do terapeuta".

Com essa premissa, justifico a aplicação da prática aqui descrita à formação de orientadores profissionais, não só para instruir com bases teóricas sustentáveis, mas também para promover profissionais capazes de sentir-se seguros e firmes na expressão única, singular e criativa de sua identidade profissional.

Corroborando o tema tratado, o psicólogo argentino Bohoslavsky (1998, p. 187), que insere no trabalho de OP a modalidade clínica, acredita que, sendo o terapeuta também uma ferramenta,

> o instrumento fundamental de quem emprega uma modalidade clínica é a sua própria pessoa; daí ser sua identidade profissional o dado mais relevante na compreensão de seu esquema referencial e operacional. A personalidade profissional é tema de imprescindível exame para quem se dedica à orientação profissional. [...] Portanto, o esclarecimento da autoidentidade deve ser incluído nos planos de formação e treinamento dos futuros orientadores vocacionais.

Um orientador profissional pautado nessas premissas não julga o que é melhor para o orientando, pois é necessário compreender, aceitar e acolher a experiência dele, da forma como ele a vivencia, sem considerá-la certa, errada, boa ou ruim. Para tanto, ele próprio precisa estar comprometido no processo.

Ilustro esse engajamento por meio de explanações aos alunos orientadores/futuros orientadores sobre a insuficiência de preparo e ineficácia de conteúdos nos estágios de OP feitos nas universidades. De que adianta estudar um conteúdo sem contextualizá-lo na dimensão da subjetividade de sua identidade profissional e querer atuar como orientador do outro no que tange à identidade profissional?

Lisboa (2000, p. 12) confirma a importância da formação esclarecendo que

> a preparação dos alunos dos cursos de Psicologia e Pedagogia para atuar como orientadores profissionais vem se desenvolven-

do, também, na forma de opção. Portanto, uma vez diplomado, o aluno tem permissão para atuar como orientador profissional, independentemente de ter-se dedicado ao estudo dessa área do conhecimento. Nessa medida, torna-se necessária a existência de cursos de extensão ou cursos livres, que servirão para suprir deficiências, a começar pela indagação do papel mais elementar do orientador profissional.

A prática da OP em nosso país, sobretudo nas instituições de ensino público e privado, ainda se realiza de modo bastante frágil e insuficiente, espelhando, de um lado, a falta de preparo consistente dos profissionais e, de outro, o desinteresse das instituições políticas e educacionais de acordo com o cenário em que é estabelecida essa realidade.

> [...] na esmagadora maioria dos casos, dá-se de forma fragmentada, sem o compromisso com uma continuidade que garanta aos alunos um mínimo de possibilidade de que possam se preparar para enfrentar escolhas e conheçam com mais profundidade o que o mundo do trabalho pode oferecer. [...] Faz-se necessário perguntarmos: qual o papel do orientador profissional diante desta realidade? [...] quero dizer que é imprescindível a disponibilidade do orientador para desvendar, para exercitar a consciência e, juntamente com seu orientando, descobrir aonde esse poderá chegar. [...] Essa seria a proposta do orientador profissional diante não somente do mundo atual, mas da sociedade tal como está constituída. Postura no mínimo diferente da que temos adotado até então, não somente como orientadores, mas como seres do mundo, em todos os âmbitos da capacidade humana. (Lisboa, 2000, p. 13-15)

Com base nesses pressupostos, descrevo a seguir a técnica "diário no tempo" e seus efeitos e implicações notados nos alunos durante o período do curso. A reflexão que a vivência proporciona facilita o contato com a identidade profissional no momento atual de vida, e ao longo do processo possibilita a conscientização de questões que precisam ser vistas, revistas e reconfiguradas.

Diário no tempo

A técnica "diário no tempo" trata de uma vivência em que, após um exercício de relaxamento, os alunos são convidados a um passeio mental pelo momento primeiro de escolha da profissão como psicólogos. A "viagem mental" é realizada em etapas: parte da recordação do momento inicial, passando por lembranças de relações e situações importantes e marcantes que influenciaram positiva ou negativamente a escolha. Também são revistos os percalços e as oportunidades e conquistas surgidos ao longo do período, bem como os projetos de futuro.

Antes de aplicar técnicas do tipo vivência, adoto como parte do método a prática de exercícios de relaxamento, a fim de que os alunos entrem em contato com conteúdos inconscientes e possam, posteriormente, projetar esses conteúdos sobre a elaboração da experiência.

Para dar sequência à atividade, há um conjunto de instruções que passo a descrever:

PRIMEIRO MOMENTO (após o relaxamento): imagine que está em um local confortável com uma tela à sua frente. Reflita comigo a respeito da sua escolha profissional. Volte no tempo e lembre-se de como foi a sua escolha profissional. Em que momento da vida escolheu essa profissão? Na adolescência? Estava no colégio, num curso pré-vestibular ou já trabalhava? Era sustentado por seus pais? Morava com eles ou com outros familiares? Vivia sozinho? Que tipo de pressões sofreu? Econômicas? Familiares? Sociais? Pessoais? Seus pais, familiares, amigos, parceiros queriam que escolhesse algo com que não se identificava? Houve conflitos? Quais? Teve dúvidas quanto à capacidade de se tornar esse profissional? Teve dúvidas quanto ao desejo por essa profissão? Teve dúvidas quanto ao mercado de trabalho? Os pais, familiares, amigos e parceiros o apoiaram nessa escolha? Como foi viver isso tudo e ainda passar para um vestibular? Foi complicado? Foi tranquilo? Foi automático, ou nem sentiu? Que imagem desse profissional você fazia?

SEGUNDO MOMENTO (pausa de um minuto antes de prosseguir): você passou por esse processo de forma singular, mas escolheu essa profissão! Neste momento, procure identificar, como se fossem fotos, que fatores tiveram importância, que aspectos foram marcantes nessa caminhada. Procure identificar se em cada uma dessas situações existem elementos positivos e negativos. Vá se recordando dessas situações até chegar ao momento atual.

TERCEIRO MOMENTO (pausa de um minuto antes de prosseguir): neste momento, como você está vivendo essa profissão? Que lugar ela ocupa na sua vida? Existe algo que não o esteja satisfazendo? Procure identificar as necessidades atuais que não estão sendo atendidas. Que influências existem agora para que essas necessidades não sejam satisfeitas?

QUARTO MOMENTO (pausa de um minuto antes de prosseguir): agora avalie todas as questões presentes e procure reconhecer se há recursos e possibilidades para lidar com elas e com as influências que não estão permitindo as mudanças necessárias. Todas essas questões podem ser tão complicadas quanto aquelas vividas na adolescência, ou ainda mais complexas. O que é mais importante? O que está sendo escolhido? O que está sendo deixado para trás? Quais podem ser as consequências de uma nova escolha ou de um reencaminhamento profissional? De que forma você pode lidar com essas consequências?

QUINTO MOMENTO (providencie uma folha de papel com lápis de cera e solicite que representem de forma criativa a própria trajetória de vida): procure expor tudo que aconteceu na sua vida em relação à profissão, das mais antigas experiências, fantasias, passando pelo momento atual, até o que projeta para o futuro. Busque retratar as realizações, conquistas, perdas e frustrações vividas. Destaque em cada momento registrado os pontos positivos e negativos, se houver.

SEXTO MOMENTO: solicite que cada um apresente oralmente o que produziu.

Durante a apresentação, em alguns casos, é indispensável fazer intervenções, que podem ser chamadas de inquérito, com o propósito de esclarecer e apurar informações não reveladas, levando ao entendimento do que está sendo dito.

Portanto, é de suma importância investigar se a percepção construída por nós e a maneira como compreendemos o relato correspondem ao significado real do que foi dito. A realidade é mais ampla do que a percepção que temos dela e um fato jamais pode ser visto da mesma maneira por duas pessoas, já que a vivência do indivíduo interfere na sua percepção atual da realidade.

As teorias que embasam o trabalho de um Gestalt-terapeuta defendem que o sujeito está em constante troca com o meio e, mediante essa troca, busca a autorregulação, para que sejam tomadas decisões mais coerentes e adequadas ao seu estilo de vida e de ser.

Assim, os conceitos que os alunos constroem a respeito de si e do mundo podem, muitas vezes, apresentar significados distorcidos deles e do entorno. Desse modo, é importante indagar aos alunos os motivos que os levam a construir determinados conceitos, para que os orientemos a reintegrá-los e a alcançar o equilíbrio de acordo com aquilo que lhes é mais apropriado e resulta em estados de regulação interna e externa e atitudes mais coerentes com o que se quer construir.

Na apresentação dos trabalhos elaborados após a aplicação da vivência, observamos que a construção da identificação do projeto de vida abrange aspectos pessoais, familiares e sociais, bem como a dimensão que o trabalho adquire na vida. Também constatamos quanto é indispensável a integração dos conteúdos e realidades levantados para construir um sentido e um significado de tranquilidade e assertividade nas escolhas.

Assim, a vivência dessa experiência consolida a relevância de buscar constantemente um olhar mais sério, verdadeiro e questionador da própria condução da constituição da identidade profissional, reformulando-a de modo hábil toda vez que se fizer necessário, sobretudo no que se refere às possibilidades existentes e levantadas pelo próprio aluno.

Com a constante prática e aplicação desses aprendizados, o indivíduo se torna um profissional cada vez mais competente e engenhoso na arte de conduzir pessoas, em dirimir suas dúvidas, elaborar seus conflitos e fazer escolhas de maneira mais adequada e coerente com seus interesses, valores e habilidades no intuito de alcançar uma satisfação mais plena na vida laboral.

Diante disso, apresento a seguir algumas considerações feitas com base na compilação de dados referentes à avaliação que realizo ao término do curso mencionado e considero influenciar especialmente a solidificação da minha experiência como orientadora profissional e como responsável pela formação de orientadores profissionais - agregando, dessa forma, grande valor em relação ao que este capítulo tem como proposta.

Discussões finais

Ao longo de 11 anos, trabalhei com 23 turmas, com uma média de dez alunos em cada. Ao final de cada curso, entreguei uma avaliação com a finalidade de examinar a eficiência do objetivo proposto, composta de cinco perguntas-chave que evidenciam questões fundamentais para analisar o desempenho do coordenador e elencar os aspectos do curso que podem ser destacados e aprimorados, visando ao seu aperfeiçoamento constante. São elas:

1. Como você se sentiu neste grupo?
   ( ) Muito bem ( ) Bem ( ) Regular ( ) Neutro
   Comente:
2. Que momento do curso você destacaria?
3. Entre os conteúdos trabalhados, existe algum que você gostaria que fosse mais aprofundado? Em caso afirmativo, justifique.
4. O curso atingiu as expectativas por você estipuladas? Explique o(s) motivo(s):
5. Qual é a sua opinião a respeito do desempenho da coordenadora?

Fiz um levantamento de duas das perguntas que entendo ser esclarecedoras para confirmar o objetivo traçado para o uso dessa avaliação. Na Figura 1, observa-se, em um universo de 118 avaliações respondidas, o registro das respostas dos alunos acerca do sentimento que experimentaram ao participar do curso. À pergunta "Como se sentiu no grupo?", os participantes responderam da seguinte maneira: 1, para muito bem; 2, para bem; 3, para regular; 4, para neutro.

FIGURA 1. "COMO SE SENTIU NO GRUPO?"

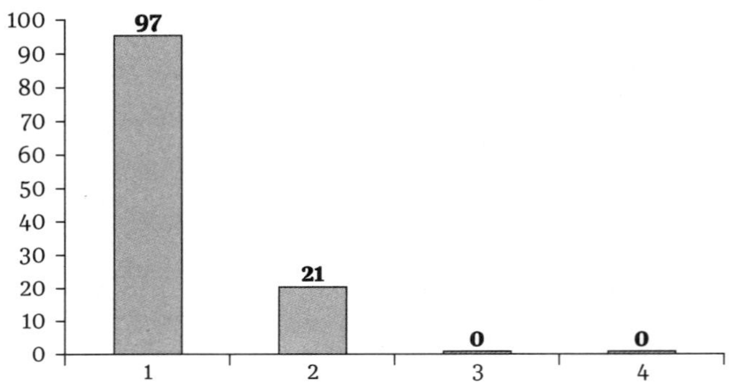

Nessa questão, o percentual maior de respostas foi para o “muito bem”. Isso comprova que, se o sujeito está inserido em um grupo, este é bem conduzido e as regras de conduta, bem estabelecidas, a autorregulação acontece de forma natural, mesmo para aqueles que têm dificuldade de estar com outras pessoas e expressar-se diante delas.

A Figura 2 ilustra a penúltima questão e atesta em que grau o curso atingiu as expectativas. À pergunta “O curso atingiu as expectativas?”, os participantes responderam da seguinte maneira: 1, para superou as expectativas; 2, para sim, atingiu as expectativas; 3, para atingiu parcialmente as expectativas; 4, para não atingiu as expectativas.

FIGURA 2. “O CURSO ATINGIU AS EXPECTATIVAS?”

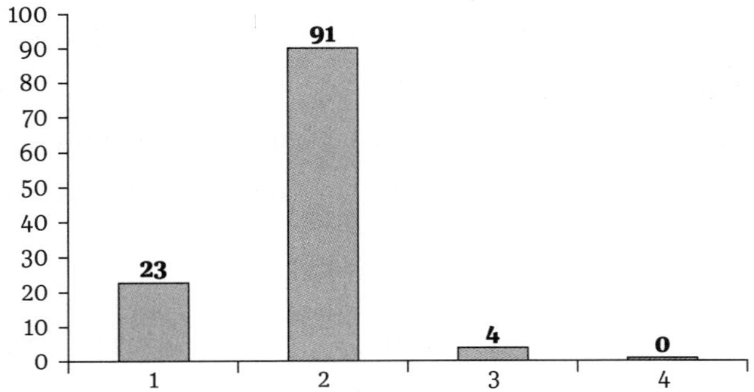

Mediante a questão “Atingiu as expectativas?”, e de acordo com o resultado exibido na Figura 2, pude observar a relevância e o aproveitamento dos alunos no curso e os ganhos que adquiririam ao longo do período.

Concluo, desse modo, que proporcionar a si mesmo o desenvolvimento das competências necessárias, quando há interesse em formar-se como profissional da área de OP

- uma vez que o exercício de um trabalho contribui, no mínimo, para a satisfação pessoal -, promove segurança na execução do trabalho, resultando em conquista e plenitude do ser.

O trabalho ocupa grande parte do tempo em nossa vida, e escolher é o meio pelo qual se é capaz de decidir que tipo de ocupação levaria a um sentir-se pleno e satisfeito.

> É parando para pensar, parando para escutar que nos damos conta de quanto o trabalho é importante em nossa vida e do pouco que paramos para pensar se estamos felizes com aquilo que fazemos. [...] o trabalho preenche grande parte de nossa vida. Pensar, questioná-lo, compreendê-lo é uma tarefa que cabe a todos os profissionais. Discutir sobre o trabalho e pensar melhor sobre a possibilidade de escolhê-lo é uma tarefa muito árdua, pois está sempre colocando em dúvida a nossa própria escolha. [...] A todo tempo, em todos os espaços, em qualquer lugar, sempre a dimensão do trabalho está presente na vida do homem. (Soares, 2002, p. 189-90)

Ser, vir a ser ou constituir-se um orientador profissional requer encontrar um local para que as questões aqui tratadas sejam discutidas, vivenciadas e elaboradas. Assim, por meio do aprendizado de técnicas próprias, esses conteúdos podem ser internalizados.

Com base na concepção de Lisboa (2000, p. 20-22) a respeito da sistematização da formação dos orientadores profissionais, demonstro o significado do empenho e da dedicação que apliquei na elaboração desse curso, já que o orientador profissional encontra-se

> sempre em processo de construção, tanto pelas mudanças próprias dessa área do conhecimento quanto por constituir-se num saber e numa práxis pertencentes a um campo científico diretamente atrelado às mudanças sociopolíticas e econômicas de um país e do mundo do trabalho em geral. [...] tão sério quanto o compromisso do orientador profissional é o do profissional formador de orientadores. Está demonstrado que toda ação humana é multiplicadora, de várias formas, em diferentes medidas.

Assim, tenho como propósito central aprimorar a qualidade da formação dos profissionais nessa área, ressaltando que o modelo aqui descrito poderá ser alvo de estudos complementares; para tanto convido colegas e pesquisadores a contribuir com sugestões que aprimorem ainda mais a técnica aqui apresentada.

Finalizo apresentando, em temas, o registro de algumas das respostas à pergunta "Que momento do curso você destacaria?", uma vez que representam, reforçam e complementam o que foi explanado neste capítulo.

Os temas levantados foram: a) vivências; b) *feedbacks*, pontuações e elaborações; c) reflexão, autoconhecimento e identidade profissional que permitiram identificar o momento do curso em que o aluno/futuro orientador profissional ressaltou como mais significativo.

VIVÊNCIAS: para alguns alunos, as vivências (diversas técnicas aplicadas ao longo do curso) representaram o aspecto mais relevante.

- "Foram as vivências realizadas, importantes para a empatia com os futuros orientandos – especialmente a vivência 'diário no tempo'."

- "As vivências, pois apesar de estarmos aqui para aprender sobre OP aumentar nossa autoconsciência é fundamental como pessoa."
- "As vivências. De aplicação simples, mas de alcance profundo, foram trabalhadas com competência, seriedade e sensibilidade."
- "O momento das vivências, em que percebi minhas facilidades e dificuldades em relação a mim e ao outro."
- "Entre vários momentos, as vivências me proporcionaram experimentar meus sentimentos e conhecer meu potencial."
- "As vivências, que propiciam as reflexões sobre autoconhecimento, aliando-as às definições de interesses."

***FEEDBACKS*, PONTUAÇÕES E ELABORAÇÕES:** três temas foram destacados como fundamentais para outros alunos.

- "A forma como a professora interagiu conosco. As trocas ocorridas e a autodescoberta. O clima descontraído. As técnicas pontuadas etc."
- "As pontuações da Magda, que acabam reverberando nos incômodos pessoais. O primeiro trabalho de identidade pessoal e identidade profissional para mim foi um momento extremamente terapêutico."
- "Os momentos de exemplos de casos, tanto de processo de OP quanto de outros contextos, com comentários e fazendo uma ponte com o que estava sendo dado no curso."

REFLEXÃO, AUTOCONHECIMENTO E IDENTIDADE PROFISSIONAL: três últimas categorias mais marcantes para determinado grupo de alunos.

- "Todos os momentos foram importantes, pois cada vivência, cada detalhe das atividades nos mostra um autoconhecimento que devemos explorar em nós e em nossos pacientes."
- "Os momentos de explicação das vivências e dinâmicas, que eram enriquecidos com a experiência da instrutora."
- "Foram tantos! O curso foi tão agradável que deixa em mim a sensação de 'quero mais'."
- "A leitura de um texto sobre a impossibilidade de dar a lua a uma menina e reflexões sobre limites e possibilidades do orientador profissional."
- "Os exercícios de autoconhecimento, que me fizeram refletir sobre meus ideais."

Sinto-me bastante gratificada ao término de cada curso por perceber como a modalidade vivencial de aprender a metodologia dessa prática proporciona ao aluno um aprendizado único. A experimentação das técnicas leva o orientando a reviver o próprio processo de escolha profissional, capacitando-o de modo significativo no exercício dessa atividade.

Acredito, como Gestalt-terapeuta e especialista em orientação profissional, que ao oferecer um curso específico nessa área contribuo no aprimoramento da qualidade da formação dos profissionais e colaboro para minimizar muitas das necessidades teóricas e práticas que o orientador profissional possa vir a enfrentar.

Compartilhar a experiência na condução de grupos de pessoas, capacitando-as na atuação como orientadores profissionais e informar que sua necessidade de conhecer a própria identidade profissional, bem como rever diversas vezes seus projetos de vida, são atos extremamente presentes e recorrentes nesses sujeitos que participam do curso ministrado.

Durante algumas supervisões realizadas, pude observar quanto os conhecimentos aprendidos são replicados pelos alunos de modo bem articulado e eficiente.

Portanto, registrar e divulgar o trabalho que tenho realizado ao longo de tantos anos reforça os apontamentos que orientadores profissionais de todo o país vêm salientando como imprescindível para essa prática.

Referências

BOHOSLAVSKY, R. *Orientação vocacional: a estratégia clínica*. São Paulo: Martins Fontes, 1998.

D'ACRI, G.; LIMA, P.; ORGLER, S. *Dicionário de Gestalt-terapia: gestaltês*. São Paulo: Summus, 2007.

LISBOA, M. D. "A formação de orientadores profissionais: um compromisso social multiplicador". In: LISBOA, M. D.; SOARES, D. H. P. (orgs.). *Orientação profissional em ação: formação e prática dos orientadores*. São Paulo: Summus, 2000.

LISBOA, M. D.; SOARES, D. H. P. (orgs.). *Orientação profissional em ação: formação e prática dos orientadores*. São Paulo: Summus, 2000.

PERLS, F. S. *Ego, fome e agressão: uma revisão da teoria e do método de Freud*. São Paulo: Summus, 2002.

PERLS, F. S.; HEFFERLINE, R.; GOODMAN, P. *Gestalt-terapia*. São Paulo: Summus, 1997.

RIBEIRO, J. P. *Gestalt-terapia: refazendo um caminho*. São Paulo: Summus, 1985.

SOARES, D. H. P. *A escolha profissional: do jovem ao adulto*. São Paulo: Summus, 2002.

ZINKER, J. *Processo criativo em Gestalt-terapia*. São Paulo: Summus, 2007.

CONSTITUIÇÃO DA IDENTIDADE OCUPACIONAL FUNDAMENTADA EM ESTUDOS DA PSICOLOGIA SOCIAL[1]

MARILU DIEZ LISBOA

03

LIDAR COM A questão do "ser quando crescer" implica, primeiramente, enfocar aspetos afetivos do que vem a ser a construção da identidade ocupacional. Esta se expressa em uma pergunta que ouvimos desde pequeninos: "O que você quer ser quando crescer?" Na verdade, ao nos defrontarmos com ela, estamos sendo desafiados a nos perguntar "Quem serei?" e, mesmo que inconscientemente, a enfrentar a questão "Quem sou?" Essa pergunta desencadeia - ou reforça - o que está se delineando como projeto de futuro, seja no âmbito da fantasia ou no da realidade; impulsivamente ou, até onde seja possível, de modo reflexivo; como uma satisfação a dar ao outro ou, ainda, como desencadeante de um projeto de vida.

A formação da identidade ocupacional, aqui compreendida como desdobramento da identidade pessoal, será aqui enfocada sob a teoria da psicanalítica, representada pelos achados e escritos de Freud (1959) e Rascovsky (1986), e sob

1. Versão atualizada do texto de minha autoria "Ser quando crescer... a formação da identidade ocupacional". In: LEVENFUS, R. S. *et al. Psicodinâmica da escolha profissional*. Porto Alegre: Artes Médicas, 1997.

o que vem sendo pesquisado pela psicologia social, com ênfase nas colocações de Berger e Luckmann (1991).

Nos estudos sobre a identidade ocupacional, cabe considerar com especial atenção uma fase do desenvolvimento humano na qual o sujeito assume ou é compelido a assumir a decisão sobre o seu futuro profissional, denominada adolescência ou juventude. Por essa razão, aqui serão expostos alguns aspectos importantes dessa fase de modo geral, com os quais a identidade ocupacional está necessariamente imbricada, como demonstram os estudos propostos por Aberastury e Knobel (1992), entre outros autores.

Assim, serão aqui especificadas questões concernentes à formação da identidade ocupacional, enfocando aspectos fundamentais e períodos específicos em que eles se manifestam no processo evolutivo do ser humano, com base nos estudos de Bonelli (1995) - bem como acerca da importância da família no processo de construção do projeto profissional dos filhos, segundo estudos propostos por Soares (2002).

A título de conclusão, será trazido o enfoque da identidade como metamorfose, introduzida por Ciampa (1993), na concepção da psicologia social, vista como fundamental para a compreensão da formação e do processo de desenvolvimento da identidade ocupacional num mundo caracterizado por movimento, mudança, atividade e, basicamente, necessidade de compreensão e exercício da consciência.

Ser quando crescer...

"Ser quando crescer" pode ser considerado um tema fascinante por se tratar de um futuro, de um porvir, de uma continuidade na busca da completude da existência, do ciclo da vida. Isso porque o caminho até esse futuro é permeado muito trabalho, desafios e envolvimento humano, uma vez que, necessariamente, está voltado para a construção do ser humano como totalidade.

Como seres humanos, compreendidos como uma espécie da natureza, ao existirmos um ciclo de vida se cumpre. Naturalmente, quanto mais etapas pudermos atingir, experimentar, viver, mais nosso ser no mundo será completo. Assim, "ser quando crescer" traz em si a perspectiva de se completarem ao máximo os ciclos da vida. Crescer tem uma conotação de desenvolver, construir. Desde que somos gerados iniciamos uma misteriosa construção, engendrada com detalhes que fogem, até hoje, ao nosso alcance. "Ser quando crescer" faz parte desse processo, só que, então, assumido pela espécie humana, condição que nos diferencia dos demais animais porque portadores de inteligência e linguagem, o que nos possibilita, portanto, crescer por nosso risco e conta. Assim, se a natureza, Deus, ou os deuses se encarregaram tão perfeitamente de nosso vir ao mundo, nós assumimos o nosso ser no mundo.

Quando falo nós, estou-me referindo à nossa pessoa, a um ser individual e singular, e também àqueles que nos cercam e a quem coube a responsabilidade de zelar pelo nosso desenvolvimento a partir do momento em que, extremamente frágeis e dependentes, nascemos. Sabemos que sem eles não nos seria possível sobreviver. Assim, nosso desenvolvimento depende de condições naturais específicas que incluem, necessariamente, um grupo humano que as sustentará.

Desse modo, quando pensamos o "ser quando crescer", não podemos deixar de levar em conta aqueles responsáveis pelo desenvolvimento de cada indivíduo. Assim, faz-se necessário considerar os núcleos que aqui denominarei família e sociedade.

É a partir desses dois núcleos que se constitui um novo ser. Gerado por um homem e uma mulher e gestado por ela, ele iniciará o seu caminho como expectativa e, posteriormente, concretização, com base no que nele será projetado, ou seja, em todos os sonhos, esperanças, desejos que colocarem sobre ele. O filho que vai nascer já é um ser que deverá cumprir um caminho, em alguma medida colocado para ele por quem o espera. O que seria de um filho que nascesse sem ter como base as expectativas faladas? Como se constituiria a sua identidade? Seria possível que ela viesse a se construir? Em relação à identidade, tudo inicia com a pergunta "Quem sou eu?", que inclui "Filho de quem"?

Rascovsky (1986, p. 7) nos traz o significado do que possa ser para os pais o filho por nascer, que terá lugar determinante na formação da identidade do novo ser:

> Um dia ocorre o instante decisivo em nossa vida. Até então havíamos sido apenas filhos, e agora passaremos a ser pais. Passaremos a realizar ativamente aquilo que havíamos experimentado de forma passiva. A fazer ao filho o que nos haviam feito enquanto filhos, ou a corrigi-lo. E assim reside a suprema oportunidade de reparar a própria tragédia infantil, ratificando no filho nossa dor e brindando-o com o amor que nos faltou.

O núcleo familiar é, nesse momento, o mais importante para o ser que virá. Na verdade, ele é fruto de um momento, de uma união, independentemente da qualidade desta: se efêmera ou permanente, conflituosa ou harmônica, de prazer sexual apenas ou de sentimentos de amor, mas uma união de dois seres em determinadas circunstâncias. Será dentro desse núcleo que o ser vivenciará suas primeiras experiências, aquelas que terão um significado forte, porque primeiras e porque absolutamente pela via de trocas afetivas, numa fase de vida em que absorverá intensamente o que lhe oferecerem.

No correr dos primeiros anos de vida, outro núcleo, além do familiar, se fará aos poucos cada vez mais presente: o social. Ele já tinha significado na vida do novo ser, pois a família está imbricada com o social, uma vez que os seres humanos só podem ser compreendidos vivendo em grupos, em sociedade. A intensidade da inserção do social na vida da criança vai tomando vulto passo a passo, já que ela vem a conviver com outros grupos de fora do núcleo familiar: na escola ou creche, com vizinhos, com outras crianças, com amigos dos pais e, até mesmo, com o grupo familiar mais distante em grau de parentesco. Nessa ampliação do seu universo, a criança vai se identificando com determinadas pessoas, não se identificando com outras, processos estes que servirão de base para a formação de sua identidade. Como expressa Bonelli (1995, p. 16, grifos originais) sobre o tema,

> Faz-se evidente a complementaridade pela qual a própria identidade vai se formando na relação com os outros. Mas, além disso, o sentimento de identidade requer a *existência* do outro que *reconhece*, explorando, a própria identidade.

Formação da identidade a partir do processo de identificação – A concepção da psicanálise

Segundo os estudos da psicanálise, o desenvolvimento dos indivíduos se dá por meio das identificações, ou seja, com base na imitação dos modelos que possuem o significado de ideal de realização, de ego. Freud (1959, p. 47) conceitua:

> A identificação é conhecida na psicanálise como a manifestação mais prematura de uma ligação afetiva a outra pessoa, e desempenha um importante papel na pré-história do complexo de Édipo.

Esse processo se inicia com a relação filho/mãe, do feto ao ser criança, quando parte do seu ego está representada inicialmente pela mãe e, mais tarde, pela mãe e pelo pai. Somente depois de ter assimilado a parte dada pelos pais a criança poderá se constituir num adulto, momento em que terá incorporado suficiente e lentamente o modelo desses "egos auxiliares".

Uma vez tendo nascido, o bebê passa a vivenciar o mundo por meio da alimentação, da qual depende para sobreviver. O que se dá inicialmente por via oral passa a ser complementado pela imagem visual. Pode-se reparar que a criança em desenvolvimento mama cada vez mais à medida que cresce, invariavelmente olhando diretamente nos olhos da mãe. Além de se oferecer como fonte de nutrição, a mãe passa a fazê-lo no sentido de a criança incorporá-la como imagem e modelo, ato que permite a formação da sua identidade. Assim também o faz com o pai, o que precede suas futuras buscas de identificação, como professores, amigos, parentes etc.

Daí a importância das figuras parentais nos primeiros anos de vida da criança, uma vez que constituem a base para as suas identificações e, consequentemente, a formação da sua identidade. Creio ser importante aqui fazer uma ressalva, que considero emergencial numa sociedade turbulenta e em permanente e rápida transformação: é preciso ter cuidado não somente na qualidade das relações com as crianças, mas também na quantidade. Tenho ouvido uma assertiva, com a qual não discordo totalmente, de que o mais importante é a qualidade da relação que estabelecemos com as nossas crianças, e não a quantidade destas. Insisto sempre em afirmar que, em primeiro lugar, se não houver quantidade não poderá haver qualidade. E, em segundo lugar, deve-se observar, com todo o cuidado, a relatividade dessa assertiva. Nos primeiros anos de vida da criança os pais são insubstituíveis. Quando digo aos pais, refiro-me àqueles que se propuseram a gerar ou decidiram cuidar de um bebê. São figuras que não podem ser trocadas, papéis que não podem ser divididos na mesma intensidade com outras pessoas, sob pena de haver prejuízo no processo de identificação e na formação da identidade do novo ser. Reforço essa colocação com as palavras de Rascovsky (1986, p. 66):

> [...] a magnitude quantitativa e qualitativa de sua presença condiciona o maior ou menor grau das identificações a que a criança poderá chegar e que em conjunto produzirão seu sentimento de identidade.

De início, as identificações provêm mais do acervo herdado, oportunidade em que o ovo, embrião e depois feto se esforçam para adquirir a estrutura humana - ou seja, lutam para vencer todas as etapas, num processo de evolução tão vertiginoso como jamais o ser humano terá novamente na vida. Mais tarde, as identificações passam a não ser mais vinculadas ao acervo herdado, mas primeiramente à mãe e posteriormente ao pai e a todas as demais figuras representativas ao desenvolvimento da criança - além das idealizadas em todas as áreas, como heróis, artistas, líderes etc. Todas são de suma importância na formação da identidade e chamadas de "ideais de ego".

O grau de importância das figuras citadas ocupa uma ordem decrescente para a criança. Assim, aquilo que necessita da mãe e do pai é a base do que posteriormente determinará o seu lugar no mundo como personalidade constituída: com mais ou menos exigências, com maior ou menor grau de carências, entre tantas outras que se constituirão como suas características.

Segundo Rascovsky (1986), aquilo que o lactante reclama é seu, seu direito, uma vez que parte do seu ego ainda pertence à mãe e deve lhe ser restituído. Se assim não ocorrer, o que lhe foi "roubado", o que não lhe foi restituído poderá se transformar futuramente numa causa para que ele "roube" - no mais amplo sentido - dos outros. Ele viverá passivamente a carência, mas, depois, tendo introjetado esse modelo, poderá se converter num igual, que provocará o mesmo que lhe foi provocado.

Formação da identidade e interiorização da realidade – Uma concepção da psicologia social

Segundo Berger e Luckmann (1991), a sociedade é uma realidade ao mesmo tempo objetiva e subjetiva, com base no entendimento desta como um processo dialético em curso, que compreende três momentos: interiorização, objetivação e exteriorização.

Assim como os fenômenos sociais, o mesmo é verdadeiro com respeito ao indivíduo - que, simultaneamente, exterioriza o seu ser no mundo social e interioriza o mundo como realidade objetiva. Como participantes da dialética da sociedade, os autores citados apontam que o indivíduo não nasce membro da sociedade, mas com uma predisposição para a sociabilidade.

O primeiro momento do processo de sociabilidade é o da interiorização, quando o indivíduo apreende o sentido de algo e o que observa ou sente do outro faz sentido para ele. É natural que o sentido apreendido não seja necessariamente congruente nem tenha correspondência com o que o outro exteriorizou. Os processos da subjetividade do outro poderão não corresponder aos seus, mas, mesmo assim, causar um efeito traduzido num sentido determinado para ele. A apreensão começa por "assumir" o mundo no qual outros já vivem. Esse "assumir" não será um simples "engolir" do outro, mas poderá ser modificado criativamente. Segundo Berger e Luckmann (1991, p. 174, grifos originais),

> [...] em qualquer caso, na forma complexa de interiorização, não somente *compreendo* os processos subjetivos momentâneos do outro, mas *compreendo* o mundo em que vivo e esse mundo torna-se o meu próprio.

Não se trata de uma interparticipação efêmera, mas da interparticipação de um tempo, numa perspectiva ampla, cujas situações são ligadas numa sequência de intersubjetividade. Há uma interligação que se estende para o futuro. Daí surge o mais importante: uma contínua identificação mútua que transcende o viver no mesmo mundo, mas faz que cada qual participe do ser do outro. Segundo os autores, o indivíduo se torna membro da sociedade somente depois de ter realizado esse grau de interiorização.

A primeira socialização que o indivíduo experimenta no início da vida, na infância, é denominada *primária*, por meio da qual se torna membro da sociedade. A segunda, quando o indivíduo já socializado se introduz em outros setores da sociedade, é chamada de *secundária*.

A socialização primária se dá pelos contatos iniciais do ser humano com o mundo que o cerca. Todo indivíduo nasce dentro de uma estrutura social objetiva formada por seres que se constituirão nos *outros significativos*, que se encarregarão do seu processo de socialização. São seres impostos, como mãe, pai, irmãos, avós, tios etc. Esses acompanharão e serão os responsáveis pela socialização primária do indivíduo, os que fazem parte do *mundo social objetivo* em que ele nasceu. Assim, mais do que ter nascido dentro de uma estrutura social objetiva, o ser humano se insere num mundo social objetivo.

Os outros significativos são os responsáveis pela mediação entre o ser e o mundo, modificando este de acordo com sua localização na estrutura social e com as idiossincrasias individuais que fazem parte da história de cada um. Assim, pode-se concluir que o mundo social é filtrado para a criança de acordo com os valores dos outros significativos e, também, com os valores à posição social do grupo familiar, sua classe social. Assim, ela participará ou não da estrutura social objetiva pela via que lhe for mostrada, criando e recriando, naturalmente, mas segundo o filtro estabelecido pelos outros significativos.

A questão das possibilidades de escolha se insere aí. Os paradigmas serão dados, as oportunidades estarão imbricadas com o contexto, os valores estarão de acordo com as oportunidades de inclusão, de diferentes modos, na estrutura social objetiva. Assim também estará inserida a formação da identidade profissional, uma vez que ela fará parte da estrutura social, em que os papéis serão desempenhados de acordo com as oportunidades dadas em cada classe social. Segundo os autores, a criança torna seus os papéis e as atitudes dos outros significativos.

A socialização secundária implica a interiorização dos "submundos" baseados nas instituições, portanto com base na complexidade da divisão do trabalho e da distribuição social do conhecimento. Ela exige a aquisição de funções específicas, vocabulários próprios da rotina em uma área institucional. Pressupõe a introjeção de realidades caracterizadas por componentes normativos, cognitivos e afetivos.

Segundo Berger e Luckmann (1991) a socialização secundária pressupõe um processo precedente de socialização primária, ou seja, uma introjeção do mundo anterior, numa personalidade já formada. Assim, nesse segundo momento as limitações biológicas se fazem menos importantes, enquanto as propriedades intrínsecas do conhecimento são priorizadas. O componente afetivo muito presente na identificação primária - em que a criança se relaciona por meio de uma intensa carga de emoção com os seus outros significativos - é proporcionalmente dispensado no processo de identificação secundária, que se dá sobretudo pela identificação mútua em quantidade normalmente estabelecida nas comunicações entre seres humanos.

As funções da socialização secundária se caracterizam pelo alto grau de anonimato e formalismo. Ilustrando, nessa etapa o conhecimento ministrado por um professor poderia ser feito por outro sem que o sujeito em socialização sentisse como uma rejeição, por exemplo. Na medida do crescimento infantil a figura do professor vai tomando diferentes significados, podendo, nos momentos iniciais de sua socialização, se constituir em outro significativo e, mais tarde, ser mais uma relação entre tantas em sua vida. No sistema de ensino atual em nosso país, fica marcada essa diferença quando da passagem do quinto para o sexto ano do ensino fundamental. Enquanto até o quinto ano um professor assume a classe, sendo apenas auxiliado por outros responsáveis por matérias como Música, Inglês e Educação Física, a partir do sexto ano existirá um professor para cada matéria. É o momento em que se inicia a pré-adolescência, quando o estudante passou pelo processo de identificação primária e inicia suas relações institucionais no papel de jovem, não mais de criança. Os professores passam a ter um significado diferente para os estudantes; a carga emocional a eles dispensada se dará em maior grau apenas se ocorrer uma identificação, por qualquer razão especial. Caso não haja, será mais uma relação institucionalizada, passível de ser substituída sem causar sentimentos de perda.

As realidades interiorizadas com base na identificação primária necessitariam de "graves choques" para que se desintegrassem. Já as interiorizadas na identificação secundária poderiam ser destruídas muito mais facilmente e sem os traumas que as interiorizadas na primeira infância poderiam provocar. Nessa medida, conclui-se, à semelhança do que propõem os estudos aqui descritos pela psicanálise, quão importantes são as figuras aqui chamadas de outros significativos - em seu papel, nas posturas adotadas, nos valores que serão considerados e levados para a introjeção às crianças, além de outros fatores determinantes do que será o ser humano pelo qual os adultos se responsabilizam. Na socialização primária, o que for introjetado se transformará em marcas definitivas, salvo "graves choques", que farão parte da identidade do sujeito até o fim de sua existência.

Adolescência: passagem da identidade infantil para a identidade adulta

Dentro do tema aqui proposto, eu não poderia deixar de enfocar as questões fundamentais da formação da identidade do adolescente como passagem da identidade infantil para a adulta. A formação da identidade ocupacional passa, necessariamente, pela da identidade adulta, que, por sua vez, se constitui pela composição/evolução das identidades infantil e adolescente.

Segundo Aberastury e Knobel (1992, p. 13),

> entrar no mundo dos adultos - desejado e temido - significa para o adolescente a perda definitiva de sua condição de criança. É o momento crucial na vida do homem e constitui a etapa

decisiva de um processo de desprendimento que começou com o nascimento.

Na qualidade de mais uma fase da vida, encarada por muitos estudiosos como "ciclo de passagem", a adolescência tem características bem específicas, apresentando transformações de grande espectro na evolução físico-emocional. Acredito, no entanto, que o momento antes descrito, da concepção ao nascimento, seja o de maior evolução. Porém, se enfocarmos somente o pós-nascimento, a adolescência é considerada o segundo período da vida no qual maiores mudanças em pouco espaço de tempo ocorrem, comparando-se somente ao primeiro ano de vida - primordial em grau de transformações significativas do ser humano, tanto físicas como emocionais.

O termo "adolescer" tem origem no latim e significa crescer, tornar-se maior. É, na verdade, a continuação da evolução do ser humano desde a sua concepção e a entrada em um processo que o levará à vida adulta.

Iniciando-se com a puberdade, por volta dos 11 anos de idade, as modificações físicas e psicológicas se fazem sentir pela criança que deixou o estado de latência. Trata-se de um processo que culminará com a definição dos caracteres sexuais secundários, quando o ser adulto, por volta dos 20 anos, estará definido como homem ou mulher, com sua capacidade reprodutora e seu papel social como identidade adulta reconhecidos.

Pode-se dizer que o processo da adolescência é tido como um dos mais complexos para o ser humano, sobretudo por gerar instabilidades e inseguranças em virtude da profundidade das transformações que acompanham esse ciclo. É o momento em que o sujeito é invadido biológica e socialmente por exigências nunca antes experimentadas. Biologicamente por meio das transformações corporais e hormonais. Os grandes marcos dessas mudanças são o início da menstruação na menina, acompanhada pelo nascimento dos seios, pelos pubianos etc., e o surgimento do sêmen no menino, também acompanhado pelo nascimento de pelos, barba e pelo aumento do tamanho dos órgãos genitais. Socialmente, a invasão se dá pela expectativa de um comportamento diferente do infantil e coerente com o do adulto, de assumir responsabilidades a ele delegadas, passando pela inserção no mundo do trabalho - que, dependendo da classe social, começa com a escolha da futura profissão.

Segundo Aberastury e Knobel (1992), a adolescência se caracteriza por três perdas fundamentais que se constituirão em "lutos" a ser elaborados: *perda do corpo infantil, perda da identidade infantil e perda dos pais da infância.* Coerentes com as transformações biológico-sociais próprias da adolescência, as perdas darão lugar a mudanças que constituirão uma nova identidade. No entanto, não será sem sofrimento.

A perda do corpo infantil será sentida como uma invasão, assim como as cobranças do comportamento adulto, que exigirão a posse de uma nova identidade. A condição de adulto, ao mesmo tempo temida e desejada, também incluirá novos formas de relação com as pessoas, iniciando-se pela relação com os pais - que, agora, serão mais como seus pares e menos como entes protetores dos quais a criança dependia na relação. Tais figuras cobrarão posturas, posições diante da vida daqueles que agora representam o que denomino *momento do resultado* - ou seja, quando passa a demonstrar tudo que foi construído em conjunto em termos de formação, por meio do processo de socialização.

Em consequência, o adolescente vivenciará essa fase como uma situação de ambivalência entre o desejado e o temido, apresentando flutuações da identidade como nunca antes havia feito. Essas flutuações são vividas numa variação tão ampla e com intensidade tão surpreendentemente diferenciada que Aberastury e Knobel (1992) as denominaram *entidade semipatológica* ou *síndrome normal da adolescência.*

Na construção da identidade do adolescente, alguns elementos chamam a atenção. As principais figuras de identificação, base para a formação da identidade, até então foram os pais. Porém, na adolescência, outras tomam um lugar de maior importância, havendo, inclusive, a perda do lugar dos pais diante delas. São os amigos e os personagens expoentes em setores como esportes, música, cinema e televisão, além dos professores.

Não se pode perder de vista o significado do lugar que as figuras citadas tomam para o adolescente. Será muito difícil para ele se desprender de sua identidade passada, sobretudo se não tiver figuras substitutivas em que possa se projetar, que representam justamente o mundo fora do núcleo familiar - aquele onde agora o adolescente deverá se lançar em busca de um lugar, na construção de uma nova identidade. No esforço de se desprender daqueles que significam a sua estabilidade, o conhecido, o seguro para a sua vida, ele necessita até certo ponto negá-los para poder suportar a perda e, ao mesmo tempo, ganhar o espaço fora do ninho que sempre o abrigou. O rótulo "adolescente rebelde" se explica por esse mecanismo. Não se trata necessariamente de rebeldia, mas de defesa para suportar o desligamento de um antigo status e a busca da construção de um novo, num contexto diverso que impõe suas exigências, sempre desafiadoras e difíceis de compreender de início.

A escolha da futura profissão está inserida justamente nessa etapa. É o momento em que o jovem começa a se preocupar com o futuro, no qual o trabalho tem lugar de destaque. A preocupação se inicia principalmente via sociedade, por meio da introdução do tema "escolha profissional" na escola, na família e entre os amigos.

No contexto brasileiro, não se pode considerar que a totalidade da população jovem tenha como preocupação a escolha profissional nessa fase da vida. A grande maioria dessa faixa populacional não só é compelida a se lançar no mundo do trabalho muito antes de concluir o ensino médio como pode vir a interromper os estudos para trabalhar por necessidades de sobrevivência, sua e de sua família – que dele necessita como força de trabalho para compor um salário mensal que propicie a satisfação das necessidades básicas. Sua identidade profissional vai se construindo de acordo com os desafios que a sobrevivência lhes impõe, independentemente de terem iniciado a fase da adolescência ou a adulta. Aqueles que têm a oportunidade de escolher sua profissão na adolescência, porém, vão cumprir o ciclo de sua evolução paulatina e mais organizadamente, ou seja, obedecendo aos ciclos da vida sem ser atropelados por necessidades que antecipem qualquer decisão ou, até, impossibilitem escolhas. Assim, a formação da identidade ocupacional estará na interseção com a constituição da identidade adolescente, seja em quais circunstâncias sociais o jovem estiver posicionado. No contexto brasileiro, essa interseção ocorrerá, basicamente, em duas situações diversas: estando o jovem já desempenhando um trabalho ou na fase preparatória para esse desempenho.

A formação da identidade ocupacional

No que diz respeito ao jovem que tem a possibilidade de escolher seu futuro trabalho, ao ser introduzida a temática escolha profissional, se iniciará, como parte da formação da identidade adolescente, a formação da identidade ocupacional. Influenciado pelas demandas sociais, o jovem introjetará algo que sempre esteve presente em sua vida, sobretudo por meio dos seus modelos de identificação ou outros significativos: o desempenho de um trabalho. Pais, familiares, professores, ídolos de diversas áreas, todos se apresentaram por meio do seu fazer, do seu trabalho, seja profissional - o que ocorre na maioria dos casos - ou doméstico. Dessa forma, essa figura já se fazia presente e foi introjetada a partir da identidade infantil. Agora, trata-se da necessidade do adolescente de se projetar e, posteriormente, assumir esse papel para si.

Carvalho (1995, p. 67), citando Donald Super, pondera que a criança começa a desenvolver o autoconhecimento partindo "do que pode fazer, do que gosta de fazer e do que os outros esperam que faça". Segundo a autora, a criança:

> [...] começa também a aprender a ligar as figuras adultas com papéis ocupacionais, com os quais ela se identifica principalmente por meio da fantasia. A adolescência surge como uma fase essen-

cialmente exploratória, quando a autoavaliação começa a ser um processo mais realista e o autoconceito, em termos do que posso, que necessidades tenho, que interesses, passa a ser questionado.

Bonelli (1995) distingue períodos fundamentais vinculados a três aspectos: desenvolvimento da escolha profissional, elaboração da identidade profissional e formação das imagens profissionais. Divide esses períodos em três:

1. **Período de escolhas com base nas fantasias**, ligado às primeiras identificações, ao desejo de "ser grande". São escolhas regidas pelo princípio do prazer, com uma perspectiva temporal distorcida, pois ocorrem por meio de uma fantasia sem limites que inclui diversos papéis. O período de escolhas fantasiosas se encerra por volta dos 10 ou 11 anos, quando advém um momento de maior realismo. Este se caracteriza pela descoberta de gostos, habilidades e experiências de vivências de êxito e fracasso, geralmente propiciadas pela escola – que, pelo tipo de atividades propostas no currículo normal, propicia a elaboração progressiva da autoimagem vocacional.
2. **Período de tentativas ou de projetos**, que ocorre aproximadamente até os 17 anos, quando há o reconhecimento de um contínuo entre o presente e o futuro, porém ligado a um tempo subjetivo. As buscas de satisfação imediata, bem como as ansiedades do adolescente, interferem nesses projetos, que, muitas vezes, não têm base na realidade. Pode haver uma identificação mais clara dos interesses, mas a crise normal da identi-

dade nessa fase torna difícil o reconhecimento de uma autoimagem projetada no futuro.

3. **Período de escolha realista**, quando há condições mais propícias para se conscientizar sobre a necessidade de se decidir pela escolha profissional. Ocorre entre os 17 e os 18 anos, momento em que a crise da adolescência está em processo mais avançado de elaboração e, paralelamente, se fazem mais urgentes as exigências da realidade externa. Apresenta-se uma maior premência quanto à necessidade de assumir responsabilidades, sendo a iminente saída do ensino médio um dos principais fatores propulsores do reconhecimento dessa necessidade.

A construção da identidade ocupacional está diretamente vinculada à identidade pessoal, como vimos nos referindo desde o início deste capítulo. Segundo Bonelli (1995), são mesmo inseparáveis, uma vez que incluem todas as identificações do indivíduo feitas ao longo da existência. Ocorre que, com base nessas identificações, a formação da identidade ocupacional se dá por meio da autopercepção, manifesta em papéis ocupacionais, ao longo do tempo.

É no processo de formação da identidade que o ideal de ego se estabelece, com base nas identificações com figuras significativas como pais, familiares, professores etc. São pessoas que representam o "querer ser" da criança, seus modelos de identificação. Na formação da identidade ocupacional, o mesmo ocorre com pessoas que desempenham determinados papéis ocupacionais. O "querer ser" se repete no que tange ao campo profissional. Assim, o adolescente corre o risco de idealizar figuras sem base na realidade, confundindo, muitas vezes, a pessoa com o fazer, o sucesso ou a satisfação do outro com as características do trabalho. Ou seja, pela identificação, deixa de ver objetivamente as particularidades do fazer profissional e outros fatores que o compõem.

No processo de formação da identidade ocupacional está presente, com um significado muito forte, a família do jovem. Uma vez que sua identidade pessoal foi formada sobretudo com base nas figuras parentais e, secundariamente, em outras pessoas da família e outros seres significativos de fora dela, é esperado que na formação da identidade ocupacional esse grupo ocupe lugar de importância.

Segundo Soares (2002), a criança, desde que nasce, arca com as expectativas e os desejos da família no que diz respeito ao seu desenvolvimento como pessoa total, incluindo aí o seu futuro. A família incentiva comportamentos e atitudes baseados em expectativas que se dão em todas as áreas da realização humana e desde muito cedo influenciarão de modo decisivo a vida dos filhos. Freud (1959) afirma que existem duas instâncias que determinarão, basicamente, se o ser humano será realizado ou frustrado ao decidir sobre a qualidade de sua vida e a possibilidade de ser feliz ou infeliz: o amor e o trabalho. Compondo os desejos da família, para quem o filho representa a continuidade de sua existência, com base na afirmação de Freud, pode-se concluir com facilidade o grau de envolvimento familiar na decisão do jovem quanto à escolha afetiva e profissional. Assim, além de representar um forte vínculo para a formação da identidade pessoal do filho, a família tem grande influência em seu projeto de vida e, portanto, grande significado, consciente e inconsciente, na formação de sua identidade ocupacional.

Em paralelo à importância da família na formação da identidade pessoal, e com referência ao presente texto, que estuda a identidade ocupacional, faz-se importante considerarmos a concepção da identidade como produção não pressuposta, isto é, não como algo dado, mas como uma construção que se processa por meio de mudanças, ao que Ciampa (1993, p. 160) denomina metamorfose. Esse autor enfatiza que a identidade é a articulação temporal, no presente, do passado (história de vida) e do futuro (projeto de vida). Segundo ele,

> identidade frequentemente é vista como representação (representada), vista como dada; vimos que considerá-la só do ponto de vista representacional (como produto) deixa de lado o aspecto constitutivo (como produção), bem como as implicações recíprocas desses dois momentos.

Isso significa que, se considerarmos a identidade como produção, estaremos abertos à compreensão de uma construção, de um desenvolvimento da identidade como metamorfose.

No que tange à identidade ocupacional, parece-me necessário, cada vez mais, procurar compreendê-la no sentido exposto, sob pena de se cristalizarem possibilidades "definidas" com respeito aos sujeitos.

Ciampa (1993, p. 163) nos ajuda com sua concepção de identidade pressuposta, ou seja, como algo dado, pronto, definido, apontando que sob esse enfoque "[...] retira-se seu caráter de historicidade, aproximando-a mais da noção de um mito que prescreve as condutas corretas, reproduzindo o social".

A suposição de que alguém "nasceu para ser determinada coisa" profissionalmente reforça o conceito de identidade pressuposta e, portanto, encaminha o sujeito para reproduzir em detrimento de produzir na sociedade, interferindo de forma significativa em seu projeto profissional. Acredito que as pessoas tragam, em alguma medida, aptidões mais ou menos específicas que, se valorizadas, trabalhadas e desenvolvidas, acabarão por ter importância em seu projeto e, futuramente, em sua vida. Assim, o valor dado, o trabalho feito e o desenvolvimento consequente serão a composição que, junto com a aptidão reconhecida, determinará que um projeto profissional possa se realizar. No entanto, de nada valerá essa aptidão compreendida isoladamente, ou seja, se não for possibilitada ao indivíduo a construção de um projeto de futuro que se processe e inclua uma busca daquilo que for se apresentando como possível para ele. E esse possível está na medida da efetivação e da compreensão das mudanças dadas como possibilidade, a saber: as referentes ao sujeito como tal, que se reconheceria em diferentes papéis de acordo com suas experiências, como parte do grupo social ou como diferentes personagens, como propõe Ciampa; e as mudanças sociais em si mesmas, que desafiam as pessoas a se flexibilizar para o exercício de diferentes papéis.

No que se refere às mudanças sociais, aqui traduzidas por culturais/valorativas, econômicas e políticas, estamos vivendo um momento histórico de enormes transformações, que mobilizarão a identidade ocupacional dos atuais e futuros trabalhadores - tanto em sua formação quanto no processo constante de seu desenvolvimento. Globalização, automação e desemprego estrutural fazem parte dessas mudanças e estão, desde já, determinando uma profunda análise sobre a formação e o desenvolvimento da identidade ocupacional, uma vez que a compreendamos como vinculada ao social, como pertencente a um ser que se desenvolve a partir dos grupos com os quais convive, pelos quais é influenciado, aos quais pertence.

À população adulta cabe uma grande responsabilidade, sobretudo diante das crianças e dos adolescentes, que serão os futuros responsáveis pelos destinos da sociedade. Nessa caminhada, é fundamental transmitir a eles, por meio de sensibilização para o reconhecimento de si, a concepção de identidade em metamorfose. Este poderia ser um legado construtivo, uma vez que essa concepção nos dá, talvez unicamente ela, a possibilidade de vislumbrar o indivíduo com possibilidades de se constituir como autor dos seus atos, consciente de si mesmo e do mundo que o cerca, podendo discernir sobre o que e como fará para construir um mundo cada vez mais justo e mais voltado para o que possa fazer os seres humanos evoluírem naquilo que têm de mais nobre, para si e em direção às relações sociais. Ajudá-los nessa compreensão, no sentido mais amplo, significa, antes de tudo, considerar sua história e caminhar junto na descoberta e exploração consciente do seu projeto de vida. Concluindo, a formação da identidade ocupacional pertence a cada sujeito - inserida em sua história - e deverá continuar pertencendo como projeto de vida ou de futuro.

Referências

ABERASTURY, A.; KNOBEL, M. *Adolescência normal.* 10. ed. Porto Alegre: Artes Médicas, 1992.

BERGER, P.; LUCKMANN, T. *A construção social da realidade.* 9. ed. Petrópolis: Vozes, 1991.

BONELLI, A. R. L. *La orientación vocacional como proceso.* 3. ed. Buenos Aires: Ateneo, 1995.

CARVALHO, M. M. J. *Orientação profissional em grupo – Teoria e técnica.* Campinas: Psy, 1995.

CIAMPA, A. C. *A estória do Severino e a história da Severina.* 3. ed. São Paulo: Brasiliense, 1993.

FREUD, S. "Psicologia de las masas". *Obras completas de Sigmund Freud,* v. 1. Madri: Biblioteca Nueva, 1959.

LISBOA, M. D. *Orientação vocacional/ocupacional: projeto profissional e compromisso com o eixo social.* Dissertação (mestrado em Psicologia Social), Pontifícia Universidade Católica de São Paulo, São Paulo, 1995.

RASCOVSKY, A. *Conocimiento del hijo – Desde su nacimiento hasta la adolescencia.* 5. ed. Buenos Aires: Orion, 1986.

SOARES, D. H. P. *A escolha profissional – Do jovem ao adulto.* São Paulo: Summus, 2002.

"LANTERNA DOS AFOGADOS": IDENTIDADE PROFISSIONAL COMO FATOR DE PROTEÇÃO EM DESENVOLVIMENTO DE CARREIRA

IÚRI NOVAES LUNA

04

NO ÁLBUM "BIG BANG", de 1989, a banda Os Paralamas do Sucesso lançou a música "Lanterna dos afogados", composta por Herbert Vianna, cuja letra, no início, anuncia um chamado a náufragos e aflitos. Nessa linha, o título do presente texto também se apresenta como um convite à reflexão sobre a importância do estabelecimento da identidade profissional e da orientação profissional e de carreira (OPC) para aqueles que se encontram em busca de um cais de porto para manter ou restabelecer seu bem-estar subjetivo em suas navegações pelos mares do trabalho.

Assim, o capítulo aborda algumas questões que parecem centrais para os estudiosos e práticos da área na contemporaneidade, baseado em estudos realizados para a produção de minha tese de doutorado nas transformações no mundo do trabalho (Luna, 2008), a discussão a respeito dos impactos de tais transformações nas identidades (Luna, 2005; Tolfo, Silva e Luna, 2009) e o trabalho de orientação profissional (Santos, Luna e Bardagi, 2014), bem como a experiência de aproximadamente duas décadas como psicólogo, professor e orientador nas áreas de psicologia do trabalho e orientação profissional e de carreira.

Tomando como verdade o fato de que vivemos em uma nova fase da modernidade, ou seja, em um contexto de novas expectativas quanto ao desempenho profissional, de novas configurações de carreira, de contrato psicológico, de comprometimento e engajamento no trabalho, o processo de definição, desenvolvimento e validação de um sentido de identidade profissional assume renovada importância. Se a modernidade atual é líquida, como defende Bauman (2001), uma identidade profissional razoavelmente bem resolvida pode emergir como uma lanterna em meio à fluidez.

Assim, este capítulo está dividido em quatro partes: na primeira, com base em uma perspectiva social e histórica, o conceito de identidade profissional é descrito e associado ao artesanato, no qual seus limites eram mais tangíveis, e à emergência do modo de produção capitalista. Em seguida, as novas exigências e expectativas sobre os trabalhadores são discutidas, à luz dos processos de mudança e de reestruturação observados desde o final do século passado no universo do trabalho. Na terceira parte, a identidade profissional, como fator de proteção, é confrontada com os novos modelos de carreira que surgiram nas últimas décadas. Por fim, a última parte resgata as reflexões anteriores como argumentos para reforçar a importância da orientação profissional e de carreira (OPC) como mediação qualificada aos processos de construção das identidades profissionais.

O social e o individual: notas sobre profissão, identidade e trabalho.

A compreensão das profissões requer, para além da simples descrição do desempenho de certas funções por indivíduos ou grupos em diferentes momentos históricos, o exame criterioso de tais funções e relações. Isso ocorre pois, como afirma Elias (2001, p. 90),

> profissões, despojadas de suas roupagens próprias, são funções sociais especializadas que as pessoas desempenham em resposta a necessidades especializadas de outras; são, ao menos em sua forma mais desenvolvida, conjuntos especializados de relações humanas.

Nesse sentido, a identidade profissional pode ser entendida como a percepção do indivíduo sobre si próprio e dos outros sobre ele como alguém que tem competências específicas (conhecimentos/habilidades) para desenvolver determinadas atividades. Outrossim, vincula-se à existência de um trabalho com sentido para o indivíduo (Luna, 2005). A identidade profissional apresenta-se de forma clara no trabalho artesanal, nas "mãos hábeis" dos sapateiros, ourives, alfaiates e de tantos outros, cujo sentido do trabalho encontra-se associado à compreensão global do seu processo. Contudo, como modo de produção específico, o capitalismo nasceu exatamente com a emergência das manufaturas no século XVI, no momento em que foi possível que determinado investidor reunisse no mesmo local, ou no mesmo campo de atividade, sob suas ordens, certo número de trabalhadores que deveriam atuar simultaneamente para produzir a mesma espécie de mercadoria (Marx, 2006).

O desenvolvimento das manufaturas, que alterou o sentido das identidades profissionais, ocorreu de duas formas: por meio da combinação de ofícios anteriormente independentes, que se tornam especializados e, sob o comando do mesmo capitalista, passam a se configurar como operações parciais na produção de uma única mercadoria, como a manufatura de carruagens, que transformou costureiros em geral em costureiros de carruagens; e, de maneira oposta, pela decomposição de um mesmo ofício em suas diferentes operações (combinação do trabalho de muitos trabalhadores que, inicialmente, produziam a mercadoria por inteiro). Assim, os trabalhadores começaram a realizar apenas uma parte específica do processo devido à necessidade de aumentar a velocidade da produção. A ideia de uma identidade profissional relacionada a determinadas habilidades e sentidos sofreu, dessa forma, desde o surgimento das manufaturas, uma série de transformações interpretadas de diferentes formas por sociólogos e psicólogos do trabalho.

Todavia, mesmo tendo em vista a existência de divergências teóricas nos estudos sobre as identidades (Coutinho, Krawulski e Soares, 2007), é importante salientar que, em uma perspectiva social, a emergência de identidades individuais ocorre necessariamente como fenômeno histórico e psicossocial e se constitui no bojo da identidade coletiva, afastando-se assim de ideias vinculadas à existência de uma "essência individual" autêntica, prévia e constante. Nessa perspectiva, as identidades podem ser compreendidas como processos ao mesmo tempo biográficos (falas sobre si mesmo) e institucionais, considerando as posições objetivas ocupadas pelos indivíduos no decorrer de sua trajetória de vida, sendo uma dessas "posições objetivas" a profissional (Dubar, 1998). É justamente na imposição das diferenças nas relações cotidianas com os outros que surge o sentido de posse de determinada identidade *individual*, que pode apresentar razoável unidade e estabilidade e se exacerba em momentos de transformação social. Contextos de crise na sociedade, associados à contestação de valores, normas e costumes tradicionais, são terreno propício para irrupções de experiências subjetivas privatizadas, uma vez que os pontos de referência para as tomadas de decisão tornam-se mais voláteis e os indivíduos precisam recorrer com frequência ao seu "foro íntimo" (Figueiredo e Santi, 1996).

Mudanças no mundo do trabalho: novos trabalhadores para uma nova sociedade?

O estágio atual do desenvolvimento do capitalismo emergiu com a crise do fordismo dos anos 1970 e recebe diferentes denominações, tais como regime de acumulação flexível (Harvey, 1992), sociedade de risco (Beck, 1999), alta modernidade (Giddens, 2002) e modernidade líquida (Bauman, 2001). Suas características essenciais são a flexibilidade, o uso intenso de novas tecnologias e transformações nas relações de trabalho e nos estilos de vida, entendidos como

> um conjunto mais ou menos integrado de práticas que um indivíduo abraça, não só porque essas práticas preenchem necessidades utilitárias, mas porque dão forma material a uma narrativa particular da autoidentidade. (Giddens, 2002, p. 79)

Nas vivências cotidianas dos indivíduos que se constroem em um contexto instável e flexível, tanto em seus discursos como em seus comportamentos evidenciam-se as experiências subjetivas privatizadas (Figueiredo e Santi, 1996), a impossibilidade de viver no "piloto automático" e a necessidade de saber "o que fazer" e "quem ser" (Giddens, 2002), o desejo (ideal pessoal) de diferenciar-se de todas as demais pessoas, de "diferir dos semelhantes" e, mais do que isso, de se destacar, se realizar e, assim, validar identidades individuais por meio de batalhas pessoais cujas armas são as próprias competências ou realizações (Elias, 1994). Ao fazer um diagnóstico do trabalho, Codo (2006, p. 89) chegou a afirmar que "a subjetividade faz parte da ordem do dia", que "o trabalhador ideal hoje é o avesso do trabalhador ideal do taylor-fordismo: antes era preciso que os braços funcionassem quase que desligados do cérebro, da subjetividade; hoje, cada movimento precisa recuperar os seus nexos". Nesse cenário, observamos o crescimento de novos modelos de carreira (Magalhães e Bendassolli, 2013) associados às possibilidades, exigências e expectativas presentes no mundo das organizações e do trabalho contemporâneo.

Em nosso país, essas transformações ocorreram com maior ênfase desde os últimos anos do século passado. Ainda na primeira metade da década de 1990, a ideia de aumentar a competitividade tomou conta do empresariado nacional. Muitas indústrias aderiram ao Programa Brasileiro de Qualidade e Produtividade (PBQP), lançado pelo governo em 1990. Na esteira desse processo, o treinamento, a simplificação da estrutura de cargos e salários, a intensificação do trabalho associada à diminuição dos níveis hierárquicos, assim como a busca de uma melhor relação com os empregados dentro das fábricas, tornaram-se metas das empresas. Uma nova força de trabalho, mais participante, consciente, responsável, engajada e, ainda, qualificada, polivalente, multifuncional, apta a operar equipamentos informacionais, passou a ser exigida e orientou as políticas de gestão de recursos humanos, sobretudo nas empresas que se encontram na ponta do processo de inovação tecnológica.

Por outro lado, em razão da lógica inerente a um regime de acumulação flexível, são características do atual contexto produtivo o incremento da terceirização e a difusão do empreendedorismo, na esteira do lema "abra seu próprio negócio". Os novos métodos e técnicas de gestão do trabalho, ao mesmo tempo que preconizam o aumento da qualificação do trabalhador, defendem o "corte de gorduras" e a terceirização para tornar as empresas mais leves e flexíveis. Os processos de terceirização, ao estimular o surgimento de pequenos empreendedores e profissionais autônomos, acabam por reforçar a necessidade de novas competências profissionais para sobreviver ou se desenvolver no mercado de trabalho.

Assim, o denominado Sistema de Produção Enxuta (*Lean Production System*), não obstante continue visando à acumulação do capital por meio do incremento da produtividade e da racionalização do trabalho - nisso assemelhando-se ao taylorismo-fordismo -, propicia um salto qualitativo no que se refere à utilização de novas tecnologias, à gestão do conhecimento e da força de trabalho em suas mais diversas facetas: como "empresários" e "empregados" formais e informais em organizações de diferentes portes e complexidades; como trabalhadores autônomos; como estagiários e jovens aprendizes; como desempregados e desocupados; e assim por diante. Uma nova subjetividade vinculada às novas vias de racionalização do trabalho torna-se uma marca dos regimes de acumulação flexível (Alves, 1999).

Diante disso, os processos de restruturação produtiva que acompanham o atual estágio de modernização da sociedade, em vez de favorecer a construção de identidades coletivas, compartilhadas pelos trabalhadores, promovem sua divisão, o estabelecimento de diferentes tipos de contrato psicológico e a emergência de novos modelos de carreira. Nesse sentido, a fragmentação dos trabalhadores ainda se intensifica devido à tendência de separação e isolamento entre os empregados que têm certa estabilidade e garantia, os desempregados e os que se encontram entre esses dois polos, ou seja, uma "massa flutuante de trabalhadores instáveis" que se distribuem entre subcontratados (terceirizados), trabalhadores em tempo parcial, temporários, estagiários e os envolvidos com a *economia subterrânea*, "que tentam escapar ao desemprego trabalhando 'clandestinamente' [...] ou entregando-se à pequena produção mercantil (principalmente no setor de serviços prestados a particulares)" (Bihr, 1998, p. 85).

Considerando esse cenário, a posse de competências específicas que incrementem o valor de troca da força de trabalho no mercado e reforcem um sentido de identidade profissional pode tanto servir de referência nos processos de desenvolvimento de carreira como aumentar o grau de importância do trabalhador/profissional aos olhos dos que precisam de seus serviços e produtos (materiais ou imateriais). Isso não significa negar os limites e as contradições presentes no modo de produção atual, muito menos responsabilizar exclusivamente o indivíduo por sua situação no contexto do trabalho ou defender a primazia de soluções individuais; ao contrário, em uma perspectiva sócio-histórica, significa atribuir aos sujeitos, simultaneamente, o lugar de produto e produtor da realidade em que vivem.

Destarte, na configuração observada no mundo do trabalho contemporâneo as necessidades de determinados conhecimentos, habilidades e atitudes criaram uma nova situação no que se refere aos predicados exigidos dos trabalhadores. A respeito dos novos atributos exigidos, estes podem ser distribuídos em três conjuntos que, todavia se relacionem mutuamente, têm traços peculiares. O primeiro abrange as *qualificações* exigidas quanto ao conhecimento e às habilidades do trabalhador; o segundo diz respeito à *autonomia* e à *iniciativa* que o trabalhador deve demonstrar (poder/liberdade); o terceiro, por sua vez, envolve o *comprometimento organizacional* do trabalhador (necessidade/motivação) (Luna, 2008).

Relativamente ao conhecimento e às competências comportamentais que o trabalhador deve ter para exercer suas atividades profissionais, o que aparece de novo, sobretudo, é uma aparente menor cisão entre concepção e execução, entre operação e controle de qualidade, bem como a necessidade de polivalência, de flexibilidade para desempenhar várias atividades simultaneamente, a capacidade de trabalhar em grupo (competência interpessoal) e a dedicação à aprendizagem contínua. Destaca-se, ainda, a importância do conhecimento geral, além do específico. Esse movimento se relaciona com a contemporânea interpenetração entre as aplicações tecnológicas da ciência e o trabalho vivo, representada pelo avanço do trabalho imaterial que é objeto de uma série de estudos e pesquisas recentes (Grisci e Cardoso, 2014; Weber e Grisci, 2011; Castillo, 2007; Lazzarato e Negri, 2001; Antunes, 2002).

Todavia, a crescente imbricação entre trabalho material e imaterial não pode ser generalizada, de forma simples, para a totalidade do processo produtivo. Assim, não obstante "a expansão do trabalho dotado de maior dimensão intelectual, quer nas *atividades industriais mais informatizadas*, quer nas esferas compreendidas pelo *setor de serviços* ou *nas comunicações*, entre tantas outras", ainda existem significativas diferenças no universo da produção quanto às exigências de qualificação dos trabalhadores (Antunes, 2002, p. 125, grifos originais). De todo modo, é possível observar uma *tendência* de substituição do trabalho manual direto pelo trabalho que demanda maior dimensão intelectual.

DaMatta (2003, p. 48), mediante uma pesquisa sobre o trabalho industrial no Brasil realizada no início deste século, constatou que a contínua inovação tecnológica e a crescente exigência dos consumidores quanto à qualidade dos produtos e serviços, assim como os novos paradigmas organizacionais, exigem do trabalhador industrial formação e profissionalização: "Competências intelectuais que só podem ser adquiridas mediante a exposição do trabalhador industrial a uma escolaridade mais prolongada e de melhor qualidade – eis aí o 'bilhete de entrada' para os desafios e oportunidades criados pelo contexto de mudanças [...]". O autor menciona que o trabalhador deve também ser proativo, polivalente para se adaptar e, mais do que isso, se antecipar às mudanças do ambiente tecnológico e econômico e às equipes de trabalho que se encontram "cada vez mais enxutas". Enfim, ele ainda precisa desenvolver competências interpessoais, como liderança, cooperação, adaptabilidade e sinergia.

Tendo em vista a transformação do profissional manual em profissional do conhecimento, fortes investimentos devem ser realizados em escolaridade formal, treinamento ocupacional e mudança comportamental para que os trabalhadores possam "navegar na revolução permanente da tecnologia, da qualidade, da competitividade" (DaMatta, 2003, p. 97). Em suma, o trabalhador deve estar preparado para enfrentar o mundo do trabalho flexível e muitas vezes precário, o que implica aprendizagens relacionadas aos negócios em rede, a consultorias, à terceirização e contratação/subcontratação por tarefas e projetos, ao trabalho em equipes multiprofissionais que se fazem e desfazem ao sabor das oportunidades de um mercado regido pela fluidez, incerteza e rapidez (DaMatta, 2003). Com base nesse "novo perfil profissional", é possível observar que os predicados envolvem aptidões tanto cognitivas como comportamentais, conforme indicado no diagnóstico do trabalho apresentado por Codo (2006).

Todavia, quanto à identidade profissional, uma primeira aproximação que indique seu *necessário* resgate mediante os novos conjuntos de atributos exigidos dos trabalhadores pode ser enganadora. Em muitos casos, por exemplo, os cursos de capacitação, treinamento e desenvolvimento oferecidos ou subsidiados pelas organizações caracterizam-se principalmente como programas comportamentais. Nessa direção,

> vários estudos elucidam que o conteúdo de tais programas costumava centrar-se em questões relacionadas ao tipo de atitude que a empresa espera de seus trabalhadores no cotidiano da produção, e não em noções técnicas ou mesmo relacionadas à formação básica. (Leite, 2005, p. 10)

O segundo conjunto de atributos requeridos relaciona-se à autonomia e à iniciativa que os trabalhadores devem demonstrar. Tais prerrogativas traduzem-se pela oportunidade dada a eles de interferir nos projetos de produtos, nos processos de fabricação e nos métodos de trabalho por meio de sugestões de melhorias avaliadas pelo grupo e pela direção da empresa (Tauile, 2001; Ghinato, 1999). Relacionada à autonomia, a iniciativa do trabalhador, frequentemente denominada "proatividade" (como antônimo de reatividade) é outra característica valorizada por muitas organizações inseridas em mercados competitivos, dinâmicos e flexíveis ao extremo. Para confirmar essa necessidade, DaMatta (2003, p. 53) indica que, além do aprofundamento da escolarização, "os sistemas de educação formal e profissionalizante precisam ajudar o trabalhador a desenvolver e internalizar uma atitude proativa e permanentemente aberta ao autoaperfeiçoamento".

O processo de transferência de responsabilidade e autoridade dos gerentes para os trabalhadores é em geral denominado *empowerment* pelos difusores dos novos métodos de gestão da produção. Trabalhadores investidos de poder, além de saber que suas tarefas lhes pertencem e ter o direito de opinar sobre o modo de execução das tarefas/projetos, "[...] sentem-se mais responsáveis e, ao sentirem-se responsáveis, demonstram mais iniciativa, produzem mais e valorizam mais o trabalho, assim como atingem um nível desejável de autoestima (Quadros, 2004, p. 456).

O *empowerment* fornece ao trabalhador uma "sensação de propriedade" necessária à melhoria contínua. Ou seja, este deve *sentir a empresa como sendo dele*, mesmo que, de fato, não seja. Em outras palavras, para ter poder é necessário pensar como empresário. Relacionadas ao ideário do empreendedorismo como referencial de carreira, dentro das organizações tais expectativas quanto ao desempenho do trabalhador podem assumir o caráter do intraempreendedorismo (Luna, 2012). Nesse sentido, *empowerment* não é simplesmente "dar poder às pessoas", mas "liberá-las" para que usem o poder, os conhecimentos, as habilidades e a motivação que já possuem (Quadros, 2004); ou seja, encontra-se inexoravelmente dependente da existência da qualificação e do comprometimento - não bastam a noção das respectivas responsabilidades e a autoridade necessária para assumi-las. Por outro lado, as práticas participativas do *empowerment* velam e ocultam, muitas vezes, características opressivas e intensificadoras do trabalho, chegando ao ponto de admitir apenas comportamentos de lealdade, adesão, conformidade e compromisso com a ordem produtiva definida e controlada pelas gerências (Sánchez, 2005).

Quanto ao terceiro conjunto de atributos exigidos dos trabalhadores, estes se encontram vinculados ao comprometimento organizacional. Para as organizações contemporâneas, a satisfação no trabalho já não basta; é preciso a participação *voluntária* e o *total* envolvimento da força de trabalho (Ghinato, 1999). Em outras palavras, o trabalhador deve ser comprometido com a organização, uma vez que o comprometimento organizacional, na abordagem mais conhecida, ou seja, de Mowday, Steers e Porter, envolve três componentes: "a aceitação dos objetivos organizacionais; a disposição para trabalhar com afinco pela organização; o desejo de permanecer na organização" (Spector, 2002, p. 244). Em alguns casos, chega-se ao ponto de criar entre os trabalhadores constrangimentos caso eles se oponham aos objetivos organizacionais e produzam dissenso (Tauile, 2001).

Do ponto de vista dos trabalhadores, a decisão de permanecer ou não em determinada organização pode estar baseada em ligações emocionais (comprometimento afetivo), nos benefícios, no salário ou em opções de trabalho/emprego (comprometimento contínuo) - ou ainda nos valores do funcionário, que acredita que essa é a coisa certa a se fazer (comprometimento normativo) (Meyer, Allen e Smith, 1993). Na perspectiva da organização, por sua vez, as estratégias de envolvimento do empregado utilizadas pelas novas formas de gestão buscam, muito além do *comprometimento contínuo* - que, em razão da sua natureza, não garante o engajamento do trabalhador no processo -, que o trabalhador se comprometa de forma *normativa* e *afetiva* com a organização.

Não obstante o comprometimento organizacional esperado, a lógica do mercado atual muitas vezes fragiliza os vínculos entre indivíduos e organização, em virtude da fragmentação dos trabalhadores indicada por Bihr (1998), das incertezas e das demandas de adaptação e mudança contínuas, da desconfiança e do ressentimento de trabalhadores inseguros sobre os rumos da organização, da sobrecarga de trabalho, da busca de profissionais pelo equilíbrio entre trabalho e não trabalho, entre outros fatores (Magalhães e Bendassolli, 2013). Nesse cenário, as expectativas que mediam as relações entre empregados e organizações, ou seja, os contratos psicológicos, variando entre dimensões econômicas e sociais, passaram a assumir diferentes feições - indo de contratos de curto prazo, flexíveis e sem garantias, passando por contratos balanceados (híbridos) e relacionais, que incluem envolvimento emocional e expectativas de compromisso mútuo e lealdade, até chegar àqueles idiossincráticos, caracterizados por acordos personalizados para diferentes conjuntos de trabalhadores (Hoffmann, De Ré e Cruz, 2007; Magalhães e Bendassolli, 2013).

Fatores de risco em desenvolvimento de carreira e identidade profissional: uma lanterna do oceano do trabalho

Inicialmente, é importante esclarecer que, apesar das significativas modificações observadas nas estruturas e nos processos organizacionais e de seu impacto sobre as carreiras *objetivas*, ou seja, as delimitações e os fluxos das trajetórias de cargos e funções impostos pela divisão técnica do trabalho e pelas organizações, quando falamos de carreira neste texto estamos considerando especialmente as carreiras *subjetivas* (Hughes, 1937), orientadas por objetivos pessoais de vida e trabalho. Nessa direção, evidenciam-se as escolhas e os movimentos de cada pessoa no mundo do trabalho, no desempenho seja de funções e cargos configurados como empregos em organizações, seja de atividades de trabalho em diferentes modalidades e composições. Circunscritos pelos limites e possibilidades impostos pelo contexto socioeconômico atual, o termo "carreira", nessa acepção, diz respeito a um processo que envolve comportamentos, necessidades, interesses, motivações, expectativas, cognições e sentimentos que, em conjunto, compõem experiências de trabalho ao longo da vida. A carreira se constitui, portanto, como "um processo psicossocial marcado pelas escolhas previamente realizadas pelas pessoas e pela significação *post factum* de suas trajetórias de trabalho" (Ribeiro, 2011, p. 307). Ademais, trata-se de um "constructo multidimensional influenciado por fatores de ordem psicológica, social, econômica e pelas circunstâncias concretas vivenciadas pelo indivíduo ao longo de seu ciclo de vida" (Magalhães e Bendassolli, 2013, p. 440).

A flexibilidade, a heterogeneidade, a dinâmica e as contradições presentes no atual contexto das organizações e do trabalho, associadas à fragmentação dos trabalhadores e às novas exigências que pesam sobre seus ombros, abriram espaço e, muitas vezes, determinaram a emergência de novos modelos de carreira, especialmente nas últimas duas décadas. A significativa expansão do trabalho imaterial e seu impacto nas qualificações e habilidades do trabalhador, as novas tecnologias, a rápida obsolescência de determinadas qualificações, os processos de *empowerment* associados à valorização da autonomia e da iniciativa, as estratégias organizacionais visando ao envolvimento e à lealdade da força de trabalho acompanhadas da diversificação dos contratos psicológicos, a intensificação do trabalho e a pressão por melhorias contínuas, o incremento do setor de serviços, as terceirizações e os incentivos ao empreendedorismo configuraram um novo e flexível cenário para o desenvolvimento de carreira. Em esforços de síntese realizados por estudiosos da área, as principais proposições de novos modelos de carreira encontrados da literatura científica foram sistematizadas e se encontram expostas a seguir.

Não obstante as particularidades presentes em cada um dos modelos apresentados, é possível identificar pontos em comum entre eles, bem como sugerir possíveis fatores de risco ao bem-estar subjetivo associados às estruturas contemporâneas de carreira. Quanto às semelhanças entre os

QUADRO 1. NOVOS MODELOS DE CARREIRA ENCONTRADOS NA LITERATURA CIENTÍFICA

Modelo	Proposições
Carreira sem fronteiras (Arthur, 1994; Arthur e Rousseau, 1996)	• Pluralidade de contextos de trabalho • Declínio das carreiras organizacionais • Competências (*know-why, know-how, know-whom*)
Carreira proteana (Hall, 1976; 2002)	• Mudança como um dado de realidade • Variedade de experiências • Adaptabilidade e resiliência • Identidade como âncora
Craft career (Poehnell, Amundon e Reuter, 2002)	• Autonomia, criatividade, invenção e reinvenção do próprio trabalho • Sujeito e atividade como um único conjunto • Trabalho e *sensemaking*
Carreira portfólio (Borgen, Amundson e Reuter, 2004)	• Diversificação das atividades profissionais • Flexibilização das identidades pessoais • Múltiplas zonas de *expertise* individual
Carreira multidirecional (Baruch, 2004; 2006)	• Não linearidade das experiências de trabalho • Contrato psicológico transacional • Comprometimentos múltiplos
Caleidoscópio de carreira (Mainiero e Sullivan, 2006; Sullivan *et al.*, 2007)	• Formação de padrões diferentes de carreira com base na situação particular do momento • Contingencialismo da carreira na atualidade • Autenticidade, balanço entre atividades de trabalho e não trabalho e exigência de trabalho desafiador como princípios centrais • Modelo de carreira do empreendedor
Arco-íris de carreira (Savickas, 2002; Super e Savickas, 1996)	• Articulação espaçotemporal contínua de seis principais papéis sociais (membro da família, criança, estudante, tempo livre, cidadão, trabalhador) ao longo da vida • Processo de adaptação recíproca entre pessoa e sociedade, por intermédio de papéis sociais • Ampliação da ideia de carreira para a concepção de projeto de vida

FONTE: ADAPTADO DE MAGALHÃES E BENDASSOLLI (2013) E RIBEIRO (2011)

modelos, encontramos os seguintes pontos: posicionamento do sujeito como agente da própria vida; apropriação de significados mediante processos de interação social e sistemas institucionais; ruptura com a normatividade; ampliação do conceito de trabalho para além do emprego; retomada do aspecto existencial do trabalho; ampliação da concepção de carreira ultrapassando as estruturas organizacionais; carreira como mediação entre sujeito, trabalho e sociedade; mudança da responsabilidade sobre a carreira (Magalhães e Bendassolli, 2013; Ribeiro, 2011). Diante disso, para além de carreiras pensadas e orientadas mediante as estruturas organizacionais, constatamos o delineamento de carreiras menos genéricas e mais singulares, individualizadas e autogeridas. Todavia não seja correto generalizar tais modelos de carreira à totalidade do mundo do trabalho e das organizações, considerando sua distribuição desigual entre grupos específicos de trabalhadores e profissionais (Ribeiro, 2011), podemos observar uma tendência nessa direção.

No que se refere aos fatores de risco, entendidos como condições relacionadas à significativa probabilidade de ocorrência de resultados negativos ou indesejáveis que podem comprometer a saúde, o bem-estar ou o desempenho social do indivíduo (Reppold *et al.*, 2002), entendemos sua pertinência para a análise das carreiras na contemporaneidade, mesmo tendo em vista seu uso corrente nas áreas da psicologia do desenvolvimento e da saúde. Nesse contexto, as características dos novos modelos de carreira, anteriormente mencionadas, se por um lado evidenciam a dimensão subjetiva (Codo, 2006), as experiências subjetivas privatizadas (Figueiredo e Santi, 1996) e retomam o caráter ontológico do trabalho como fonte criadora da existência humana, por outro lado, exatamente por trazer à tona a condição humana (Arendt, 1993), destacar a expressão da singularidade individual, a busca de significados para a vida e a capacidade de reger o próprio destino, apresentam como consequência inevitável os riscos inerentes a essa condição - ou seja, as dúvidas e incertezas, a insegurança, o peso da responsabilidade, a angústia, a crise iminente, a falta de referências não arbitrárias. Tais afetos e cognições ameaçam o bem-estar subjetivo dos indivíduos, assim como sua esperança e seu otimismo em relação ao futuro.

Temos, aqui, a questão central da reflexão proposta: os novos modelos de carreira libertam, até certa medida, os indivíduos dos fluxos e estruturas preconcebidos pelas organizações e, assim, proporcionam maior autonomia e a possibilidade de resgatar sentidos para o trabalho; porém, ao mesmo tempo, representam um risco ao desenvolvimento de uma trajetória profissional coerente e significativa dos pontos de vista psicológico e social, sobretudo considerando a fluidez presente na modernidade líquida (Bauman, 2001) e as contradições de um regime de acumulação flexível (Harvey, 1992). Nessa direção, a construção e a manutenção de um sentido bem estabelecido de identidade profissional podem funcionar como um fator de proteção, ou seja, como um recurso psicológico para lidar com as mudanças do ciclo vital e do contexto de trabalho, favorecendo, assim, o bem-estar e o desempenho social do indivíduo. Desse modo, a identidade profissional torna-se, no turbulento oceano do trabalho e diante das configurações contemporâneas de carreira, uma lanterna que orienta o indivíduo em seu desenvolvimento de carreira, bem como uma âncora que o protege em momentos de tormenta.

O sentido de posse de uma identidade profissional bem delimitada, baseada em competências específicas e validada pelo contexto social, pode funcionar como um farol que serve de norte para os deslocamentos no contexto do trabalho, sobretudo ao possibilitar uma coerência nas trajetórias que possa ser interpretada como uma carreira para além dos vínculos com as organizações. Isso não significa que, ao localizar a identidade profissional como um fator de proteção em desenvolvimento de carreira, estamos necessariamente priorizando o *fechamento* como alternativa atual de construção de carreira, na categorização apresentada por Ribeiro (2009). Tendo como característica principal a referência ou a resistência, o *fechamento* "constitui-se na tentativa de ensimesmamento em comunidades delimitadas, por exemplo, por identidades profissionais, na tentativa de proteção contra a flexibilização atual" (Ribeiro, 2009, p. 209). Nessa perspectiva, a identidade profissional do grupo sociolaboral de referência definiria a carreira. O *fechamento*, assim, encontra-se vinculado às ideias de adaptação, busca da instabilidade e foco da dimensão institucional.

De outra forma, observamos que a confirmação da identidade profissional de cada indivíduo não se reduz ao grupo de referência constituído pelas pessoas que exercem a mesma profissão e pelas instituições que a delimitam, como "comunidades protetoras", mas inclui necessariamente os indivíduos e as organizações cujas necessidades especializadas são atendidas pelas competências do profissional em questão. Ademais, servindo como ponto de apoio nas decisões de carreira, a identidade profissional, em vez de se apresentar como "prisão" que constrange ou "ninho" que acomoda, pode emergir como "lanterna" que norteia ou como "fonte" que enseja sentidos para o trabalho e para a vida. Inseridas no fluxo das transformações, forjadas no contexto social e orientadas para o futuro, pessoas cuja identidade profissional encontra-se bem estabelecida possuem um valioso atributo para a construção de seu bem-estar e para a realização de seus projetos.

Orientação profissional e de carreira: mediação qualificada na construção das identidades profissionais

Observamos, assim, que não obstante os indivíduos possam desenvolver trajetórias profissionais bem-sucedidas e preservar seu bem-estar sem jamais contar com o auxílio da orientação profissional e de carreira (OPC), como muitas vezes é o caso, as mudanças no mundo do trabalho e a emergência dos novos modelos de carreira têm trazido à tona nas últimas décadas desafios e riscos que tornam essa tarefa mais difícil. Esse fato possivelmente explica em parte as transformações no perfil das pessoas que buscam os serviços de OPC.

No Laboratório de Informação e Orientação Profissional (Liop) da Universidade Federal de São Carlos (UFSC), que desde 2013 vincula-se ao projeto de extensão denominado "Programa Liop projetos de vida e trabalho" e tem duas vertentes, a saber: "Escolha, formação e inserção profissional" e "Desenvolvimento de carreira e aposentadoria", observamos que nos últimos anos os adolescentes que costumavam procurar os serviços de OPC já não compõem o maior segmento de clientes, considerando o número significativo de adultos jovens e também de pessoas com mais de 30 anos atendidas – incluindo universitários, recém-formados, trabalhadores em diferentes momentos da carreira e indivíduos que buscam preparação para a aposentadoria. Assim, muitos já se encontram inclusive inseridos no mercado de trabalho. Nessa mesma direção, outro exemplo da alteração das características dos clientes de serviços de OPC é apresentado por um estudo sobre o perfil do público que buscou atendimento no Centro de Avaliação Psicológica, Seleção e Orientação Profissional (CAP-SOP) da Universidade Federal do Rio Grande do Sul (UFRGS) entre os anos de 2001 e 2004. A pesquisa constatou, entre seus principais resultados, um aumento na idade dos inscritos, com um número maior de atendimentos com adultos, sobretudo mulheres com diploma universitário (Souza e Lassance, 2007).

O ingresso, a permanência e o desenvolvimento no atual mercado de trabalho têm imposto a pessoas que se encontram em diferentes momentos do ciclo de vida e de carreira a necessidade de "momentos de parada" (Giddens, 2002) para avaliar projetos de vida, identificar novas possibilidades e desafios e se preparar para a mudança. Outrossim, a implementação de ações exploratórias que envolvam reflexões críticas dos indivíduos sobre si mesmos, ou seja, a respeito de seus valores, necessidades, motivações e competências, bem com sobre o ambiente que os cerca e determina, com suas oportunidades e limites, torna-se cada vez mais premente no cenário contemporâneo. A procura pelos serviços de OPC por universitários, trabalhadores empregados, desempregados ou em busca de autonomia no mercado de trabalho, pessoas próximas à aposentadoria ou já aposentadas, entre outros públicos específicos, reflete, desse modo, as características de uma modernidade líquida, de uma sociedade de risco, de um regime de acumulação flexível.

Tendo em vista as alterações no perfil do público que se interessa pelos serviços de OPC e considerando que a posse de um sentido bem estabelecido de identidade profissional pode se configurar como um fator de proteção em desenvolvimento de carreira, a importância de a orientação profissional e de carreira posicionar-se, na qualidade de estratégia de intervenção ao longo da vida, como uma mediação qualificada nos processos de definição, desenvolvimento e questionamento das identidades profissionais torna-se evidente. Sendo o estabelecimento da identidade profissional um importante recurso para a manutenção do bem-estar e para favorecer o desempenho social nos processos de desenvolvimento de carreiras, conforme discutido do decorrer deste capítulo, destacamos a relevante contribuição que a OPC deve oferecer nesse processo, mediante métodos e técnicas que tomem as identidades profissionais como foco de intervenção, sempre sustentados por estudos e pesquisas científicas. Em outras palavras, evidenciamos o valor da OPC na construção/identificação/reforço/questionamento dos faróis que parecem ser cada dia mais necessários para todos aqueles que precisam nadar nos tempestuosos mares do trabalho.

Referências

ALVES, G. *Trabalho e mundialização do capital – A nova degradação do trabalho na era da globalização*. Londrina: Práxis, 1999. Disponível em: <http://www.giovannialves.org/BibliotecaDigital2.htm>. Acesso em: 23 mar. 2013.

ANTUNES, R. *Os sentidos do trabalho – Ensaios sobre a afirmação e a negação do trabalho*. São Paulo: Boitempo, 2002.

ARENDT, H. *A condição humana*. Rio de Janeiro: Jorge Zahar, 1993.

BAUMAN, Z. *Modernidade líquida*. Rio de Janeiro: Jorge Zahar, 2001.

BECK, U. *World risk society*. Londres: Polity Press, 1999.

BIHR, A. *Da grande noite à alternativa: o movimento operário europeu em crise*. São Paulo: Boitempo, 1998.

CASTILLO, J. J. *El trabajo fluido en la sociedad de la información: organización y división del trabajo en las fábricas de software*. Madri: Miño y Dávila, 2007.

CODO, W. "Um diagnóstico do trabalho - Em busca do prazer". In: CODO, W. (org.). *Por uma psicologia do trabalho - Ensaios recolhidos*. São Paulo: Casa do Psicólogo, 2006, p. 75-97.

COUTINHO, M. C., KRAWULSKI, E.; SOARES, D. H. P. "Identidade e trabalho na contemporaneidade: repensando articulações possíveis". *Psicologia e Sociedade*, v. 19, ed. especial 1, 2007, p. 29-37.

DAMATTA, R. *Profissões industriais da vida brasileira - Ontem, hoje e amanhã*. Brasília: Ed. da UnB; Senai: Ministério do Trabalho e Emprego, 2003.

DUBAR, C. "Trajetórias sociais e formas identitárias: alguns esclarecimentos conceituais e metodológicos". *Educação & Sociedade*, v. 19, n. 62, 1998, p. 13-30.

ELIAS, N. *A sociedade dos indivíduos*. Rio de Janeiro: Jorge Zahar, 1994.

______. "Estudos sobre a gênese da profissão naval: cavalheiros e tarpaulins". *Mana*, v. 7, n. 1, 2001, p. 89-116.

FIGUEIREDO, L. C. M.; SANTI, P. L. R. de. *Psicologia - Uma (nova) introdução*. São Paulo: Educ, 1996.

GIDDENS, A. *Modernidade e identidade*. Rio de Janeiro: Jorge Zahar, 2002.

GHINATO, P. "Autonomia e multifuncionalidade no trabalho: elementos fundamentais na busca da competitividade". In: GUIMARÃES, L. B. de M. (org.). *Série Monográfica Ergonomia: ergonomia de processo*, v. 2. Porto Alegre: PPGEP/UFRGS, 1999.

GRISCI, C. L. I.; CARDOSO, J. "Experimentação do tempo e estilo de vida em contexto de trabalho imaterial". *Cad. EBAPE.BR*, v. 12, n. 4, art. 6, 2014, p. 851-65.

HARVEY, D. *Condição pós-moderna*. São Paulo: Loyola, 1992.

HOFFMANN, M. H; DE RÉ, C. A. T.; CRUZ, R. M. "Contrato psicológico, relações de trabalho e mudanças organizacionais". *RACE: Revista de Administração do Cesusc*, v. 3, 2007, p. 89-98.

HUGHES, E. C. "Institutional office and the person". *The American Journal of Sociology*, v. 43, n. 3, 1937, p. 404-13.

LAZZARATO, M.; NEGRI, A. *Trabalho imaterial - Formas de vida e produção de subjetividade*. Rio de Janeiro: DP&A, 2001.

LEITE, M. "Reestruturação produtiva e mercado de trabalho: a experiência brasileira". *Revista Galega de Economía*, v. 14, n. 1-2, 2005, p. 1-26.

LUNA, I. N. "Para além das aparências: construção da identidade no mundo do trabalho". In: LASSANCE, M. C. P. *et al.* (orgs.). *Intervenção e compromisso social – Orientação profissional: teoria e técnica.* v. 2. São Paulo: Vetor, 2005, p. 79-96.

______. *Reestruturação produtiva e a profissão de administrar empresas: da gerência taylorista ao autocontrole do trabalhador-gerente.* Tese (doutorado em Sociologia), Universidade Federal de Santa Catarina, Florianópolis, 2008.

______. "Empreendedorismo e orientação profissional no contexto das transformações do mundo do trabalho". *Revista Brasileira de Orientação Profissional,* v. 13, n. 1, 2012, p. 111-16.

MAGALHÃES, M. O.; BENDASSOLLI, P. F. "Desenvolvimento de carreira nas organizações". In: BORGES, L. O.; MOURÃO, L. (orgs.). *O trabalho e as organizações – Atuações a partir da psicologia.* Porto Alegre: Artmed, 2013, p. 433-64.

MARX, K. *O capital – Crítica da economia política.* 24. ed. Rio de Janeiro: Civilização Brasileira, 2006. (Livro I)

MEYER, J. P., ALLEN, N. J.; SMITH, C. A. "Commitment to organizations and occupations: extension and test of a three-component conceptualization". *Journal of Applied Psychology,* v. 78, 1993, p. 538-51.

QUADROS, D. R. "Empowerment: aspectos essenciais na valorização do empregado". In: LANER, A. S.; CRUZ JÚNIOR, J. B. (orgs.). *Repensando as organizações – Da formação à participação.* Florianópolis: Fundação Boiteux, 2004, p. 455-83.

REPPOLD, C. T. *et al.* "Prevenção de problemas de comportamento e desenvolvimento de competências psicossociais em crianças e adolescentes: uma análise das práticas educativas e dos estilos parentais". In: C. S., HUTZ, (org.). *Situações de risco e vulnerabilidade na infância e na adolescência: aspectos teóricos e estratégias de intervenção.* São Paulo: Casa do Psicólogo, 2002, p. 7-51.

RIBEIRO, M. A. "A trajetória da carreira como construção teórico-prática e a proposta dialética da carreira psicossocial". *Cadernos de Psicologia Social do Trabalho,* v. 12, n. 2, 2009, p. 203-16.

______. "As formas da estruturação da carreira na contemporaneidade: interfaces e articulações teórico-técnicas entre a psicologia organizacional e do trabalho e a orientação profissional". In: ZANELLI, J. C.; SILVA, N.; TOLFO, S. R. (orgs.). *Processos psicossociais nas organizações e no trabalho.* São Paulo: Casa do Psicólogo, 2011, p. 305-25.

SÁNCHEZ, A. L. "'Conquistando los corazones y las almas de los trabajadores': la participación de los trabajadores en la calidad total como nuevo dispositivo disciplinario". In: CASTILLO, J. J. (org.). *El trabajo recobrado – Una evaluación del trabajo realmente existente en España.* Madri: Miño y Dávila, 2005.

SANTOS, M. M. dos; LUNA, I. N.; BARDAGI, M. P. "O desafio da orientação profissional com adolescentes no contexto da modernidade líquida". *Revista de Ciências Humanas*, v. 48, n. 2, 2014, p. 263-81.

SOUZA, L. K. ; LASSANCE, M. C. P. "Análise do perfil da clientela de um serviço universitário de orientação profissional". *Revista Brasileira de Orientação Profissional*, v. 8, n. 2, 2007, p. 71-86.

SPECTOR, P. E. *Psicologia nas organizações*. São Paulo: Saraiva, 2002.

TAUILE, J. R. *Para (re)construir o Brasil contemporâneo – Trabalho, tecnologia e acumulação*. Rio de Janeiro: Contraponto, 2001.

TOLFO, S. DA R.; SILVA, N.; LUNA, I. N. "Cultura organizacional, identidade e qualidade de vida no trabalho: articulações e sugestões de pesquisas em organizações". *Pesquisas e Práticas Psicossociais*, v. 4, n. 1, 2009, p. 6-16.

WEBER, L.; GRISCI, C. L. I. "Trabalho imaterial bancário, lazer e a vivência de dilemas pessoais contemporâneos". *RAC*, v. 15, n. 5, art. 6, 2011, p. 897-917.

PARTE 2

ORIENTAÇÃO PROFISSIONAL SOB DIFERENTES OLHARES TEÓRICO-PRÁTICOS

UMA ANÁLISE GESTÁLTICA DO PROCESSO DE ORIENTAÇÃO PROFISSIONAL

MARIA TERESA MANDELLI

5

De onde partem as análises

Este capítulo apresenta as principais bases teóricas da Gestalt-terapia, articulando-as com o fazer clínico nas demandas relacionadas à orientação profissional (OP) de jovens de 16 a 21 anos em processos tanto individuais quanto grupais em consultório psicológico, escolas e empresas.

A OP aborda vieses tanto práticos quanto teóricos de compreensão. Lisboa (2014) faz um apanhado geral dessas diferentes abordagens e tradições, que será brevemente apresentado para a construção do pensamento aqui desenvolvido. Desde sua criação, a OP recebeu diferentes influências históricas e ideológicas. Partindo de uma tradição positivista, representada por Frank Parsons (1900-1950) com a Teoria Traço Fator, influenciada pela segunda Revolução Industrial – ao final do século XIX, expandindo-se pelo século XX –, em que o olhar dos profissionais estava dirigido para a fase produtiva do homem ("homem certo para o lugar certo") –, outras teorias foram fundamentando as práticas vinculadas à relação homem-trabalho, como as psicodinâmicas, que contribuíram para a criação de uma visão contextualizada do sujeito, embasadas na psicanálise, na teoria de satisfação de necessidades e no pensamento estrutural, com base em tipos de personalidade. Segundo Bohoslavsky (1981), essas tradições são guiadas por uma abordagem estática, entendendo que as profissões requerem aptidões específicas impossíveis de ser mensuradas.

Outras teorias foram as desenvolvimentistas, representadas principalmente por Donald Super e Martin Bohn (1972), que entendem que a escolha profissional faz parte do processo de desenvolvimento do indivíduo, que se estende até o fim da vida; e as da decisão, baseadas na abordagem sociocognitiva, focadas na solução da problemática vocacional específica de cada um e compostas por autoconhecimento, análise da situação problemática e busca de informação (Lisboa, 2014).

Soares (2002, p. 139) defende a teoria sociogrupal, cuja característica principal é a identidade: "O adolescente pode chegar a uma escolha mais esclarecida se conhecer as influências que sofre, sejam elas sociais, educacionais, econômicas, familiares e psicológicas". A autora também aponta que as potencialidades para as diferentes profissões podem ser desenvolvidas: "O adolescente é responsável por sua escolha, sendo ela a melhor possível para esse momento". Por fim, afirma que o papel do orientador profissional é facilitar essa escolha, oferecendo condições ao adolescente de conhecer a si mesmo e ao mundo ocupacional. Com mais conhecimento, a escolha fica mais consciente, visão que será articulada com a clínica gestáltica segundo a visão do *self*.

Antes dessa articulação, é importante lembrar as significativas contribuições de Rodolfo Bohoslavsky (1983) para a OP, trazendo uma visão clínica psicanalítica e crítica, com ênfase na alienação que o trabalho provoca no homem; e de

Celso Ferreti (1988), também com um viés crítico e social dessa área do conhecimento, contrapondo as ideias de liberdade e do discurso da igualdade para todos.

Segundo Lisboa (*apud* Mandelli, 2011, p. 30),

> a OP deve propor ao jovem uma escolha realista, contextualizada, analítica, reflexiva e crítica, que contribua para a apropriação do que seja essa realidade, de forma a ampliar os caminhos do indivíduo e da sociedade.

Foi com base nas ideias dessa autora que "partimos da compressão de que a OP é uma prática social capaz de estimular o jovem a pensar na construção de seu futuro" (Mandelli, 2011, p. 28). Assim, nosso entendimento parte de uma compreensão contextualizada e crítica, capaz de considerar a relação do homem com o mundo e, principalmente, as transformações, necessidades da sociedade atual, as exigências do mundo e do mercado de trabalho, uma vez que todos esses fatores interferem no ato de escolher. A tarefa da OP está em "facilitar o momento da escolha ao jovem, auxiliando-o a compreender sua situação específica de vida, na qual estão incluídos aspectos pessoais, familiares e sociais" (Soares-Lucchiari, 1993, p. 12).

A perspectiva que sustenta o exercício como orientador está exemplificada nas palavras de Sarriera, Câmara e Berlim (2000, p. 190), que defendem a tese de que a OP tem o compromisso ético de promover o jovem como agente participante das transformações sociais.

> Busca-se, finalmente, fornecer subsídios para que o jovem seja agente de conhecimento, interação e controle em seu contexto,

reconhecendo seu papel ativo na construção de um meio eficaz para o desenvolvimento humano integral.

A articulação da Gestalt-terapia com a OP vem para contribuir com o desenvolvimento da visão clínica desses processos e ampliar seu alcance social. Ambas se aproximam por uma identidade mais política (um modo semelhante de compreender a relação do homem e do mundo) do que teórica ou epistemológica – a Gestalt-terapia tem como principal pressuposto filosófico a fenomenologia da experiência, enquanto a OP tem como preceito a abordagem clínica sociogrupal; mesmo assim, nos arriscaremos a relacioná-las, pois as duas apresentam uma visão de correlação entre o indivíduo e seu contexto. Outra aproximação pode ser feita observando-se o cenário de criação da Gestalt-terapia, originado do pensamento de seu principal fundador, Frederick Perls, e suas raízes filosóficas. Com suas ideias inovadoras sobre a prática clínica, lançadas em sua primeira obra, *Ego, fome e agressão* (2002), afastou-se da psicanálise e criou uma nova abordagem psicoterapêutica.

Outro fundador da Gestalt-terapia foi Paul Goodman, importante crítico político e da juventude americana. Defendia que a "educação fosse de fato uma proposta de crescimento humano e que a política não subjugasse e destruísse o potencial de cada um" (Belmino, 2014, p. 92). Com base no pensamento crítico, também a fenomenologia veio contrapor as ideias do modelo clássico do funcionamento psíquico, exposto na obra *Ensaios sobre o entendimento humano* (1690), de John Locke, questionando a tradição da imanência do psiquismo, (subjetivismo) e criando uma visão de correlação homem-mundo na construção dos objetos do conhecimento. Em suma, esses autores e ideias, em diferentes áreas e tempos, apresentam um viés crítico e questionador dos paradigmas dominantes da ciência vigente, denominada positivismo.

Cabe salientar que a Gestalt-terapia é uma prática clínica que se traduz pela temporalidade: todo contato é um evento temporal, tratando-se aqui de um tempo não linear e sim transcendental. No agora (presente) está contido o horizonte do passado, que se apresenta como fundo e orienta as escolhas/alienações que abrem um horizonte de futuro (Müller-Granzotto e Müller-Granzotto, 2007). Nesse aspecto, encontramos mais uma aproximação das áreas, segundo Soares (2002, p. 24), ao afirmar que na escolha profissional existe uma dimensão temporal:

> Escolher o que se quer ser no futuro implica reconhecer o que fomos, as influências sofridas na infância, os fatos mais marcantes em nossa vida até o momento e a definição de um estilo de vida, pois o trabalho escolhido vai possibilitar ou não realizar essas expectativas.

Buscando outros artigos que articulam a Gestalt-terapia e a orientação profissional, encontramos alguns trabalhos que contribuem significativamente para a reedição de uma clínica gestáltica aplicada à OP. Lauane Baroncelli (2012) apresenta reflexões sobre as origens históricas da OP e o posicionamento teórico da Gestalt-terapia diante desse contexto fundador. As origens históricas da OP sempre foram vinculadas às necessidades socioeconômicas vigentes desde sua criação, perpetuando uma perspectiva liberal. A autora nos convida a pensar se em nossas clínicas não estamos perdurando essa visão individualista, descontextualizada ou irreflexiva sobre as demandas do poder econômico e social. Como essa reprodução contrapõe-se às bases teóricas da Gestalt-terapia, estaríamos negligenciando a visão de que o indivíduo é um ser em relação (interação organismo e ambiente) e a noção de *self*, concebida como contato e interação contínua com o meio e suas potencialidades de autorregulação organísmica e ajustamento criativo.

Ingrid Canedo (1997, p. 59-62) utiliza os conceitos de autorregulação do organismo, ciclo de contato, figura e fundo e o tripé aqui-agora, contato e fluxo de conscientização para introduzir as principais contribuições teóricas da Gestalt-terapia na atuação do orientador profissional. Além disso, tece uma crítica em relação aos testes psicológicos, valorizando a relação terapêutica, que contribui para que o adolescente possa "elaborar seu projeto vocacional-ocupacional" mediante uma ampliação de seu futuro existencial, conscientizando-se de "Quem quero ser?"

Por fim, cabe citar o trabalho de Souza (2007), que apresenta de modo bem completo os principais fundamentos da fenomenologia, sistema *self*, contato e *awareness* e as formas de resistência da função de ego, além de diferenciar, com base nos estudos de Bohoslavsky (1983), a modalidade clínica da modalidade estática. Todos esses conceitos desenvolvidos a ajudaram a defender uma intervenção não diretiva nos processos de OP, considerando as características fundamentais da Gestalt-terapia em seu fazer clínico e como orientadora profissional.

Nosso caminho de articulação entre a Gestalt-terapia e a OP passa especificamente pela teoria do *self*, pensada com base nos estudos de Perls, Hefferline e Goodman (1997) e reconsiderada por Müller-Granzotto e Müller-Granzotto (2007; 2012a; 2012b). Partindo desse embasamento, apresentaremos a análise clínica dos processos de OP e suas formas de intervenção.

Partes de um todo: fenomenologia da experiência e sistema *self*

A Gestalt-terapia parte da compreensão de que "na relação social, nós nos recriamos, sem deixarmos de ser o que sempre fomos" (Müller-Granzotto e Müller-Granzotto, 2007, p. 13). Defende a constituição do indivíduo mediante a relação organismo e meio - teoria organísmica de Goldstein (1933) -, recriando e apresentando um potencial autorregulador de suas necessidades, o que o autor chamou de "intencionalidade organísmica" (Müller-Granzotto e Müller-Granzotto, 2012).

Outra grande influência para a criação da abordagem gestáltica foi a fenomenologia, responsável pela ideia de que entre dois corpos há um "a priori de correlação" (Müller-Granzotto e Müller-Granzotto, 2007, p. 14). Essa perspectiva fenomenológica possibilitou a releitura da teoria organísmica, avançando em conceitos como *awareness*, contato e sistema *self*.

O primeiro autor a falar de Gestalt e, assim, contrapor o modelo clássico do funcionamento psíquico, foi Brentano (1874)[1], ao defender a teoria da intencionalidade - entendida

1. Sugerimos a leitura dos capítulos 1 e 2 da obra *Fenomenologia e Gestalt-terapia* (Müller-Granzotto e Müller-Granzotto, 2007).

como "capacidade dos fenômenos psíquicos de: a) constituir-se como unidades espontâneas (ou *gestalten*); b) instituir uma orientação aos atos mentais" (Müller-Granzotto e Müller-Granzotto, 2007, p. 33). Brentano não aceitava as teses associacionistas de que os objetos do conhecimento fossem apenas ocorrências imanentes ao psiquismo e meras associações mentais de sensações. Foi com a teoria da intencionalidade que este tentou se afastar desses conceitos, mas, ainda assim, entendia que tais ocorrências eram intrínsecas aos egos psicofísicos.

Foi com Husserl, já mais tarde, que essa herança psicologista foi resolvida. Esse teórico não aceitava que os fenômenos psíquicos fossem ocorrências privadas de um ego psicofísico e foi mais além, defendendo um caráter compartilhado na construção do objeto do conhecimento. Desse modo, afastou-se do caráter mentalista que ainda havia na teoria de Brentano. Foi por meio dos conceitos de "consciência transcendental", ou ego da consciência – entendendo que entre essas dimensões há um ato de visar (intencionar) ao objeto e um de doar (essências) ao objeto, ou seja, a intencionalidade transcendental –, que Husserl conseguiu falar de um caráter universal das essências e da publicidade:

> Husserl considerará o futuro e o passado dimensões inatuais e, consequentemente, não imanentes à consciência [...]. Consequentemente, se intencionar é visar ao inatual, isso é o mesmo que visar à transcendência. (Müller-Granzotto e Müller-Granzotto, 2007, p. 46)

Para Husserl, de acordo com Müller-Granzotto e Müller-Granzotto (2007 p. 50), os fenômenos psíquicos deixam de ser compreendidos como formas que habitam o indivíduo atual, passando a ser "inatualidades doadas pelo mundo e, portanto, passíveis de ser compartilhadas, as quais serão chamadas de 'vividos essenciais' (do ponto de vista dos atos) ou, simplesmente, 'essências' (do ponto de vista dos correlatos)". Foi preciso admitir que os fenômenos psíquicos têm um caráter público, sendo potencialidades que o próprio mundo revela, e assim defender o "a priori de correlação".

De modo resumido, no princípio da intencionalidade a consciência é sempre " de alguma coisa"; existe uma intenção ao visar ao objeto e doar uma essência. Por sua vez, o objeto só pode ser definido em sua relação com a consciência. Isso significa que as essências não têm existência se não forem visadas/doadas pela consciência. A análise intencional vai nos obrigar a conceber a relação entre consciência e objeto, lembrando que estes não são entidades separadas, mas se definem com base nessa correlação no tempo, o que caracteriza uma subjetividade intersubjetiva.

Para a Gestalt-terapia, trata-se do próprio processo de contato. "Contato é achar e fazer a solução vindoura" (Perls, Hefferline e Goodman, 1997, p. 48). É por meio do contato que o organismo, diante de um desequilíbrio (seja a fome, a sede ou até mesmo a demanda de escolher a profissão), tenderá a se autorregular, ou seja, entrará em contato com aquilo que o perturba, se dirigirá ao meio visando a possibilidade de satisfazer sua necessidade e voltará a um estado de relaxamento ou satisfação. Tal processo é compreendido como contato.

O contato é a vivência da passagem entre um horizonte de passado impessoal, que permanece retido como forma (afetiva, habitual), e um de futuro nunca realizado de fato (as possibilidades abertas pelos dados materiais envolvidos nessa vivência).

O que é o sistema *self*?

O sistema *self* é um desdobramento dos vários contatos. É uma releitura fenomenológica das situações clínicas, por meio da temporalidade e da correlação, o agente do crescimento e, por isso, ajustamento criativo. Assim, o sistema *self* é "entendido como sistema temporal de contatos no presente transiente" (Müller-Granzotto e Müller-Granzotto, 2007, p. 202).

Perls, Hefferline e Goodman (1997, p. 177) não entendem o sistema *self* como uma individualidade ou forma substancial, mas como "a função de contatar o presente transiente concreto". Assim, sua atividade central se constitui em formar figuras e fundos. O *self* é a relação, o encontro, o "entre" um e outro, é sempre o engajamento entre organismo e meio.

> Ele não é uma entidade, um subsistente ôntico, mas o conjunto de funções dinâmicas por cujo meio o campo organismo/meio, ao mesmo passo que se "conserva" como uma dimensão histórica genérica, "cresce" (enquanto organismo) e se transforma (enquanto meio) junto aos horizontes de futuro que se abrem (para sua própria historicidade). (Müller-Granzotto e Müller-Granzotto, 2007, p. 208)

É por meio da descrição da temporalidade do processo de contato que se pode compreender o fundamento dinâmico do *self*. De acordo com Perls, Hefferline e Goodman

(1997), em cada momento do contato – pré-contato (sensação, apetite, estímulo ambiental); contatando (escolha e rejeição das possibilidades, ação); contato final (fechamento, realização, satisfação da necessidade); e pós-contato (relaxamento) – o *self* se experimenta como uma unidade transitória. Como sistema de contato, integra funções perceptivo-proprioceptivas, funções motoras musculares e necessidades orgânicas, sendo assim a descrição temporal (Perls, Hefferline e Goodman, 1997).

> [...] como processo, o *self* é uma integração não ociosa: ele é o "ajustamento criador" da historicidade do campo organismo-meio, é o sistema intencional (ou sistema *awareness*) que, a cada momento, mobiliza (na forma de um excitamento) meu passado como "fundo" de dado material que, assim, responde ao meu investimento "figurando", como potencialidade, um horizonte de futuro. (Müller-Granzotto e Müller-Granzotto, 2007, p. 210)

Nesse sentido, "em situações de contato, o *self* é a força que forma a Gestalt no campo; ou melhor, [...] *self* é o processo figura e fundo em situações de contato" (Müller-Granzotto e Müller-Granzotto, 2007, p. 210).

O sistema *self*, engajado na situação de contato, pode ser analisado de três pontos de vista, descrito por funções *self*: função id (pré-contato), função ego/ato (contatando e contato final) e função personalidade (pós-contato).

Quando o sistema *self* está polarizado como função id, a figura ainda está indefinida. É quando uma excitação de determinada demanda, que por sua vez provoca um hábito (fundo) que tende a se repetir (pré-contato, passagem da função id para a função ego). A função id é o próprio fundo de excitamentos, o afeto, "forma impessoal e genérica, presença anônima do mundo em mim" (Müller-Granzotto e Müller-Granzotto, 2007, p. 214).

O que caracteriza a polarização do *self* na função ego é a deliberação como figura - mobilização do corpo em direção às possibilidades de identificação ou alienação por um ato físico-fisiológico ou sociocultural que se impõe no meio (contatando e contato final). A função de ego/ato corresponde às deliberações, à escolha de uma ação concreta, "incluindo o comportamento motor, a agressão, a orientação e a manipulação" (Perls, Hefferline e Goodman, 1997, p. 184).

Já no *self* polarizado na função personalidade, a figura não é de ordem sensorial ou de deliberação, mas uma representação ou identidade, um valor no qual nos alienamos sob um fundo de ações e sensibilidades (pós-contato). A função personalidade é a "admissão do que somos", a "réplica verbal do *self*" (Perls, Hefferline e Goodman, 1997, p. 187-88).

Nossa análise clínica das formas de ajustamento no campo organismo/meio parte desses pontos de vista. E, de acordo com a vulnerabilidade de cada função, existe uma clínica e um modo de intervenção: clínica ética (vulnerabilidade da função id); clínica política (vulnerabilidade da função ego/ato) e clínica do sofrimento ético, político e antropológico (vulnerabilidade da função personalidade).

Com o intuito de fechar os fundamentos teóricos que embasam nossa análise clínica dos processos de orientação profissional, vale considerar o modo de compreensão gestáltica da(s) juventude(s) e suas principais vulnerabilidades no campo relacional.

Antes disso, para fins conceituais, gostaríamos de esclarecer a preferência por utilizar os termos juventude(s) e jovens em vez de adolescência e adolescente. Tal escolha é orientada pelos estudos da sociologia da juventude - Bourdieu (1983), Groppo (2000) e Quapper (2001) -, da psicologia social - Ozella (2003), Abramo e Branco (2005), Ozella e Aguiar (2008), Sposito e Carrano (2003) - e das transformações do contexto contemporâneo, que criticam a naturalização da adolescência, trazendo para a discussão a pluralidade das juventudes e compreendendo esse momento como um fenômeno social.

> Chamar a tradicional adolescência de juventudes possibilita ampliar e contextualizar esse momento, a partir do contexto contemporâneo de pluralidades, podendo ir além das transformações corporais (puberdade) e compreendendo os vários modos de ser jovem. (Mandelli, 2011, p. 36)

Como na Gestalt-terapia partimos de uma tradição fenomenológica, também não compartilhamos de uma teoria do desenvolvimento. Nossa análise sobre esse momento de vida é a própria descrição do sistema *self*, ou seja, o modo como se dá a interação do jovem com o mundo e seus semelhantes. Também defendemos uma postura de desnaturalização da adolescência, sendo os termos juventude(s) e jovens as primeiras mudanças de visão e de atuação, um treino conceitual que, por causar estranhamento, promove a reflexão.

> Buscamos compreender a gênese das funções do campo com que estamos nos ocupando - a função id, função de ato e a função

> personalidade – e nossa hipótese é que elas são aquisições do crescente processo de socialização e dos conflitos que nele se estabelecem. (Müller-Granzotto e Müller-Granzotto, 2012b, p. 222)

Em seu processo de socialização, o jovem, em função de suas transformações biopsicossociais, vivencia no campo relacional algo já vivido na infância: a experiência de exclusão. O principal motivo para essa implicação no campo está relacionado com a vulnerabilidade da função personalidade, ou seja, tudo aquilo que representava a sua identidade e servia como espelho não o representa mais. Talvez seja por esse aspecto que em outras abordagens fala-se da adolescência como crise.

Entendemos que tais perdas geram angústia, deixam o jovem com a sensação de não pertencer a nenhum lugar, de estar perdido e sem referências. Tal experiência é vivida como conturbada, repleta de ansiedade e aflição, o que se configura numa situação de crise. Muitos jovens chegam ao consultório queixando-se de que não conseguem entender o que os pais querem deles, pois ora dizem que são muito novos para determinada atividade, ora que estão prontos para tomar as próprias decisões. Cabe ressaltar que essa crise é uma forma de pedir ajuda, de buscar novas referências que possam voltar a identificá-lo e sirvam como modelo personalista ("quem eu sou?").

O jovem experimenta a perda de algumas identificações fundantes, como a da sua imagem corporal (transformações anatomofisiológicas) e dos modelos de identificação, o que os faz sentir-se perdidos (Müller-Granzotto e Müller-Granzotto, 2012b). Como se trata de uma correlação, do outro lado estão os adultos (pais, professores, familiares), que também se sentem perdidos e sem espaço, o que configura uma dupla exclusão. De um lado, o jovem excluiu as identificações passadas; de outro, o adulto não oferece mais a acolhida incondicional como na infância. Existe entre o jovem e o adulto um aumento das demandas, o que é sentido como desamparo, pois até há pouco tempo as escolhas eram orientadas e agora, juntamente com as demandas, surge a necessidade de realizá-las por si só.

As demandas dirigidas aos jovens estão vinculadas à sua participação política, econômica e social no meio em que vivem. Uma das mais importantes nessa fase da vida são as exigências e expectativas em relação ao seu futuro profissional, seu planejamento de carreira e seus projetos de vida, que garantam o sucesso e a felicidade, conceitos diretamente vinculados a uma lógica liberal e capitalista. Com essa força dominante e alienante, a sociedade passa a ditar formas de viver. Outra demanda que o jovem enfrenta está relacionada com o "afloramento desenfreado da sexualidade" (Müller-Granzotto e Müller-Granzotto, 2012b, p. 257). Essas mudanças fazem que o jovem se sinta aflito e perdido, buscando no meio formas de lidar com as perdas e as novas demandas. Trata-se de um ajustamento de inclusão ético, político e antropológico (função personalidade).

Quando as experiências de contato não resultam na função personalidade, devido a uma falta ou perda no campo relacional – por exemplo, o jovem não encontra mais as identificações do passado como representantes de si –, constitui-se um estado de vulnerabilidade que denominamos de sofrimento ético, político e antropológico: "[...] falência social das experiências de contato, uma vez que os dados de realidade tornam-se inacessíveis ao agente do contato, ou seja, a função de ato" (Müller-Granzotto e Müller-Granzotto, 2012a, p. 284). O jovem fica sem dados, sem referências nem acolhimento para agir e, como diante de uma situação de desequilíbrio organísmico, faz de seu corpo a própria saída como forma de pedir socorro, atuando de diferentes maneiras no meio. "O ajustamento de inclusão, portanto, é um pedido de reconhecimento, mas um pedido especial, uma vez que parte de alguém que não consegue mais se identificar à realidade natural e social em que se encontra" (Müller-Granzotto e Müller-Granzotto, 2012a, p. 355). Nesses pedidos estão inclusos os surtos e as crises (reativas e de pânico), cuja intervenção exige uma rede de apoio com outros profissionais além de psicólogos (psiquiatrias, acompanhante terapêutico) e a atenção da família.

Os jovens, por sentirem-se sem lugar social, carentes de cidadania, sem a sensação de acolhida, criam na fronteira de contato um comportamento rebelde e de enfrentamento. Alguns usam a sexualidade para confrontar o meio e as demandas sociais (ajustamentos antissociais). Outra maneira de lidar com a perda da identificação é a aproximação de grupos ou ídolos (bandas, tribos), que servem como suplência à sua identidade (função personalidade). Os jovens encontram nos grupos a acolhida incondicional para seus afetos, medos e modelos de identificação. Sua participação no grupo tem dupla função: contempla e organiza seu afeto (função id) e contempla sua nova identidade (função personalidade). A paixão também é uma forma de ajustamento de dupla função (Müller-Granzotto e Müller-Granzotto, 2012b).

Outra forma de o jovem lidar com seus conflitos é se banalizando (ajustamento banal) em objetos de consumo, padrões de beleza ou substâncias (álcool e drogas), fazendo deles uma forma de fugir da realidade e de não se posicionar. Submeter-se às imposições da sociedade e dos pais, evitando os conflitos e agindo sempre para satisfazer as expectativas dos semelhantes e ser reconhecido também compõe mais uma maneira de se posicionar diante de seus confrontos.

Cabe aqui fazer uma breve explanação a respeito do que compreendemos como conflito. Em nossa perspectiva, baseado no sistema *self*, todo conflito é vivido como a divisão entre a realização da função id (realização de seus afetos) e o outro social, representado pelo poder de assujeitamento aos padrões e às normas da sociedade (função personalidade). Nessa situação, a função ego/ato é a mais vulnerável e as ações e decisões do jovem ficam comprometidas, seja porque a função de ego/ato é inibida diante do conflito e o jovem se submete ao demandante (ajustamento evitativo/neurótico), seja porque a função de ego/ato cria uma fuga e o jovem opta por se alienar (ajustamento banal) ou não se submete às leis e o jovem apresenta comportamentos antissociais - mentiras e crueldade (ajustamento antissocial).

Essas formas de ajustamento são comuns nos jovens, mas não traduzem uma tipologia; encontramos também jovens que estão fluindo mesmo com todas essas mudanças contextuais e físicas.

Nos processos de OP, a demanda de escolha profissional é dirigida de modo intenso por todos aqueles que sabem que o jovem fará vestibular (pais, familiares, amigos, professores). O jovem, na maioria das vezes, chega manifestando que está em conflito, que se sente perdido, sem referências, despreparado para realizar tal escolha. Existe uma divisão entre os seus afetos e as expectativas dirigidas a ele, sem contar todo o processo em relação ao seu corpo/sexualidade e seus modos de enfrentamento e inserção social.

Compreendemos todas essas manifestações como possibilidades de ajustamento criativo, como tentativas de lidar com novas demandas e perdas. De modo geral, essas formas vão se transformando à medida que o jovem reencontra um lugar de acolhimento e novas identificações, pois é a partir desse reencontro que suas ações e deliberações poderão se apresentar de modo mais claro. Assim, o jovem sente-se capaz de assumir quem ele é e quem deseja ser.

A partir do embasamento sobre as formas de engajamento do *self* na juventude, exploremos a sua compreensão aplicada aos processos de OP.

Soma das partes: análise gestáltica da OP

Como descrevemos anteriormente, o jovem é demandado a escolher seu futuro profissional. A famosa pergunta "O que você vai ser quando crescer?", que era respondida de modo simples e sem temores, embasada no prazer e nas fantasias de criança, retorna aos 16, 17 anos e agora gera aflição, ansiedade, dúvida e medo. Ele percebe que nessa simples pergunta existem muitos fatores imbricados, tais como sua realização pessoal e profissional, seu sucesso, sua felicidade, seu futuro, entre tantas outras expectativas que serão manifestadas conforme os valores de cada família em relação ao trabalho e à vida profissional.

Além de lidar com essa crescente preocupação e pressão, em alguns casos o jovem precisa enfrentar seu fluxo de crescimento, vulnerável no campo de suas identificações. "*Se tão pouco sei quem sou, como saberei decidir sobre quem serei? Sei lá!*" (fala de um orientando, jovem de 16 anos, em processo grupal de OP). Ele se sente perdido, sem referência e sem dados para realizar tal escolha. Seus afetos se encontram desorganizados; sua identidade e suas ações, fragilizadas. Todo aumento de demandas dirigidas ao jovem lhe causa angústias e incertezas. Diante da escolha profissional, ele vivencia, de um lado (função personalidade), uma crise por falta de identificações e, de outro, (função ego/ato), um conflito entre as possibilidades profissionais que pode escolher. Aqueles que chegam ao processo de OP estão em sofrimento ético, antropológico e político.

Do ponto de vista ético, o jovem não compreende o que está acontecendo com ele e o que lhe está sendo pedido. Busca em seus vividos assimilados (fundo) uma alternativa para ajudá-lo a responder a essas novas demandas, mas não encontra uma organização afetiva capaz de orientar seus atos.

A fim de exemplificar, encontramos casos de jovens que não conseguiram lidar com tantas demandas relacionadas com a escolha profissional e a preparação para o vestibular, apresentando crises de ansiedade, síndrome do pânico, dificuldades de concentração e até surtos psicóticos ou depressão grave com tentativa de suicídio.

Do ponto de vista antropológico, existe uma falta de conhecimento e informação das profissões (faltam dados de realidade para encorajar seu ato de escolha). "*Como vou esco-*

lher se nunca experimentei ser médico, ou professor?" (fala de um orientando, jovem de 18 anos, em processo grupal de OP).

Alguns jovens em processo de OP, tanto individual como em grupo, manifestam essa crise, afirmando não se sentir preparados para fazer uma escolha profissional ou não ter dados suficientes para tal: "*Minha maior dificuldade de escolher a profissão é o fato de eu só ter vivido 17 anos. Mal sei do que eu gosto, e agora terei de escolher uma profissão, algo tão importante, que será pro resto da vida!!! Como saber se eu vou gostar de ser engenheira ou pedagoga quando tiver 35 anos?*" (fala de uma orientanda de 17 anos em processo grupal de OP).

Do ponto de vista político, suas decisões e deliberações se encontram em conflito: "*Eu não sei se o melhor é escolher aquilo que meus pais acham que tem que ver comigo ou aquilo de que eu acho que gosto. Porque certeza eu não tenho nenhuma, mal sei o que quero comer. Sinto medo de errar e depois me tornar um profissional fracassado, porque não gosta do que faz*" (fala de um jovem de 17 anos em processo de OP). Em contrapartida, outros resolvem seu conflito seguindo os conselhos e as opiniões de seus familiares. "*Meus pais acham que eu deveria seguir os negócios da família, mas eu não sei se quero. Às vezes acho que gostaria de fazer arquitetura. Mas acho que é mais seguro seguir os negócios da família*" (fala de um jovem de 18 anos em processo individual de OP).

O ato de escolher implica se arriscar, pois só se saberá se gosta de algo experimentando. Arriscar-se não é um ato fluido, pois diante da escolha contamos com uma série de inibições (fantasias, apego, medos, dúvidas); não é uma atitude simples de desenvolver quando se tem tantos impedimentos e necessidade de controlar o futuro.

Para "resolver" o conflito, alguns fazem a escolha para "se livrar", sem muita consciência desse ato. "*Eu vou escolher um curso que seja menos concorrido, assim entro logo e não preciso mais fazer cursinho ano que vem!*" (fala de um orientando de 19 anos em processo individual de OP). "*Eu quero passar logo pra acabar essa chatice de vestibular e cobrança de estudo e poder sair para as festas da universidade*" (fala de uma orientanda de 17 anos em processo grupal de OP).

O papel dos psicólogos clínicos e orientadores profissionais, em todos os casos citados, é oferecer uma escuta segura, auxiliar o jovem no desmantelamento das fantasias, oferecer orientações e dados de realidade (informação) para diminuir o medo e as dúvidas e, sobretudo, encorajá-lo a fazer as escolhas conscientes dos fatores que interferem nessa decisão, tornando-o consciente de suas formas de ajustamento[2]. Segundo Soares (2002, p. 132), o papel do orientador profissional é procurar abranger "o maior número de fatores que influenciam a escolha profissional de cada jovem brasileiro". A autora divide o processo de escolha profissional em três partes: autoconhecimento, informação profissional e escolha propriamente dita.

A palavra "orientação", na abordagem gestáltica, refere-se a duas formas de atuação. Do ponto de vista da função personalidade, orientar é oferecer aos jovens os dados faltantes, ou seja, as informações a respeito das profissões (o que faz? Como faz? Onde faz?) e do mundo laboral (interven-

2. Para efeito de esclarecimento desses fatores que influenciam a escolha profissional, sugiro a leitura do Capitulo 2 do livro *A escolha profissional: do jovem ao adulto* (Soares, 2002).

ção pedagógica). Do ponto de vista da função id (afetos), a orientação visa acolher seus afetos, aquilo que, comumente, inibe o ato de escolher.

Tomarei as divisões do processo de escolha profissional como referência para a atuação no campo clínico com base na análise do *self*. Na abordagem gestáltica, elas acontecem simultaneamente, pois se trata do próprio engajamento, do processo de contato em andamento. O que as diferencia são apenas os pontos de vista de uma mesma situação e o momento em que acontecem.

Segundo Soares (2002, p. 45) o autoconhecimento é a possibilidade de conscientizar o jovem dos fatores psicológicos da escolha, que "dizem respeito aos interesses, às motivações, às habilidades e às competências pessoais, à compreensão e conscientização dos fatores determinantes *versus* a desinformação à qual o indivíduo está submetido". A autora (1997, p. 138) acrescenta: "O conhecimento de si mesmo supõe a integração de suas vivências passadas, seu presente e suas expectativas quanto ao futuro".

Na compreensão do sistema *self*, esse momento é a própria mobilização do afeto. Para nós, autoconhecimento não é um levantamento de representações sobre si, não está no campo das identificações (pelo que me interesso, ou o que me motiva), mas do aparecimento do afeto, de um estranho, algo que não está definido no campo cognitivo, sensoperceptivo, que "está sempre copresente, como aquilo que quer se repetir, se realizar" (Müller-Granzotto e Müller-Granzotto, 2007, p. 281), que chamamos de função id. O autoconhecimento, para a Gestalt-terapia, é a possibilidade de manifestar seus afetos, é deixar fluir suas sensações em vez de dar nome a elas; vivenciar no espaço terapêutico aquilo que causa angústia, que não tem nome sendo apenas sentido no corpo. A clínica é um espaço seguro, e a ética da clínica gestáltica é comparada a "morada, abrigo, refúgio, lugar onde somos 'autênticos e despidos' de defesas, estamos protegidos, abrigados e podemos receber o outro" (Müller-Granzotto e Müller-Granzotto, 2007, p. 280). A relação clínica possibilita que esse afeto se manifeste, já que em muitos casos ele está inibido pela função de ato (controle). No *setting* terapêutico será acolhido, percebido e pontuado, e a partir dessa perspectiva será ampliado para os demais momentos dos contatos.

Toda situação de contato, por um lado (afeto), tende a repetir o que já foi vivido e, por outro, a criar novas vivências que serão assimiladas com o já vivenciado. Muitas vezes, diante da escolha profissional e de toda a correlação vinculada à demanda "o que você vai ser quando crescer?", o jovem inibe seus afetos, seu controle. As formas de inibição estão vinculadas à temporalidade e se manifestam por meio de dúvidas (*"não sei o que é melhor, não conheço as profissões e nem o mercado de trabalho presente"* – fala de uma orientanda de 17 anos em processo grupal de OP); apego às situações passadas (*"não quero crescer"* – fala de um orientando de 16 anos em processo grupal de OP); ou fantasias e medos do futuro (*"não sei como será, não tenho o controle"* – fala de uma orientanda de 18 anos em processo individual de OP).

Na abordagem clínica proposta por Soares (2002), conhecer os fatores que influenciam a decisão é a base da intervenção. Segundo a autora, conhecer os fatores políticos (ideologia governamental), econômicos (mercado de trabalho), sociais (divisão da sociedade por classes) e educacionais (falta de investimento na educação) amplia o conhecimento da realidade. Esse momento é chamado de informação profissional. Na leitura gestáltica, essa etapa do processo de OP também é de fundamental importância, pois são fornecidos os dados faltantes para o processo de identificação, por meio de intervenções pedagógicas que se definem em pesquisas orientadas com a utilização de diferentes recursos - como guias, tabelas para completar, sites, jogos, palestras de profissionais, entrevistas com profissionais, visitas às universidades e aos locais de trabalho, entre outras formas que possibilitem a ampliação da e a aproximação com a realidade. Mesmo que de modo superficial, uma vez que não possibilitam uma vivência efetiva do acompanhamento de profissionais ou do fluxo de trabalho, essas ações facilitam a escolha. Em situações de perda de identificação, "[...] a tarefa do clínico nesse momento é oferecer um corpo auxiliar" (Müller-Granzotto e Müller-Granzotto, 2012a, p. 367). Esse corpo auxiliar servirá de base para o jovem continuar atuando e também como apoio e referência para suas identificações, além de problematizar questões de autoconhecimento, utilizando exercícios específicos de orientação profissional, a fim de se apropriar das influências para a escolha, das dificuldades e dos medos, que poderão ser significativamente minimizados.

Se os afetos estão sendo acolhidos e encorajados a se repetir, e as inibições da função de ato estão enfraquecendo, podemos criar experimentos, formas de intervenção que provoquem a função de ego/ato a se posicionar, "por cujo meio o consulente possa assumir consequências, frequentar possibilidades, exagerar posturas, entre infinitas variáveis" (Müller-Granzotto e Müller-Granzotto, 2007, p. 348). São exercícios que desafiam o jovem a escolher, deliberar, se posicionar, se conhecer e ressignificar, podendo criar novas formas de atuação.

Os experimentos para a Gestalt-terapia podem se configurar em um simples pedido para que o jovem escolha, entre os objetos do consultório, aquele com o qual se identifica mais e, a partir desse convite, construa a análise do que se manifesta e como se manifesta, em um exercício de identificações e alienações - o que possibilita a revelação de uma forma de lidar com as escolhas, não apenas aquelas relacionadas à profissão. "*Tenho dificuldade de escolher, gosto de muitas coisas*" (fala de uma orientanda de 19 anos em processo individual de OP). As intervenções políticas possibilitam ao jovem aprender a eleger prioridades, correr riscos e se assegurar de seu ato, mesmo que ainda tenha medo e dúvidas.

> Desse ponto de vista, nosso método terapêutico é o seguinte: treinar o ego, as diferentes identificações e alienações, por meio de experimentos com uma *awareness* deliberada das nossas variadas funções, até que se reviva espontaneamente a sensação de que "sou eu que estou pensando, percebendo, sentindo e fazendo isso". Nessa altura, o paciente pode assumir, por conta própria, o controle. (Perls, Hefferline e Goodman, 1997, p. 49)

À medida que o terapeuta amplia as informações ao jovem e o aproxima de seu modo de agir diante das escolhas, este vai construindo mais embasamento e sentindo-se mais acolhido e encorajado a realizá-las. Assim, ele entra como uma criança amedrontada e sai como um jovem curioso e disposto a tentar, a experimentar e, assim, a fechar seu processo de seleção. Poder dizer a ele que mesmo nesse processo de escolha profissional realizado e acompanhado a vivência talvez se mostre algo diferente traz a ideia da relatividade e da dinamicidade da vida que não implicará fracasso, mas crescimento e assimilação.

Ao ouvirmos as expectativas dos envolvidos, no início dos processos, e percebermos que muitos procuram o trabalho terapêutico para "*conseguir fazer a escolha certa*", "*saber qual é o melhor curso para mim*", "*escolher certo para não perder tempo*", tais expectativas devem ser trabalhadas, mas ainda assim poderão ser frustradas.

Alguns jovens necessitam de mais tempo para esse processo, ao passo que outros precisam ampliar o espectro de experiências antes da escolha profissional e outros, ainda, necessitam conhecer as profissões mais a fundo para assim obter mais segurança. Defendemos a facilitação da escolha e não a garantia de que ela seja a certa para a pessoa certa. Entendemos que o trabalho de OP amplia a visão e o alcance para realizá-la. Ele oferece dados de informação, acolhimento nas formas relacionais e ampliação do seu ato e consciência dos fatores envolvidos e dominantes, desmitificando fantasias e reiterando sua decisão. É um trabalho com foco pedagógico e terapêutico, realizados simultaneamente, pois a falta está na informação, no acolhimento dos afetos e/ou no encorajamento/posicionamento do orientando diante da escolha.

Considerações finais

A articulação da Gestalt-terapia com a orientação profissional amplia o alcance ético das áreas. Ambas estão comprometidas com o desenvolvimento humano, por isso seu viés crítico potencializa o alcance da escolha profissional. As intervenções gestálticas nos processos de OP provocam uma série de questionamentos, despertam o interesse de conhecer as profissões, as carreiras e as formas de trabalho, possibilitam ao jovem entrar em contato com seus conflitos e trazer à tona o que envolve tal situação e quais são suas necessidades diante desse momento.

Os processos de OP na abordagem gestáltica podem ser vistos como constantes implicações do jovem em suas formas de atuação. Entendemos a escolha profissional como um posicionamento ético, político e antropológico, que deve sempre ser considerado nos processos clínicos, tanto do ponto de vista do jovem - de conhecer suas dimensões e acolhê-las - quanto do das intervenções dirigidas a ele. O clínico poderá ampliar sua visão diante de suas necessidades, sejam elas afastar as demandas excessivas dirigidas a ele, buscar intervenções pedagógicas, ajudar a enfrentar conflitos e medos ou buscar intervenções de inclusão social, quando o jovem encontra seu lugar político e social diante de sua escolha profissional.

Trabalhar com as três dimensões é nosso compromisso ético. As famílias e as escolas também são nosso foco de intervenção, em especial os pais, que também se encontram aflitos, com medo, repletos de dúvidas quanto à sua participação nesse processo. Eles necessitam de espaço para expressar suas expectativas e tudo aquilo que estão vivendo diante da escolha profissional dos filhos, assim como também fazem parte da intervenção nos processos de OP. Em alguns casos, optamos por convidar um colega para coordenar os grupos de pais, a fim de salvaguardar a ética com os jovens; em outros casos, trabalhamos o jovem e sua família, para que os conflitos sejam explicitados e resolvidos.

Aproximar o jovem de sua família e da escola nesse processo de OP faz que este se sinta mais amparado para bancar sua decisão, mesmo que não seja a esperada. O trabalho clínico está implicado com a integração criativa, ou, conforme Perls, Hefferline e Goodman (1997, p. 46), a intensificação do contato, pois "a realização de uma Gestalt vigorosa é a própria cura, porquanto a figura de contato não é apenas uma indicação da integração criativa da experiência, mas é a própria integração".

Quanto à formação profissional de orientadores, um ponto de relevância sempre pontuado aos alunos é que o principal caminho de intervenção nos processos de OP é o de proporcionar a ampliação da visão e do posicionamento do jovem no mundo para o planejamento de um exercício, de uma discussão, de um jogo ou de qualquer outra atividade direcionada aos orientandos.

A articulação da orientação profissional com a Gestalt-terapia favorece a criação de uma teoria clínica dos processos de OP. Articular os dois saberes permite-nos ampliar o tema e refletir a respeito da atuação dentro de cada uma das dimensões descritas, a respeito da teoria do *self*. É com base nessas dimensões que poderemos ampliar o alcance da OP, não só pensada e realizada em consultórios particulares, mas também estendida aos trabalhos nas escolas, com programas de políticas públicas de capacitação profissional, em ONGs e projetos que envolvam o desenvolvimento pessoal de jovens e adultos, levando a psicologia e suas contribuições para a comunidade. A criação de um espaço para refletir sobre suas escolhas e seus projetos de vida é uma possibilidade de autoconhecimento e de reformulação de planos e projetos de inserção social.

Referências

ABRAMO, H. W.; BRANCO, P. P. M. (orgs.). *Retratos da juventude brasileira – Análises de uma pesquisa nacional*. São Paulo: Fundação Perseu Abramo, 2005.

BARONCELLI, L. "Orientação profissional na abordagem gestáltica: reflexões históricas para uma práxis fundamentada". *IGT na Rede*, v. 9, n. 16, 2012.

BELMINO, M. C. *Fritz Perls e Paul Goodman – Duas faces da Gestalt-terapia*. Fortaleza: Premius, 2014.

BOHOSLAVSKY, R. *Orientação vocacional – A estratégia clínica*. São Paulo: Martins Fontes, 1981.

______. (org.). *Vocacional – Teoria, técnica e ideologia*. São Paulo: Cortez, 1983.

BOURDIEU, P. "A 'juventude' é apenas uma palavra". In: BOURDIEU, P. (org.). *Questões de sociologia*. Rio de Janeiro: Marco Zero, 1983, p. 113-21.

CANEDO, I. R. "Contribuições da Gestalt-terapia – Terapia para o referencial teórico da orientação profissional". *Revista ABOP*, v. 1, n. 1, 1997.

FERRETTI, C. J. *Uma nova proposta de orientação profissional*. São Paulo: Cortez, 1988.

GOLDSTEIN, K. (1933). "Analyse de l'aphasie et étude de l'essence". *Journal de Psychologie*, v. 43, Paris, 1987, p. 257-345.

GROPPO, L. *A juventude – Ensaios sobre sociologia e história das juventudes modernas*. Rio de Janeiro: Difel, 2000.

HUSSERL, E. *Investigaciones lógicas*. 2. ed. Madri: Alianza, 1982.

LISBOA, M. D. *Orientação vocacional/ocupacional – Projeto profissional e compromisso com o eixo social*. Dissertação de Mestrado (Psicologia Social), Pontifícia Universidade Católica de São Paulo, São Paulo, 1995.

______. "Associações: contexto socioeconômico e compromisso social dos profissionais". *Revista ABOP*. São Paulo: Vetor, 1997, p.89-96.

______. "Orientação profissional e de carreira: como a psicologia tem ocupado e desenvolvido este espaço de atuação?" I Congresso de Psicologia Organizacional e do Trabalho do Centro-Oeste Paulista: Formação e práticas profissionais. *Anais*... Unesp, São Paulo, 2014.

LOCKE, J. *Ensaios acerca do entendimento humano*. São Paulo: Nova Cultural, 2000. (Coleção Os Pensadores)

MANDELLI, M. T. *Correndo atrás de seu projeto de vida: um estudo com participantes do Programa Jovem Aprendiz*. Dissertação (mestrado em Psicologia), Universidade Federal de Santa Catarina, Santa Catarina, 2011.

MÜLLER-GRANZOTTO, M. J.; MÜLLER-GRANZOTTO, R. L. *Fenomenologia e Gestalt-terapia*. São Paulo, Summus, 2007.

______. *Psicose e Sofrimento*. São Paulo: Summus, 2012a.

______. *Clínicas gestálticas*. São Paulo: Summus, 2012b.

OZELLA, S. (org.). *Adolescências construídas – A visão da psicologia sócio-histórica*. São Paulo: Cortez, 2003.

OZELLA, S.; AGUIAR, W. J. "Desmistificando a concepção de adolescência". *Cadernos de Pesquisa*, v. 38, n. 133, jan.-abr. 2008, p. 97-125.

PERLS, F. *Ego, fome e agressão: uma revisão da teoria e do método de Freud*. São Paulo: Summus, 2002.

PERLS, F.; HEFFERLINE, R.; GOODMAN, P. *Gestalt-terapia*. 2. ed. São Paulo: Summus, 1997, p. 7-266.

QUAPPER, K. D. "Juventude o juventudes? Acerca de como mirar y remirar a las juventudes de nuestro continente". In: BURAK, S. (org.). *Adolescência y juventud en América Latina*. Costa Rica: Libro Universitário Regional, 2001, p. 57-76.

SARRIERRA, J. C.; CÂMARA, S. G.; BERLIM, C. S. "Elaboração, desenvolvimento e avaliação de um Programa de Inserção Ocupacional para Jovens Desempregados". *Psicologia: Reflexão e Crítica*, v. 13, n. 1, Porto Alegre, 2000, p. 189-98.

______. *Formação e orientação ocupacional – Manual para jovens à procura de emprego*. Porto Alegre: Sulina, 2006.

SOARES, D. H. P. *A escolha profissional – Do jovem ao adulto*. São Paulo: Summus, 2002.

SOARES-LUCCHIARI, D. H. P. (org.). *Pensando e vivendo a orientação profissional*. São Paulo: Summus, 1993.

SOUZA, V. B. *Orientação profissional em Gestalt-terapia – Discussões sobre a teoria e a prática*. Trabalho de Conclusão de Curso (especialização em Gestalt-terapia), Instituto Gestalten, Tubarão, Santa Catarina, 2007.

SPOSITO, M. P.; CARRANO, P. C. R. "Juventude e políticas públicas no Brasil". *Revista de Educação*, n. 24, set.-dez. 2003.

SUPER, D.; BOHN, M. *Psicologia ocupacional*. São Paulo: Atlas, 1972.

UMA ABORDAGEM HOLÍSTICA EM ORIENTAÇÃO PROFISSIONAL

ADOLFO KUHN PFEIFER

06

"Por que ser egoísta? Se há coisas a aprender, coisas a ver, coisas que é bom saber para o futuro do homem, por que não proporcionar a outrem igual oportunidade?"
M. (Cartas dos Mestres de Sabedoria)

A crise social e ambiental

A atual crise social, caracterizada pela precariedade dos empregos, pela elevação dos índices de violência urbana e pelo terrorismo internacional, somada à crise ecológica, em que se destacam o aquecimento global, a grande extinção de espécies e a futura escassez de água, tem provocado em boa parte da sociedade ocidental um sentimento de desesperança com relação ao futuro da humanidade.

No campo do trabalho, nos últimos 30 anos o desenvolvimento da economia não veio acompanhado da geração de novos postos ocupacionais e de empregos com carteira de trabalho assinada. Até o início da década de 1960, o crescimento econômico estava associado ao aumento da massa salarial. O fato é que o trabalho humano em sua configuração emprego + salário, até então dominante, e, consequentemente, a própria cidadania entraram em crise (Hobsbawn e Castel *apud* Ferreira, 2008).

Entretanto, nesse mesmo contexto, Albuquerque (2004) apresenta para reflexão um aparente paradoxo: embora a maioria das organizações esteja amplamente envolvida na busca da produtividade e em processos de mudança, com vistas a melhorar seu posicionamento competitivo no mercado, o bem-estar e a motivação dos empregados vêm ganhando espaço nas discussões acadêmicas e empresariais.

É nesse cenário de mudanças organizacionais significativas, desencadeadas por fatores complexos (históricos, sociais, econômicos, tecnológicos, culturais, políticos), que a natureza do trabalho humano e o perfil esperado do trabalhador vêm se alterando rapidamente em função, sobretudo, da introdução de novas tecnologias de produção e gestão. Pois, conforme Ferreira (2008), uma tensão permanente e crescente tem se manifestado: garantir padrão de excelência em produtos e serviços requer dispor de pessoas motivadas e comprometidas com o trabalho.

Para auxiliar a resolver esse aparente paradoxo, cabe propor uma primeira reflexão. Historicamente a humanidade migrou aos poucos de uma sociedade agrícola para uma industrial, mas sempre baseada na "mão de obra". Com o advento da eletrônica, da informática, da mecatrônica e da robótica, no final do século XX, rapidamente a sociedade ocidental ingressou na era do conhecimento, e empresas e organizações passaram a necessitar cada vez mais do que nós poderíamos propor denominar de "cérebro de obra". Porém, a mudança não parou por aí. Novas pressões no ambiente de trabalho surgiram em função da globalização, que aumentou a concorrência com o mercado externo, exigindo das empresas nacionais maior produtividade e qualidade de seus profissionais. Some-se a isso o contexto propício para inovações, que o ambiente tecnológico e o cenário globalizado estão impondo às companhias, originando novas curvas sobrepostas de desenvolvimento de produtos. Em decorrência, há um aumento das exigências de qualificação e informação do trabalhador, ou seja, o desafio da necessidade da educação continuada.

Por um lado, entende-se que o estudo profundo e a prática persistente levam à tão esperada excelência profissional. Por outro, parece evidente que esperar que se faça isso por anos e anos a fio seria exigir demais, a menos que a pessoa tenha naturalmente um profundo interesse pelo tema. O que se propõe é que as organizações hoje demandem, nessa perspectiva evolutiva, o que poderíamos denominar (criando, então, mais um termo) "coração de obra". E aqui merece atenção o tema do autoconhecimento, proposto pela abordagem psicológica da orientação profissional, para que o orientando busque principalmente conhecer melhor suas áreas de interesse, além das habilidades pessoais.

Nesse sentido, se poderia perguntar: o que está sendo oferecido de novo, como caminhos alternativos, à sociedade? Quais são as soluções apontadas pelas lideranças sociais, acadêmicas, políticas ou empresariais que terminam por direcionar os caminhos do grande contingente de pessoas?

Por outro lado, mesmo aqueles que têm uma visão holística, transcendente da vida e do mundo, e encontram expressão em diversas dimensões do seu viver, também se sentem reféns de um mercado de trabalho que funciona com uma lógica redutora e limitadora, sintetizada pela afirmativa de que "os fins justificam os meios". Por que essas pessoas, que podem ser chamadas de integrantes da Nova Era, a Era de Aquário - que a princípio têm uma consciência ampliada, uma capacidade real para transformações pessoais segundo suas crenças, evidenciadas por mudanças de comportamento significativas em relação à maioria -, também não conseguem usar esse potencial para redirecionar a carreira num sentido de percepção de maior realização pessoal e contribuição social?

Assim, coloca-se a seguinte pergunta: que contribuição a elaboração de um projeto ocupacional holístico existencial, baseado numa abordagem holística da vida, com o uso de instrumentos de autoconhecimento das antigas tradições espirituais e do planejamento existencial, visando à integração do ser com o fazer profissional, pode proporcionar para inspirar a carreira dos que apresentam uma visão transcendente da vida?

Talvez o leitor já tenha percebido que essa é uma proposta de orientação ocupacional (profissional, de carreira e para a aposentadoria) mais apropriada àqueles que acreditam na existência de uma força maior, transcendente, e em nossa inter-relação com todos os seres vivos, a natureza e o cosmo como um todo. Entende-se que isso é algo que brota naturalmente do coração de cada um, como uma intuição crescente, ao longo da vida do ser. No caso de pessoas que não estejam sintonizadas com essa leitura de ser humano e de mundo, partes significativas do trabalho de orientação podem passar despercebidas. A propósito, essa abordagem de orientação seria mais bem incorporada e conduzida pelo orientador profissional que já tenha essa visão holística e estivesse se ressentindo da falta de um instrumental, apoiado por uma metodologia apropriada, que contemplasse essa abordagem em seu trabalho em orientação profissional.

A abordagem holística de perceber o mundo

O filósofo e estadista sul-africano Jan Smuts pode ser considerado, por sua obra pioneira *Holism and evolution*, lançada em 1926, o pai da "visão holística". Em sua visão unitiva, o autor (*apud* Crema, D'Ambrósio e Weil, 1993) afirma que a matéria carrega o potencial da vida e da mente, postulando um *continuum* evolutivo entre matéria, vida e mente. Ele cunhou o termo "holismo", ou seja, um princípio único organizador de totalidade e gerador de conjuntos, uma tendência sintética universal. A proposta de Smuts aponta para um impulso natural de síntese que tudo permeia, sendo a vida o todo em expansão evolutiva na direção da inteireza e da plenitude.

Essa nova visão de mundo pressupõe uma "mudança de paradigma". Para Capra (1997, p. 28), geralmente não se reconhece que os valores não são periféricos à ciência e à tecnologia, mas constituem sua base e força motriz:

> Durante a revolução científica no século XVII, os valores eram separados dos fatos, e desde essa época tendemos a acreditar que os fatos científicos são independentes daquilo que fazemos, portanto independentes dos nossos valores. Porém, os fatos científicos emergem de toda uma gama de percepções – de um paradigma – das quais não podem ser separados. Embora grande parte das pesquisas detalhadas possa não depender explicitamente do sis-

> tema de valores do cientista, o paradigma mais amplo, em cujo âmbito essa pesquisa é desenvolvida, nunca será livre de valores.

A noção de paradigma científico foi definida por Kuhn (*apud* Capra, 1997) como uma constelação de realizações - concepções, valores e técnicas - compartilhada por uma comunidade científica e utilizada por esta para definir problemas e soluções legítimos. Para o autor, as mudanças de paradigma são as transformações significativas que ocorrem na forma de rupturas descontínuas e revolucionárias.

Para Capra (1997, p. 25), o novo paradigma pode ser chamado de visão de mundo holística, que o concebe como um todo integrado e não uma coleção de partes dissociadas:

> Essa percepção reconhece a interdependência fundamental de todos os fenômenos, e o fato de que, como indivíduos e sociedades, estamos todos encaixados nos processos cíclicos da natureza (e, em última análise, somos dependentes desses processos). Esse conceito de paradigma emergiu como resultado das discussões dos filósofos em função das grandes mudanças de pensamento que ocorreram na física no princípio do século XX. Em especial, a teoria da relatividade e a física quântica. A abordagem holística pressupõe um "olhar quântico" da realidade.

Nessa abordagem, pensar holisticamente é fazê-lo de forma transdisciplinar. Representa a convocação para o debate, com reflexões e sinergia, ao lado dos cientistas e técnicos, dos exilados do "império da razão" (Crema, D'Ambrósio e Weil, 1993): os artistas, os poetas, os filósofos e os místicos. Pensar de modo holístico significa retornar à qualificação desses navegantes da subjetividade, da alma e do absoluto. Para Patrício (1999, p. 25), estamos falando de razão e sensibilidade se complementando, por meio das interações transpessoais e transculturais.

Contribuições da tradição-sabedoria para o autoconhecimento holístico

A psicologia torna-se cada vez mais um campo de estudo internacional, menos amarrado aos pressupostos intelectuais e filosóficos da América e da Europa Ocidental. Segundo Fadiman e Frager (1986), há ampla evidência do interesse das pessoas e dos estudantes de psicologia pelas teorias orientais da personalidade, como as relacionadas às religiões como o zen do budismo, o ioga do hinduísmo e o sufismo. Esse fascínio originou-se de uma necessidade de compreender a relação entre a prática religiosa e a vida cotidiana. Essas tradições enfatizam a futilidade e a insensatez da valorização de padrões externos (mais comum na sociedade ocidental) em detrimento de um desenvolvimento interior. O principal enfoque dessas doutrinas é o crescimento transpessoal: a tendência de cada pessoa a relacionar-se mais intimamente com algo maior do que o *self* individual – ao contrário dos teóricos ocidentais, que discutiram mais o crescimento vinculado ao fortalecimento do *self*.

Como enfatizam os autores, para um estudante da personalidade seria tão insensato negligenciar esse setor da consciência como ignorar a psicopatologia. Segundo eles, é mais um reflexo da imaturidade da psicologia, e não de sua sofisticação, o fato de ela ter dedicado maior esforço à compreensão da doença humana do que à transcendência humana. As teorias orientais adquiriram lentamente os instrumentos e conceitos necessários à investigação desse aspecto mais subjetivo da consciência.

A psicologia do ioga, de acordo com Taimni (1997), está naturalmente relacionada com essas filosofias do superior e, ainda que difiram um tanto, segundo a escola de pensamento a que determinado sistema pertença, a linha geral e o caráter essencial são praticamente os mesmos para todas as escolas de psicologia ióguica.

Nesse contexto, Lindemann e Oliveira (2004) relatam que grandes sábios da antiguidade, Patanjali e Sankara, consideravam que a causa dos males humanos não era a falta de conhecimento sobre o mundo externo, mas a ignorância sobre a nossa verdadeira natureza. Por isso homens como Sócrates e Buda já há tanto tempo consideravam o autoconhecimento de fundamental importância.

Para Blavatsky (1991), fundadora da Sociedade Teosófica moderna, a tradição-sabedoria não se refere a uma nova religião ou filosofia, mas à reafirmação de antigos princípios que podem ser encontrados no coração de várias tradições filosófico-religiosas, tais como o hinduísmo, o budismo, o taoismo, a antiga religião egípcia e o cristianismo primitivo, entre outras. A autora (*ibidem*, p. 15) comenta:

> Também conhecida como "teosofia", é um vínculo através dos tempos que traz até o mundo de hoje os antigos ideários acerca da natureza humana e sua constituição, da origem e destino do homem, como também das leis que regulam o funcionamento dos vastos processos da vida. É o resultado direto das investigações de inúmeras gerações de sábios, videntes e místicos sobre realidades interio-

> res da existência, profundos estados de consciência, que, por sua natureza, estão além do intelecto discursivo. Está fundamentada em princípios universais: unidade, polaridade, ciclos, ordem e evolução. Lançou as bases do holismo, do movimento transpessoal, da ecologia profunda etc. Objetiva a fraternidade universal baseada na unidade da vida. Trabalha com a liberdade de pensamento e encoraja o estudo comparado das religiões, filosofia e ciências. Alerta para a responsabilidade universal do indivíduo e a ética. Incentiva o Autoconhecimento baseado na unidade fundamental do ser humano e do universo, e esclarece sobre o propósito humano.

Para Platão (*apud* Lindemann e Oliveira, 2004), a natureza evoluiria desdobrando-se na diversidade em formas cada vez mais perfeitas, para exprimir a perfeição divina, baseada em arquétipos fundamentais. A divindade estaria representada nas três virtudes: sabedoria, amor e beleza. O ser humano, como parte dessa natureza, teria três arquétipos básicos por inspiração: os governantes dos homens, os santos de compaixão e os instrutores da verdade. A tradição-sabedoria relata que, por combinação três a três, eles dariam origem aos outros quatro, correspondendo à característica setenária de manifestação do nosso universo.

De acordo com Hodson (2012, p. 20), a natureza setenária do universo e do ser humano possibilita entender cada indivíduo como pertencente a um dos sete temperamentos humanos básicos, cada qual com seus atributos naturais, poderes e qualidades característicos:

> Essas características podem ser identificadas por meio das virtudes especiais do ser humano influenciado por determinado pa-

drão vibratório de energia, bem como pelos vícios, o polo oposto do mesmo padrão energético. Ou seja, a alma de cada ser humano seria a expressão de um desses sete padrões energéticos. Através da sua qualidade, esse padrão energético afetaria a natureza da mente, das emoções e do corpo físico, predispondo-nos a certas forças e fraquezas e influenciando o modo como nos relacionamos. À medida que o ser humano evoluísse ao longo do caminho espiritual, essa energia superior nos predisporia a certas atividades. O trabalho a ser feito, portanto, seria a integração da personalidade com o padrão energético da alma. Os sete tipos de padrões energéticos da alma são: vontade (poder); amor (sabedoria); inteligência (atividade); harmonia (beleza); conhecimento concreto (científico); devoção (idealismo); ordem (cerimonial e magia).

Aprofundando a discussão sobre a unidade das escolas de mistérios, Lindemann (2006, p. 327), ao discutir a astrologia, afirma:

> O conhecimento que os Hierofantes dos Mistérios possuíam a respeito da vida póstuma, da reencarnação, da influência dos astros etc. não era devido à mera especulação filosófica, mas era um conhecimento direto oriundo de uma percepção extrassensorial rigorosamente treinada, segundo as disciplinas milenares das Tradições de Mistérios. Uma das mais interessantes evidências da unidade das Religiões de Mistérios é a astrologia. Como explicar que, mesmo entre os maias e os astecas, o sistema de valorização dos ângulos entre os planetas (0°, 60°, 120° considerados harmônicos e 90°, 180° considerados desarmônicos) fosse o mesmo dos egípcios, gregos, romanos, persas, árabes, hindus e caldeus, numa época em que nem havia sido descoberto o telescópio?

Para Arroyo (1985, p. 70), a astrologia revela o plano global de simplicidade, ordem, elegância e forma que opera no universo inteiro e, em particular, em cada indivíduo:

> Há várias maneiras de abordar a astrologia e revelar sua utilidade prática, especialmente nos processos diretamente relacionados com o campo da psicologia. A astrologia é o meio mais exato e abrangente de compreender a personalidade, o comportamento, a mudança e o desenvolvimento do ser humano. A fim de estabelecer um tipo de psicologia (e de astrologia) focalizada na saúde e na realização individual, podemos começar a desenvolver uma verdadeira ciência da vida, voltada para o ser psicofísico total, cuja principal característica é a própria consciência. Mas, para isso, temos de nos libertar da predisposição superada do pensamento materialista, e reconhecer que diferentes tipos de estudo exigem diferentes abordagens. Nesse aspecto, o que a astrologia pode fornecer ao homem é a compreensão dos princípios universais, da harmonia do todo e dos planos ocultos da natureza. Até porque o lado espiritual do homem é inseparável da vida psicológica.

A função do trabalho no desenvolvimento do ser

Compreender as implicações do trabalho na vida das pessoas pressupõe entender o significado do trabalho para o homem na sociedade ocidental. Há de se considerar a preponderância econômica na maneira de olhar o mundo da maioria das pessoas e a centralidade do trabalho na nossa sociedade como produtora e distribuidora de riqueza (Rolle *apud* Krawulski, 1991).

Em outro de seus aspectos, Schumacher (*apud* Krawulski, 1991) afirma estar subjacente ao sistema de trabalho do homem seu sistema de valores: o trabalho de uma pessoa é uma das mais decisivas influências formativas de seu caráter e de sua personalidade, tendo em vista o lugar central que ocupa na vida humana. E ele identifica três objetivos para o trabalho humano: produzir bens e serviços necessários e úteis; permitir a utilização e o aperfeiçoamento dos talentos naturais e habilidades; e servir aos demais, colaborando com eles para a libertação do egocentrismo inato.

Para Dejours (1988), trata-se da vivência qualitativa da tarefa: são o sentido e a significação do trabalho que importam. Não é mais questão de necessidade, como no caso do corpo, mas dos desejos e das motivações. Isso depende do que a tarefa veicula, do ponto de vista simbólico.

Como ressalta Maslow (*apud* Sampaio, 2009), existe uma distinção entre a motivação baseada em deficiência e a motivação para o crescimento. Por motivação baseada em deficiência, Maslow sintetiza as contribuições de base organicista e fisiológica, que entendem o funcionamento do psiquismo humano mediante impulsos e instintos, como a sede, afirmando que sua gratificação reduz o fator motivador do comportamento. Ao contrário, para as pessoas autorrealizadas ou autoatualizantes, conforme Maslow, existe uma nova dinâmica motivacional, pois a gratificação aumenta, ao invés de diminuir, a motivação, e os "apetites" tornam-se intensificados e aumentados – como a educação. Em vez de buscar o descanso, a pessoa se torna mais ativa; o crescimento é, por si só, um processo recompensador.

As diferenças de mecanismo justificam o fato de Maslow chamar a motivação para o crescimento de metamotivação e as respectivas necessidades em jogo de metanecessidades.

Menos dependentes da motivação baseada em deficiência, essas pessoas se tornariam mais autodirigidas e autorrealizadoras. Para Maslow, no núcleo das metanecessidades estão os valores do ser, mobilizadores das pessoas autorrealizadas: verdade, beleza, justiça, perfeição, integração e tendência em direção à unidade.

Conforme Maslow, as pessoas autorrealizadas passam a identificar-se com o trabalho, valorizando cada vez mais a oportunidade de ser criativas e autônomas nesse ambiente. E isso funcionaria como uma espécie de metapagamento. Cabe esclarecer que esse trabalho envolve atividades que não necessariamente implicam trabalhos remunerados em empresas ou autônomos. Nesse sentido, o trabalho pode ser um "prazer superior" e uma forma de reconhecimento do próprio *self* (Sampaio, 2009).

A autorrealização, para Maslow (*apud* Sampaio, 2009, p. 11), poderia ser expressa como "o desejo de desenvolver-se no que 'se é mais' potencialmente, ou seja, tornar-se cada vez mais o que se é, para tornar-se tudo aquilo que se é capaz de ser".

Falando especificamente da profissão, é importante resgatar a "função espiritual do trabalho", conforme desenvolvida por Fioravanti (2000, p. 11):

> Há no trabalho do homem um propósito muito maior que o material. Algumas pessoas são capazes de perceber isso, enquanto outras apenas conseguem ver nele uma obrigação à qual estão submetidas por questões de sobrevivência. Quando percebe as implicações espirituais do trabalho, o homem adquire maior capacidade para se realizar por meio dele.

Cabe aqui resgatar um termo sânscrito relacionado à função espiritual do trabalho: *dharma*. Este "caracteriza-se em cada indivíduo pelo seu grau de desenvolvimento interno, mais a lei que determina o seu desenvolvimento no período evolutivo posterior" (Besant, 1995, p. 14). Cada indivíduo tem o seu *dharma* específico, inerente à sua natureza interna e, portanto, inalienável. É tornar-se externamente o que ele de fato é internamente. Em outras palavras, como teria descrito Jung (*apud* Seabourne, 2015, p. 9), "nossa principal tarefa é realizar nosso profundo potencial inato".

O projeto ocupacional baseado no planejamento existencial

Um dos maiores desafios da vida comum, e sobretudo do caminho espiritual, é o despertar do discernimento, "usualmente tomado no sentido da distinção entre o real e o irreal" (Krishnamurti, 1999, p. 14). Assim, o discernimento é a capacidade de distinguir e escolher entre o duradouro e o transitório, entre nossas necessidades reais e nossas fantasias, entre a essência e a aparência.

Sêneca (*apud* Lindemann, 2005, p. 4) dizia: "Para aquele navegador que não sabe a que porto se dirige, todos os ventos parecem desfavoráveis". Segundo Lindemann (2005), se uma pessoa não sabe para onde quer ir, provavelmente reclamará de tudo e talvez nem saiba aproveitar os períodos favoráveis. O mesmo acontece com os pensamentos dispersos de uma mente sem ideais elevados ou, pelo menos, objetivos práticos. A mente perde o foco, se dispersa e entra em confusão.

Dessa forma, fica clara a importância de um ideal: fixar e concentrar a mente em algo que seja construtivo e dê rumo à vida. O *Chandogyopanishad* (*apud* Besant, 2001, p. 18) diz que "o homem é uma criatura de reflexão: naquilo que ele pensa, ele se transforma." Nesse sentido, conforme Lindemann (2005, p. 6),

> o exercício de planejamento existencial é tentar objetivar, ou seja, trazer o subjetivo para o objetivo, o inconsciente para o consciente: escrever os objetivos, as aspirações e ideais da pessoa, de modo que adquiram, no papel, um grau mínimo de expressão material. São aqueles sonhos que a pessoa leva no seu coração, aquelas aspirações mais profundas da sua alma, aquelas vocações ou chamados à vida, razões de viver. Esses objetivos, aspirações, ideais deveriam ser classificados em, pelo menos, cinco áreas: o físico, o emocional, o mental, o espiritual e o profissional. Entende-se assim que se faltar um desses cinco a vida corre o risco de certo desequilíbrio, porque existem necessidades existenciais em todas essas áreas.

O planejamento existencial pode ser realizado a qualquer momento, mas o autor alerta que não se recomenda fazê-lo apenas uma vez: "A revisão do exercício [...] sempre garante um caráter mais reflexivo e menos impulsivo em sua prática, acrescido do *efeito retrospectivo de reavaliação* do que foi realmente executado em relação à vez anterior" (Lindemann, 2005, p. 7, grifos originais).

Enfim, o que se propõe é algo semelhante ao citado na reportagem "Quer ter mais sucesso? Tenha um projeto pessoal" (Freitas, 2014), em que se afirma que existem evidências de que projetos pessoais podem trazer benefícios à sua carreira. Entretanto, a proposta aqui não é ter um projeto em paralelo, um hobby, e sim buscar o autoconhecimento para que se tenha clareza da área de interesse e, baseado nela, se inicie a construção de um projeto ocupacional inspirador.

Oficinas para elaboração do Projeto Ocupacional Inspirador

O programa para elaboração do Projeto Ocupacional Holístico Existencial Inspirador se constitui num conjunto de oficinas pedagógicas, desenvolvidas com turmas de no máximo dez participantes, em quatro encontros semanais de três horas cada, que abordam três grandes temas: apresentação dos princípios universais da tradição-sabedoria; exercícios de autoconhecimento holístico; e elaboração do planejamento existencial ocupacional.

Como método de trabalho, cabe ressaltar a necessidade da dedicação dos participantes, no período entre as oficinas, à leitura dos textos de apoio e à realização dos exercícios individuais. O tempo das oficinas é requerido sobretudo para a discussão das temáticas e a interação em grupo.

Exercícios para o autoconhecimento holístico

Entre os instrumentos utilizados, inicia-se com os mais familiares aos participantes, como alguns usados pela área de Orientação Profissional, de Carreira e para Aposentadoria (OPCA), e se avança com exercícios que buscam as percepções mais interiores, com instrumentos baseados nas antigas tradições espirituais.

Cabe ressaltar que o método proposto se baseia na psicologia do ioga, estando sua ênfase na identificação com um dos sete temperamentos humanos. A psicologia do ioga

Exercício de autoconhecimento	Breve descrição do exercício
Autobiografia profissional	Antes de iniciar os encontros, o participante é convidado a escrever uma pequena autobiografia sobre fatos (sejam familiares, psicológicos, espirituais, educacionais, sociais, políticos ou econômicos), e seus significados, que marcaram a trajetória das suas escolhas profissionais e de carreira em sua vida, dos momentos da infância e da adolescência a quando já se percebe executando o trabalho atual. O importante é a experiência de resgatar os momentos significativos. Trata-se de um exercício individual que não precisa ser apresentado. Entretanto, ele é usado para a integração dos participantes, pois quando em duplas trocam impressões sobre suas reflexões.
Valores pessoais	O participante assinala, numa tabela de 18 valores, aqueles com os quais mais se identifica, reduzindo os assinalados até priorizar seus três valores pessoais fundamentais (Lisboa, 2007).
Profissão sonhada	Para a mudança de paradigma, de uma sociedade competitiva para uma de cooperação, os participantes são convidados a imaginar uma situação no futuro, por um exercício de meditação conduzido pelo facilitador, de modo que a cultura competitiva é percebida como algo de um passado bem distante. As pessoas podem se perceber em situações de trabalho, num mundo de cooperação, em que cada um faz a sua parte e todos participam. Por fim, é solicitado ao participante que registre uma breve descrição dessa profissão "sonhada", com suas características de contexto profissional – sobretudo o perfil profissiográfico desejado.
Orientação vocacional astrológica	Numa consulta astrológica com um profissional de longa experiência na área, é feito um diagnóstico das características do orientando em sua relação profissional e de trabalho no dia a dia, comparando-se as características do mapa astrológico do nascimento da pessoa com as do perfil profissiográfico da profissão pretendida.

Temperamentos humanos	Os participantes assinalam individualmente o conjunto de virtudes especiais e, depois, o conjunto de vícios com os quais mais se identificam, buscando então o temperamento humano correspondente.
Classificação Brasileira de Ocupações (CBO)	O participante é orientado a procurar na CBO (2015), nas ocupações semelhantes à profissão pretendida, informações como: descrição da ocupação; características de trabalho; formação e experiência; áreas de atividade; competências pessoais requeridas etc.

preocupa-se, antes de mais nada, com o desenvolvimento da alma humana. A premissa fundamental é a de que a alma de cada ser humano é a expressão de um dos sete padrões de energia. Por meio de sua qualidade, esse padrão de energia afeta a natureza da mente, das emoções e do corpo, nos predispõe a certas forças e fraquezas e influencia o modo como nos relacionamos com os outros seres humanos. À medida que nos desenvolvemos, nosso padrão energético nos predisporia a certas atividades (Hodson, 2012).

Embora seja raro o tipo de temperamento humano puro, conforme Hodson (2012, p. 26) pontua,

> [...] e a regra seja a de misturas com a consequente modificação do ideal, do temperamento e método de atuação, o estágio de maturidade da alma geralmente define o grau no qual as qualidades e virtudes do temperamento são demonstradas. Como regra, quanto maior a maturidade da alma, tanto mais facilmente discernível é o temperamento primário dentro da personalidade.

A presente proposta de oficina seria mais adequada à alma humana que começa a manifestar maior maturidade existencial.

O projeto ocupacional baseado no autoconhecimento holístico existencial

Considera-se que, realizados os exercícios propostos com atenção e profundidade, ao se pedir que agregue os resultados no formulário de "identidade existencial", o participante consiga estabelecer um tipo de identidade existencial ocupacional para aquele momento de vida. Por analogia, é como alguém colocado em meio a um conjunto de espelhos à sua volta que refletem bidimensionalmente diferentes perspectivas da pessoa, mas em conjunto compõem uma imagem tridimensional única que faz sentido para ela como observadora.

Busca-se dar alguma objetividade às perguntas "Quem sou eu? Como me percebo neste momento existencial?" É uma espécie de síntese das descobertas de autoconhecimento realizadas ao longo dos encontros, em que são agrupados os resultados das percepções sobre o momento atual de sua existência: principais valores pessoais; temperamento humano de maior afinidade; meta ocupacional idealizada; características astrológicas do trabalho e do contexto profissional; informações da ocupação mais semelhante no CBO - descrição sumária, condições gerais de exercício profissional, formação e experiência, áreas de atividade, competências pessoais requeridas etc.

Depois desse exercício, busca-se antecipar uma etapa, qual seja, o exercício do "balanço existencial", que deverá ser realizado no futuro, depois de transcorrido determinado tempo para a realização das ações propostas no projeto ocupacional existencial - ou seja, ao final do ano e antes do início do próximo.

O participante escreve um pequeno balanço dos últimos 12 meses, nas dimensões profissional, espiritual, mental, emocional e física. De forma breve, são citadas as suas principais realizações pessoais. É ressaltado que todos os processos são importantes, e não apenas as conquistas. Em outro momento posterior, essa lista pode ser mais detalhada, buscando a maior concretude possível.

Passado um ano, quando novamente esse exercício for realizado, possibilitará comparar com o plano anual de ações elaborado e verificar eventuais processos não realizados, embora somente dependessem da própria pessoa, podendo demonstrar alguma espécie de "boicote" psicológico ou recomendar uma reavaliação do projeto ocupacional.

Finalmente chega o momento de o participante elaborar o seu "plano de ações ocupacional existencial", focado nos próximos 12 meses. Consiste numa lista de ações que serão iniciadas ou darão continuidade ao que já vem sendo feito (ver balanço existencial) nas dimensões profissional/carreira, espiritual, mental, emocional e física. Inicia listando o que pode começar a realizar nos próximos três meses, da simples leitura de um livro ou assinatura de uma revista especializada a iniciar determinado curso. O importante é que as ações previstas dependam somente da própria pessoa para ser realizadas. É importante ressaltar que, de certa forma, também as ações devem guardar certa coerência ou foco em relação ao seu propósito existencial/ocupacional, para que não gerem conflitos que dificultem a realização de uma ou de outra. É algo mais fácil de sentir e perceber do que de expressar em palavras. As pessoas sentem quando estão fazendo coisas que estão agregando ou contribuindo para o seu crescimento em determinado sentido, ou, ao contrário, quando ainda estão realizando coisas que gostariam de já ter deixado para trás.

Posteriormente, detalhará cada ação de modo o mais objetivo possível, permitindo a verificação futura, quando do balanço existencial anual. Ressalta-se que as ações devem ser mais focadas em processos do que em metas, pois, de acordo com Krishnamurti (1987, p. 43), são "os meios que determinam os fins".

Reflexões finais

Em seu estudo sobre a evolução do conceito de trabalho, Krawulski (1991) afirma que a verificação das formas predominantes pelas quais o trabalho se processou, nos diferentes momentos históricos, permitiu constatar quanto elas identificam e sedimentam a ordem social vigente. Mais importante, porém, é verificar que a historicidade na evolução do trabalho humano mostra que as manifestações atuais do trabalho decorrem de formas anteriores e remetem a novas tendências. Ou seja, todos nós, como trabalhadores, em nosso fazer cotidiano, estamos a todo momento construindo novas possibilidades de trabalhar. O que aqui está sendo proposto é que a humanidade conquistou determinado estágio de maturidade em termos de produtividade e qualidade na produção de bens e serviços. Isso permitiu às pessoas, em função da grande diversidade de oportunidades de atuação profissional, buscar trabalhar de forma mais inovadora, investindo no seu autoconhecimento holístico a fim de ampliar sua realização pessoal com o seu trabalho e, ao mesmo tempo, aumentar sua contribuição social para melhorar a vida em sociedade.

E isso deve ser proporcionado a todos os que estão nessa busca, em especial aos trabalhadores que já têm uma visão holística e transcendente da vida, para que possam construir alternativas para minimizar o sofrimento vivenciado inclusive além do que seria esperado no contexto laboral - conforme ficou evidenciado ao se investigar a atitude holística do trabalhador e as repercussões na qualidade de vida individual e coletiva no ambiente de trabalho (Pfeifer, 2003).

Nesse sentido, o Projeto Ocupacional Holístico Existencial Inspirador oportuniza a integração do ser que se percebe holístico ou espiritualizado com um fazer profissional investido de significado, de autorrealização e de serviço altruísta. Este possibilita, por meio do plano de ações ocupacional/existencial, estabelecer um compromisso pessoal de esforço de aprofundamento na nova área de interesse profissional (ou na antiga, mas com um novo foco), sustentado pelas afinidades e interesses (re)descobertos e, portanto, persistentes e duradouros. Ao iniciar um realinhamento de carreira na abordagem holística, a pessoa se permite realizar, com o devido tempo, o que Krishnamurti (1987, p. 43) menciona: "Os meios determinam os fins".

De acordo com Ferguson (1994, p. 38), vivemos uma "revolução da consciência" que parece se mover "na direção de uma síntese histórica: a transformação social como resultante da transformação pessoal - a mudança de dentro para fora". A autora (*ibidem*) alerta que "as primeiras gotas da grande chuva que virá" já estão caindo em todas as áreas do conhecimento, em todas as nações e em todos os meios sociais. Com o Projeto Ocupacional Holístico Existencial Inspirador, busca-se contribuir com uma pequena gota da nova abordagem holística no campo da orientação profissional, de carreira e para aposentadoria.

Referências

ALBUQUERQUE, R. "Mesa-redonda: saúde e qualidade de vida". *Anais do VI Fórum Internacional QVT*. Porto Alegre: ISMA/BR, 2004.

ARROYO, S. *Astrologia, psicologia e os quatro elementos*. São Paulo: Pensamento, 1985.

BESANT, A. *Dharma*. São Paulo: Pensamento, 1995.

______. *Os ideais da teosofia*. Brasília: Teosófica, 2001.

BLAVATSKY, H. P. *A chave para a teosofia*. Brasília: Teosófica, 1991.

CAPRA, F. *A teia da vida*. São Paulo: Pensamento-Cultrix 1997.

CREMA, R.; D'AMBROSIO, U.; WEIL, P. *Rumo à nova transdisciplinaridade - Sistemas abertos de conhecimento*. São Paulo: Summus, 1993.

DEJOURS, C. *A loucura do trabalho - Estudo de psicopatologia do trabalho*. São Paulo: Cortez/Oboré, 1988.

FADIMAN, J.; FRAGER, R. *Teorias da personalidade*. São Paulo: Harbra, 1986.

FERGUSON, M. *A conspiração aquariana - Transformações pessoais e sociais nos anos 80*. Rio de Janeiro: Record, 1994.

FERREIRA, M. C. "Chegar feliz e sair feliz do trabalho: aportes do reconhecimento no trabalho para uma ergonomia aplicada à qualidade de vida no trabalho". *Anais III Congresso Brasileiro de Psicologia Organizacional e do Trabalho*, Florianópolis, 2008.

FIORAVANTI, C. *A função espiritual do trabalho*. São Paulo: Pensamento, 2000.

FREITAS, A. "Quer ter mais sucesso? Tenha um projeto pessoal". *Revista Galileu*. 2014. Disponível em: <http://revistagalileu.globo.com/Sociedade/Comportamento/noticia/2014/07/quer-ter-mais-sucesso-tenha-um-projeto-pessoal.html>. Acesso em: 23 set. 2014.

HODSON, G. *Os sete temperamentos humanos*. Brasília: Teosófica, 2012.

KRAWULSKI, E. *Evolução do conceito de trabalho através da história e sua percepção pelos trabalhadores*. Dissertação (mestrado em Administração), Universidade Federal de Santa Catarina, Florianópolis, 1991.

KRISHNAMURTI, J. *Sobre o viver correto*. São Paulo: Cultrix, 1987.

______. *Aos pés do mestre*. Brasília: Teosófica, 1999.

LINDEMANN, R. "Discernimento e planejamento existencial". *Revista TheoSophia*, ano 94, out.-dez. 2005.

______. *A ciência da astrologia e as escolas de mistérios*. Brasília: Teosófica, 2006.

Lindemann, R.; Oliveira, P. *A tradição-sabedoria: uma introdução ao estudo comparado das filosofias oriental e ocidental*. Brasília: Teosófica, 2004.

Lisboa, M. D. *Técnica adaptada do trabalho de Job Link, a partir de instruções por Misgley de P. B. Garcia*. São Paulo: edição do autor, 2007.

Ministério do Trabalho e Emprego. *Classificação Brasileira de Ocupações*. Disponível em: <http://www.mtecbo.gov.br/cbosite/pages/home.jsf>. Acesso em: 4 mar. 2015.

Patrício, Z. M. "Introdução". In: Patrício, Z. M.; Casagrande, J. L.; Araújo, M. F. (orgs.). *Qualidade de vida do trabalhador – Uma abordagem qualitativa do ser humano através de novos paradigmas*. Florianópolis: Edição do autor, 1999.

Pfeifer, A. K. *A atitude holística do trabalhador no ambiente de trabalho e sua qualidade de vida*. Dissertação (mestrado em Engenharia de Produção/Ergonomia), Universidade Federal de Santa Catarina, Florianópolis, 2003.

Sampaio, J. R. "O Maslow desconhecido: uma revisão de seus principais trabalhos sobre motivação". *Revista de Administração*, v. 44, jan. 2009.

Seabourne, B. "Jung e a divindade". *Revista Sophia*, n. 53, jan. 2015.

Taimni, I. K. *Autocultura à luz do ocultismo*. Brasília: Teosófica, 1997.

ORIENTAÇÃO OU REABILITAÇÃO PROFISSIONAL? ANÁLISE DAS POSSIBILIDADES DE AÇÃO NA EDUCAÇÃO ESPECIAL

CAMILA DE SOUSA PEREIRA-GUIZZO

7

Introdução

A educação especial é uma modalidade oferecida na educação básica e superior, de jovens e adultos, profissionalizante e indígena. Por meio de diferentes serviços e recursos, busca proporcionar aos alunos com deficiência, transtornos globais de desenvolvimento e altas habilidades/superdotação o ensino e o desenvolvimento de suas capacidades (Brasil, 2008). Em geral, seus princípios estão fundamentados na dignidade e na construção da identidade e da cidadania, fazendo-se respeitar os direitos de igualdade e oportunidade em todos os setores da sociedade, inclusive no mundo do trabalho.

A participação de trabalhadores com deficiência no emprego formal é uma conquista recente, impulsionada sobretudo pelo pós-guerra e pela legislação. Até 1980, a inserção de pessoas com deficiência no mercado de trabalho competitivo era realizada principalmente pelos centros de reabilitação profissional, que tinham um serviço específico de orientação profissional. Após esse período, a colocação profissional de pessoas com deficiência vem ocorrendo por diferentes caminhos – como escolas, instituições especializadas ou até mesmo por meio da autocolocação (Sassaki, 1997).

Nas empresas, as modalidades de inserção de pessoas com deficiência são: a) colocação competitiva – "contratação regular, nos termos da legislação trabalhista e previdenciária, que independe da adoção de procedimentos especiais para sua concretização"; b) colocação seletiva – "contratação regular, nos termos da legislação trabalhista e previdenciária, que depende da adoção de procedimentos e apoios especiais para sua concretização" (Brasil, 2007, p. 35). Os procedimentos especiais envolvem ambiente de trabalho adequado às especificidades, horário flexível, proporcionalidade de salário, entre outras condições especiais para a contratação, devido ao grau da deficiência.

De acordo com os resultados da última Relação Anual de Informações Sociais (Rais), em 2015 foram criados 22 mil novos empregos para pessoas com deficiência. Os vínculos declarados no Rais 2015 referentes às pessoas com deficiência corresponderam a um percentual de 0,84% do total dos vínculos empregatícios. Quanto aos "rendimentos médios das pessoas com deficiência, em 2015, foram de R$ 2.489,74, valor menor que a média dos rendimentos do total de vínculos formais (R$ 2.655,60)" (Brasil, 2015, p. 7).

Ainda que esteja ocorrendo uma expansão nas oportunidades de emprego para pessoas com deficiência, o encaminhamento da população da educação especial para o mercado de trabalho e sua progressão no trabalho devem chamar a atenção de diferentes instituições e equipes envolvidas. A busca da eficiência na inserção laboral e no desenvolvimento profissional de jovens e adultos com deficiência é uma meta que deve ser monitorada constantemente, pois ainda há muitos desafios a ser superados nesse processo. As empresas também devem assumir igualmente a sua parte na promoção de condições favoráveis para o trabalho de pessoas com deficiência.

A fim de discutir as ações da orientação profissional e sua interface com a reabilitação profissional e a educação especial, este capítulo está estruturado nos seguintes tópicos: breve compreensão da reabilitação profissional no Brasil e possibilidades e desafios para o orientador profissional de pessoas com deficiência. Ao final, haverá uma síntese das principais recomendações.

Breve compreensão da reabilitação profissional no Brasil

A demanda inicial de atividades de orientação profissional está relacionada com a seleção profissional e a orientação educacional, tendo surgido no Brasil, em 1924, com o professor Roberto Mange (Melo-Silva e Jacquemin, 2001). A interface orientação profissional e educação especial é um campo relativamente novo, uma vez que, ao longo da história, a população mais atendida pelos orientadores foi de jovens advindos de condições econômicas privilegiadas, e também pelo fato de as pessoas com deficiência terem sido segregadas e desprovidas de seus direitos no passado (Jannuzzi, 2004; Melo-Silva e Jacquemin, 2001).

Para explicar a história da educação da pessoa com deficiência no Brasil, dos primórdios ao início do século XXI, Jannuzzi (2004) esclarece que a educação popular, assim como a especial, foi oferecida em função da necessidade de manutenção do sistema dominante. Essa necessidade de subsistência do sistema dominante e de pessoas disponíveis para o trabalho ajuda a compreender, por exemplo, o surgimento da reabilitação profissional. Os principais registros apontam que a Primeira Guerra Mundial e a exigência de readaptação laboral dos soldados mutilados deram origem a tal serviço (Dakuzaku, 1998).

Desse modo, a legalização da reabilitação profissional é associada principalmente com os acidentes do trabalho e suas consequências, como o aumento de pessoas com deficiência adquirida e a necessidade de reinseri-las no trabalho. A legislação foi promulgada inicialmente no final do século XIX, na Europa. Os serviços de reabilitação foram impulsionados em 1918, no pós-guerra, mas principalmente após a Segunda Guerra Mundial, com a escassez de mão de obra, período no qual o serviço começou a ser oferecido a todos os tipos de deficiência (Dakuzaku, 1998).

No Brasil, como não houve o problema de reintegração dos mutilados de guerra, a legalização da reabilitação profissional teve início com a legislação trabalhista oferecendo tal serviço por meio da Previdência Social (Dakuzaku, 1998). A Lei n. 8213/91 (arts. 89 a 92) declara que a habilitação e a reabilitação profissional devem proporcionar ao

> beneficiário incapacitado parcial ou totalmente para o trabalho, e às pessoas portadoras de deficiência, os meios para a (re)educação e de (re)adaptação profissional e social indicados para participar do mercado de trabalho e do contexto em que vivem. (Martinez, 2001, p. 491)

O encaminhamento para esses serviços é realizado por meio da perícia médica do Instituto Nacional do Seguro Social (INSS).

Martinez (*ibidem*) analisa detalhadamente a legislação, esclarecendo que habilitação não deve ser confundida com reabilitação, pois

> a primeira é a preparação do inapto para exercer atividades, em decorrência de incapacidade física adquirida ou deficiência hereditária. A segunda pressupõe a pessoa ter tido aptidão e tê-la perdido por motivo de enfermidade ou acidente.

Essa reflexão é importante na medida em que o termo "reabilitação" costuma ser mais empregado e a própria legislação da Previsão Social detalha mais as ações de reabilitação do que de habilitação (Martinez, 2001). Dakuzaku (1998, p. 15) também analisa ambos os termos, como um alerta para entendê-los e diferenciá-los no planejamento de programas de preparação para o trabalho, refletindo

> se de fato haveria uma reabilitação ou habilitação, já que uma grande parte da população com deficiência poderia apresentar deficiências congênitas ou adquiridas na infância, anterior à aquisição de habilidades, diferentemente dos acidentados de trabalho.

O programa de reabilitação profissional oferecido legalmente pela Previdência Social aos segurados costuma compreender a avaliação do potencial laborativo, a orientação profissional e a articulação com a comunidade, objetivando o (re)ingresso ao trabalho e o acompanhamento e a pesquisa de fixação no mercado de trabalho (Brasil, 2014). Em seu artigo 1º, a Convenção 159 da Conferência Internacional do Trabalho esclarece que "a finalidade da reabilitação profissional é a de permitir que a pessoa deficiente obtenha e conserve um emprego e progrida no mesmo". No mesmo artigo, reforça-se que "todo País Membro aplicará os dispositivos desta Convenção através de medidas adequadas às condições nacionais e de acordo com a experiência" (Brasil, 1983).

Esse serviço também foi surgindo em outras instituições especializadas do Brasil além da Previdência Social, como escolas especiais, em função da pouca oportunidade de trabalho para as pessoas com deficiência. Destacam-se a atuação inicial de Helena Antipoff, em meados de 1929, com os trabalhos desenvolvidos na agricultura; e instituições que foram nascendo e se estruturando ao longo do tempo, como a Sociedade Pestalozzi, o Sistema Sorri, o Centro Ann Sullivan do Brasil, entre outras que fortaleceram as ações de profissionalização e colocação de pessoas com deficiência no mercado de trabalho (Dias, Melo-Silva e Galvão, 1996; Gonçales, 1999; Ragazzi, 2001).

Dakuzaku (1998) explica as principais etapas da reabilitação profissional, ilustradas na Figura 1.

FIGURA 1. SEQUÊNCIA DAS ETAPAS DE REABILITAÇÃO PROFISSIONAL.

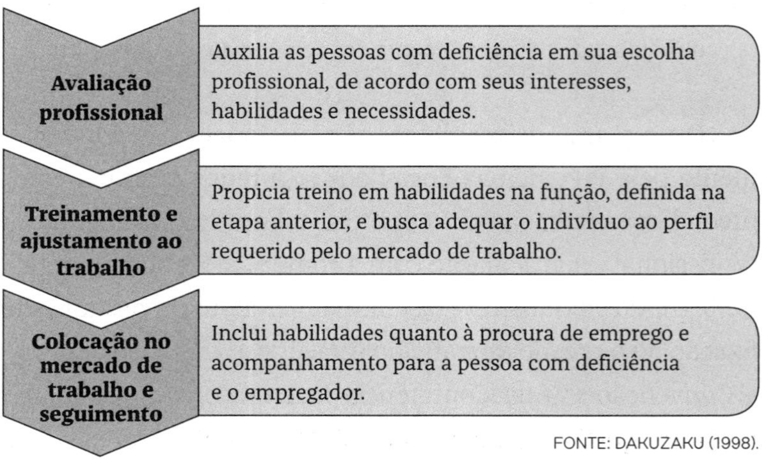

FONTE: DAKUZAKU (1998).

Gonçales (1999) detalha algumas práticas de um programa de reabilitação profissional desenvolvido em uma instituição especializada:

- auxiliar o usuário a identificar e definir a atividade profissional que pretende aprender;
- encaminhar o usuário para avaliação com os membros da equipe multidisciplinar;
- acompanhar o percurso do usuário durante o processo de avaliação;
- estudar as informações advindas das avaliações da equipe multidisciplinar para planejar as intervenções;
- estabelecer os objetivos para o processo de capacitação profissional na atividade escolhida pelo usuário, juntamente com ele e, caso necessário, a família.

Gonçales afirma que a escolha da profissão deve ser foco de atenção para o orientador, uma vez que facilita as demais etapas de treinamento e colocação no mercado de trabalho. No programa, aborda autoconhecimento, informações sobre as profissões e escolha profissional. Além disso, busca incluir "condições iniciais envolvidas no processo de decisão de escolha da carreira, como condições posteriores que se referem à programação de carreiras, ao ajustamento e à realização do projeto profissional" (Gonçales, 1999, p. 11).

Para Cestari e Carlotto (2012, p. 96), o programa de reabilitação profissional deve ser "estruturado para desenvolver atividades terapêuticas e de profissionalização que abrangem a integralidade do indivíduo, fortalecendo-o para lidar e superar as dificuldades impostas". Na prática do INSS, essas autoras esclarecem que, após a avaliação do médico perito, o segurado é encaminhado para o orientador profissional, a fim de investigar perdas funcionais, contraindicações ocupacionais, aptidões e habilidades, experiências profissionais, prognóstico de retorno ao trabalho considerando o mercado de trabalho e motivação do segurado, entre outros aspectos. Após o treinamento, há o retorno ao trabalho.

Em seu estudo, Cestari e Carlotto avaliaram aspectos do trabalhador e do programa de reabilitação profissional de uma agência do INSS de uma cidade do Rio Grande do Sul em seu processo de reinserção laboral na empresa de vínculo. Os principais resultados apontaram a insatisfação de alguns participantes, que sentiram certo descaso por parte da empresa de vínculo, que nem sempre leva em consideração perfil, motivação e interesses do funcionário na readaptação. O retorno ao trabalho inclusive gerou problemas de saúde mental em um dos participantes. A percepção favorável do retorno às atividades foi atribuída ao esforço da parceria estabelecida entre profissionais da equipe do INSS – objetivo definido no programa de reabilitação profissional – trabalhador e empresas.

Outro ponto importante discutido na pesquisa é que a reabilitação profissional deve auxiliar as pessoas a aceitar suas limitações e seu potencial para trabalhar. As autoras (2012, p. 12) concluem:

> É importante uma avaliação criteriosa sobre a atividade a ser realizada pelo trabalhador, análise que deve avaliar não somente suas condições físicas, técnicas e operacionais, mas também suas condições emocionais. As ações devem contemplar uma retoma-

da na trajetória profissional do trabalhador segurado, considerando que sua incapacidade laboral não envolve somente um recomeço a partir de uma sequela física, um retorno à possibilidade de sustento; significa, ademais, a retomada de sua autoestima, identidade, autonomia e inclusão social.

Relatos de pessoas que passaram por programas de reabilitação profissional reforçam a importância desse serviço para o resgate da autoestima e de sua vida nesse período de transição e superação (Domínguez, 2004).

Em outro programa de desenvolvimento interpessoal-profissional para pessoas com deficiência física, aplicado em uma instituição do interior de São Paulo, há o seguinte relato: "*Depois do curso comecei a reavaliar os objetivos que tinha antes do acidente, parecendo que nasci outra vez, com novos sonhos, novos horizontes; enfim, sinto-me com forças para prosseguir e conquistar aquilo que almejo*" (Pereira, 2010, p. 123).

Para as pessoas citadas, assim como para vários trabalhadores que se acidentam ou adquirem uma deficiência, a reabilitação profissional é uma segunda oportunidade por permitir o aprendizado de um novo ofício ou simplesmente pelos efeitos do suporte terapêutico. A participação no programa pode ajudá-los a conhecer outros indivíduos em condição semelhante e que enfrentam de diferentes maneiras as dificuldades impostas por uma doença ou acidente, promovendo espaço de ajuda mútua e vínculos de amizade. Essas implicações socioemocionais podem fortalecer o senso de autoeficácia dessas pessoas, facilitando assim a reintegração ao mundo do trabalho.

Reforçando a atenção psicossocial nesses serviços, Dias, Melo-Silva e Galvão (1996) identificaram os seguintes atendimentos especializados mais necessários aos usuários de um programa de reabilitação profissional da Sorri-Ribeirão Preto, em ordem de importância: psicológico, médico, fonoaudiólogo, pedagógico, fisioterápico, odontológico e terapeuta ocupacional. Esse resultado revela que o fato de o "atendimento psicológico se apresentar como o mais necessário mostra a importância dos serviços de apoio e terapêuticos, exercidos por esse profissional, auxiliando os clientes no processo de ajustamento social" (Dias, Melo-Silva e Galvão, 1996, p. 179).

Portanto, a complexidade das circunstâncias revela que muitas ações precisam ser fortalecidas, repensadas e disseminadas nessa área. Nota-se que as demandas de um orientador profissional ultrapassam o programa de reabilitação do INSS havendo, por isso, oferta e demanda desse tipo de serviço em diversas instituições. Pretende-se a seguir reunir alguns estudos para auxiliar na compreensão das ações relacionadas à orientação profissional de pessoas com deficiência, independentemente da relação com acidente do trabalho, com o intuito de refletir sobre diferentes práticas em diferentes contextos e serviços.

Possibilidades e desafios para o orientador profissional de pessoas com deficiência

Os relatos de pesquisa e experiência são importantes para a socialização de iniciativas e o progresso do conhecimento. Ivatiuk e Yoshida (2010, p. 99) afirmam que em áreas novas do conhecimento, "como são os processos de orientação profissional de pessoas portadoras de deficiência, o compartilhamento das experiências costuma ser uma etapa necessária para o aprimoramento e o desenvolvimento das novas técnicas e estratégias".

Com essa preocupação de obter um panorama geral da orientação profissional de pessoas com deficiência, Ivatiuk e Yoshida (2010) analisaram a produção disponível nas bases de dados nacionais e estrangeiras, no período de 2000 a 2009. Dos trabalhos selecionados, os processos de orientação profissional têm sido realizados na maioria das produções em instituições especializadas (91%). Entretanto, a maior parte dos estudos não forneceu detalhes sobre a natureza desses processos. Daqueles que detalharam os procedimentos, 34% adaptaram técnicas utilizadas com pessoas sem deficiência, enquanto 7% organizaram o processo especificamente para a população com deficiência. Em relação às demandas de atendimento de orientação profissional, as seguintes categorias de análise para o levantamento foram definidas:

- primeira escolha: definição de interesses e potencialidades para entrar no mercado de trabalho;
- inserção profissional: quando a escolha da profissão já foi feita e a pessoa precisa ser preparada para competir no mercado de trabalho;
- reorientação profissional: redefinição da carreira;
- mercado de trabalho: compreensão da realidade do mercado;
- várias: quando mais de uma das categorias anteriores era satisfeita.

Segundo essa busca realizada pelas autoras, a frequência das categorias por atendimento foi: várias (38%), inserção profissional (31%), mercado de trabalho (18%) e primeira escola (13%). A inserção profissional parece ser uma demanda frequente em vista das dificuldades internas e externas ou de tentativas frustradas com que as pessoas com deficiência acabam deparando nessa fase de transição.

Por outro lado, estar empregado também pode suscitar diferentes complicações, criando demandas de atividades para o orientador profissional. A Figura 2 mostra alguns aspectos negativos na opinião de empregados com deficiência.

FIGURA 2. ASPECTOS NEGATIVOS ASSOCIADOS AO TRABALHO.

FONTE: PEREIRA, DEL PRETTE E DEL PRETTE (2008).

O diagnóstico obtido no estudo de Pereira, Del Prette e Del Prette (2008) destaca dificuldades interpessoais e desvalorização profissional como aspectos negativos associados ao trabalho. Essa análise possibilita o planejamento de diversas ações, como:

- O orientador profissional pode atuar promovendo programas para ajudar as pessoas com deficiência a lidar com conflitos interpessoais.
- Quanto à desvalorização, o orientador profissional pode analisar as causas da falta de reconhecimento no trabalho para verificar a necessidade de conscientização dos empregadores acerca do potencial de profissionais com deficiência - que, muitas vezes, podem ser subestimados e subaproveitados nas oportunidades de crescimento na empresa. O orientador pode contribuir desenvolvendo ações educativas, palestras de orientação, consultoria para empresas etc.
- O orientador pode levar às empresas palestras de sensibilização e respeito às condições específicas de cada deficiência, evitando preconceito e disseminando conhecimento e informação, inclusive, sobre as várias possibilidades de trabalho dessas pessoas.
- Quanto ao desgaste e à jornada de trabalho, o orientador pode atuar desenvolvendo habilidades de autocuidado para saber como cuidar da saúde dessas pessoas e equilibrar tais condições próprias com as demandas profissionais.

O orientador profissional também pode atuar nas escolas, seja no ensino médio ou no ensino superior, contribuindo para a formação e escolha profissional e ainda evitando problemas, como evasão escolar, pela dificuldade de alunos com deficiência de se adaptar ou acompanhar o contexto acadêmico. As ações da educação especial, notadamente nas modalidades de educação de jovens e adultos e educação profissional, "possibilitam a ampliação de oportunidades de escolarização, formação para ingresso no mundo do trabalho e efetiva participação social" (Brasil, 2008, p.16).

A desarticulação entre ensino e exigências dos setores produtivos também afeta a educação de pessoas com e sem deficiência. Um dos efeitos dessa falta de integração é que o jovem pode não se sentir "em condições de realizar nenhum trabalho profissional quando completa um ciclo escolar, seja ele em nível de ensino médio, profissionalizante ou mesmo a universidade", como afirma Soares (2002, p. 58).

Considerando que o objetivo final da educação é a preparação para o trabalho, o orientador profissional deve contribuir para a formação dos alunos, articulando com o ensino regular diversas estratégias capazes de considerar suas particularidades e seus interesses profissionais. Para tanto, é preciso conhecer as diferentes modalidades de trabalho para as pessoas com deficiência, que, segundo o Ministério do Trabalho e Emprego, podem ser: por conta própria, oficina protegida de produção, oficina protegida terapêutica e contratação regular (Brasil, 2007). Esse reconhecimento pode ajudar na orientação da modalidade que melhor atende o perfil da pessoa e o grau de sua deficiência.

A cultura de respeito à diversidade também deve ser propagada desde o início da escolarização como medida de prevenção à violência e de educação em direitos humanos. Conforme a política nacional (Brasil, 2008), a educação especial na perspectiva da educação inclusiva deve fazer parte da proposta pedagógica das instituições de ensino. A incorporação dessas ações e desses valores é importante para a quebra gradativa de paradigmas e a construção de novas concepções sobre o conceito de deficiência, bem como para a erradicação do preconceito e da discriminação.

Assim, nos processos de aprendizagem, uma sugestão para trabalhar o combate ao preconceito e a promoção da inclusão é a análise de filmes. Nessa perspectiva, recomenda-se o longa "De porta em porta" (tradução em português), dirigido por Steven Schachter (EUA, 2002). Trata-se de um retrato verdadeiro da vida pessoal e profissional de um homem com paralisia cerebral, Bill Porter, que se esforça para trabalhar como vendedor. Ele caminhava 16 quilômetros todos os dias para vender e entregar as encomendas. Mesmo com todas as dificuldades e a necessidade de superar desafios pessoais e profissionais, Bill Porter consegue ser bem-sucedido na carreira, trabalhando como vendedor por mais de 40 anos.

Interessante também ressaltar que o filme permite analisar cenas em que Bill Porter, por diversas vezes, deparava com situações peculiares de seus clientes (estilo de vida, orientação sexual etc.) e conseguia demonstrar respeito à diversidade. Essas cenas podem ser aplicadas como estratégias de ensino para ajudar na formação de pessoas e profissionais capazes de assumir uma postura ética, sabendo respeitar a igualdade de direitos, valorizando as diferenças e posicionando-se contra qualquer forma de violência – seja moral, psicológica, física ou material (Pereira e Del Prette, 2007).

Assim, nota-se que os serviços e os diferentes recursos e estratégias que compõem essas ações são fundamentais para a promoção do desenvolvimento profissional e a proteção dos direitos humanos dos trabalhadores com deficiência. Esses serviços devem ser reconhecidos e disseminados na sociedade a fim de ampliar o número de indivíduos beneficiados e as políticas públicas voltadas para as pessoas com deficiência.

Considerações e recomendações finais

Este capítulo buscou mostrar que a orientação profissional de pessoas com deficiência pode contemplar as diferentes técnicas e possibilidades de demanda, como escolha profissional, inserção no mercado de trabalho, aconselhamento de carreira e até aposentadoria. O orientador tem um campo vasto de atuação, podendo facilitar esse processo e contribuir para a inclusão da população da educação especial no contexto escolar, social e profissional.

Embora os direitos das pessoas com deficiência tenham ampliado a acessibilidade, estas ainda encontram diversas barreiras para se preparar, se inserir no mercado de trabalho e progredir na carreira. Assim, avaliar as oportunidades e as condições especiais de cada deficiência, explorar o detalhamento das técnicas e dos procedimentos condizentes com cada necessidade e objetivo e, ainda, ter embasamento teórico e prático é fundamental para a orientação profissional de pessoas com deficiência.

Para finalizar, é importante reforçar aos estudantes e estagiários que estão em processo de formação nessa área que o orientador profissional precisa estar atento às mudanças econômicas e políticas e acompanhar as tendências do mercado de trabalho. Além disso, ele deve ser ético e responsável, buscar o autoconhecimento, evitar qualquer tipo de preconceito e discriminação e aprimorar constantemente suas competências técnicas e humanas para o exercício dessa atuação.

Referências

BRASIL. *Convenção sobre Reabilitação Profissional e Emprego de Pessoas Deficientes*. Brasília: Seesp, 1983. Disponível em: <http://portal.mec.gov.br/seesp/arquivos/pdf/confer_trab.pdf>. Acesso em: 3 maio 2017.

______. *A inclusão de pessoas com deficiência no mercado de trabalho*. Brasília: Ministério do Trabalho e Emprego, 2007.

______. *Política nacional de educação especial na perspectiva da educação inclusiva*. Brasília: MEC, 2008.

______. *Relação Anual de Informações Sociais 2015: análise dos principais resultados*. Brasília: Ministério do Trabalho, 2015. Disponível em: <http://pdet.mte.gov.br/rais?view=default>. Acesso em: 1º mar. 2017.

______. *Legislação* (on-line). 2014. Disponível em: <http://www.planalto.gov.br>. Acesso em: 3 maio 2017.

CESTARI, E.; CARLOTTO, M. S. "Reabilitação profissional: o que pensa o trabalhador sobre sua reinserção". *Estudos e Pesquisas em Psicologia*, v. 12, 2012, p. 93-115.

DAKUZAKU, R. Y. *De deficiente a trabalhador: reabilitação profissional na perspectiva da pessoa com deficiência – Um estudo de caso*. Dissertação (mestrado em Engenharia de Produção), Universidade Federal de São Carlos, São Carlos, 1998..

DIAS, T. R. S.; MELO-SILVA, L. L.; GALVÃO, S. F. "Um serviço de reabilitação profissional: reflexões sobre as características e os tipos de deficiência e seus usuários". In: GOYOS, C.; ALMEIDA; M. A.; SOUZA, D. G. (orgs.). *Temas em educação especial*. São Carlos: Edufscar, 1996, p. 167-83.

DOMÍNGUEZ, M. "Readaptación profesional, la vuelta al trabajo". *Minus-Val*, v. 146, 2004, p. 60-63.

GONÇALES, N. M. V. *A escolha profissional do indivíduo com deficiência mental: uma análise documental*. Dissertação (mestrado em Educação Especial), Universidade Federal de São Carlos, São Carlos, 1999.

IVATIUK, A. L.; YOSHIDA, E. M. P. "Orientação profissional de pessoas com deficiências: revisão de literatura (2000-2009)". *Revista Brasileira de Orientação Profissional*, v. 11, 2010, p. 95-106.

JANNUZZI, G. M. *A educação do deficiente no Brasil: dos primórdios ao início do século XXI*. Campinas: Autores Associados, 2004.

MARTINEZ, W. N. *Comentários à Lei Básica da Previdência Social*. 5. ed. São Paulo: LTR, 2001.

MELO-SILVA, L. L.; JACQUEMIN, A. *Intervenção em orientação vocacional/profissional – Avaliando resultados e processos*. São Paulo: Vetor, 2001.

PEREIRA, C. S. *Programa de habilidades sociais profissionais para pessoas com deficiência física desempregadas: necessidades, processo e efeitos*. Tese (doutorado em Educação Especial), Universidade Federal de São Carlos, São Carlos, 2010.

PEREIRA, C. S.; DEL PRETTE, A. "Vendedor com paralisia cerebral bem--sucedido: análise de um filme na perspectiva das habilidades sociais". *Revista Brasileira de Orientação Profissional*, v. 8, 2007, p. 87-91.

PEREIRA, C. S.; DEL PRETTE, A.; DEL PRETTE, Z. A. P. "Qual o significado do trabalho para as pessoas com e sem deficiência física?" *Psico-USF*, v. 13, 2008, p. 105-14.

RAGAZZI, C. L. M. *Emprego com apoio: alternativa viável para inserção de pessoas com deficiência mental no mercado de trabalho?* Dissertação (mestrado em Educação Especial), Universidade Federal de São Carlos, São Carlos, 2001.

SASSAKI, R. K. *Inclusão - Construindo uma sociedade para todos.* Rio de Janeiro: WVA, 1997.

SOARES, D. H. P. *A escolha profissional - Do jovem ao adulto.* São Paulo: Summus, 2002.

ORIENTAÇÃO PROFISSIONAL CURRICULAR: UM MODELO POSSÍVEL

ANNA KELLY FRAXE TIZIANEL FROTA

8

Introdução

Escolha e orientação profissional nem sempre caminham juntas, afinal muitas pessoas decidem sobre seu futuro profissional sem contar com a ajuda de um serviço de orientação nessa área do conhecimento. Porém, é impossível pensar em OP sem refletir sobre a escolha e o que a envolve. Ao pensar na relação entre escolha e orientação profissional, principalmente no que tange ao conceito de cada uma, a palavra "processo" marca um forte elo entre ambas.

A escolha profissional apresenta-se como uma necessidade (Soares-Lucchiari, 1992) cada vez mais cedo na vida de muitos jovens e não pode ser entendida de maneira isolada, descontextualizada, mas como um *processo* contínuo e composto por uma série de decisões tomadas ao longo de vários anos da vida (Filomeno, 2005). Escolher uma profissão não é somente decidir o que fazer, mas, sobretudo, decidir quem ser (Filomeno, 2005; Neiva, 2013). Escolher uma ocupação é também escolher um estilo de vida, um modo de viver.

Já a orientação profissional, segundo Ribeiro (2011), é um *processo* de ajuda de caráter mediador e cooperativo entre um profissional preparado teórica e tecnicamente, com as competências básicas exigidas e desenvolvidas para um orientador profissional, e um sujeito ou grupo de sujeitos que necessite de auxílio à elaboração e consecução do seu projeto de vida profissional/ocupacional, contando com todos os aspectos envolvidos do seu comportamento vocacional (conhecimento de seu processo de escolha, autoconhecimento, conhecimento do mundo do trabalho e dos modelos de elaboração de projetos).

Tanto a escolha quanto a orientação profissional, entendidas segundo essa perspectiva de *processo*, estabelecem entre si e com o indivíduo um envolvimento temporal e contínuo. Se as mudanças advindas do passar dos anos são uma certeza da vivência humana, é extremamente compreensível que as nossas escolhas também possam mudar e, portanto, que a forma de orientar/trabalhar escolhas e mudanças seja adaptada segundo o momento de vida da pessoa que busca essa ajuda.

Entre as formas de acompanhar o ser humano ao longo de toda a sua vida profissional, a orientação se apresenta como possibilidade desde a primeira escolha, passando por planejamento de carreira, possíveis mudanças de profissão, desemprego e recolocação, incluindo o momento de pensar na aposentadoria e se aposentar, ou seja, na construção de projetos profissionais diversos.

Entre todos esses públicos de orientação profissional já mencionados, os adolescentes ganham destaque também pela culminância do momento: são muitas mudanças ao mesmo tempo. As transformações físicas, cognitivas, afetivas e sociais são bem características dessa fase que desestrutura para restruturar e em que o início da constituição da identidade adulta é um destaque. Nesse turbilhão, o adolescente deve desenvolver seu projeto profissional e dar adeus à escola, o lugar onde esteve diariamente por quase toda a sua vida até então. A adolescência é uma fase tão marcante e cheia de nuanças que, não raro, nos processos de orientação com o público adulto muito se ouve sobre quanto esse momento inicial de escolha deu um tom positivo ou negativo a outros que se seguiram ao longo da vida profissional daquela pessoa.

Ao falarmos de jovens e escolha profissional, é impossível, dentro de nosso recorte social e cultural, não mencionar as instituições escolares. A escola é um espaço onde o aluno desenvolve potencialidades afetivo-cognitivas e sociais; seu objetivo seria não só fornecer conhecimentos teóricos como preparar para o trabalho (Soares-Lucchiari, 1992). A escola, segundo Affonso e Sposito (2005), tem o papel de despertar interesses pelas diferentes áreas do conhecimento, por meio de experiências e atividades, fazendo que esse jovem conheça e se reconheça cada vez mais, apropriando-se aos poucos, de forma independente e amadurecida, de sua escolha em relação a uma multiplicidade de carreiras, constituindo-se assim como mais um referencial na construção da escolha profissional dos adolescentes. Portanto, a escola ocupa o melhor e mais abrangente lugar, possível a todos os alunos, para a viabilização da orientação vocacional e profissional dos jovens (Oliveira, 2000).

O trabalho precisa ser encarado como um componente educativo que deve estar incorporado à prática pedagógica. A escola que se propõe a ocupar o espaço de um novo nexo entre educação e trabalho busca, portanto, propiciar conhecimentos necessários à compreensão do homem em todas as suas dimensões (Crestani, 2010). Conforme Soares-Lucchiari (1992) explicitou, de forma geral as escolas não oferecem atividades sistemáticas de informação e orientação ocupacional/profissional, embora muitas afirmem estar realizando um trabalho nessa área. A não apropriação das instituições escolares do papel que também lhes pertence - no caso, a preparação do jovem para o trabalho - pode ser explicada por razões históricas, econômicas, sociais e até pela falta de modelos, como exemplificado por Uvaldo e Silva (2010).

As práticas descritas como de OP no ambiente escolar são diversas, mas há uma diferença entre ações pontuais sobre o tema e ter, de forma integrada às práticas da instituição, a preparação para o mundo do trabalho como essencial. Muitas vezes, o processo de OP é realizado por meio de ações de contraturno, optativas, competindo com atividades diversas e com os horários de estudo. Apresentam-se ainda nesse perfil mais comum do trabalho de orientação nas escolas aplicação de testes, palestras de profissionais e feiras informativas sobre profissões. Na maioria, as ações oferecidas nas escolas enfocam somente a escolha de um curso universitário e não abrangem uma atuação educativa e emancipadora, além de não ocupar, de fato, o mesmo destaque que a temática tem na vida dos jovens hoje. Apesar de a contextualização do presente relato estar direcionada à realidade de escolas particulares, o cenário nas instituições públicas é ainda mais desafiador quando avaliado também pela ausência de políticas públicas de orientação profissional e preparação para o mundo do trabalho.

Dentro da realidade escolar há ainda o fator vestibular, vivenciado como um momento crítico, gerador de ansiedade e tensão. Os resultados das seleções para o ensino superior são usados como parâmetro para definir se uma escola é ou não uma instituição de resultados. Nesse contexto, o processo de orientação profissional pode servir como suporte às questões que esse momento desperta. Porém, é fundamental que o orientador esteja atento para não pressionar o orientando por aprovações ou, indiretamente, apoiar a ideia de fracasso unicamente individual, ajudando a culpabilizar o jovem por questões do âmbito econômico, político e social – como a falta de vagas e as dificuldades de acesso ao ensino superior. Afinal, se entendermos o processo de vestibular como a seleção dos jovens já selecionados socialmente, como afirma Bianchetti (1996), amplia-se a discussão sobre o limbo histórico de exclusão criado e mantido há séculos.

Com o Exame Nacional do Ensino Médio (Enem), outra peculiaridade vem gerando preocupação nos profissionais que atuam diretamente com os adolescentes nessa fase: a escolha profissional por pontos. A escolha do curso, com o Enem e o acesso ao Sistema de Seleção Unificada (Sisu), é posterior às provas, não mais ocorrendo no ato da inscrição, como ainda acontece em vestibulares tradicionais. O que pode ser um fator positivo, já que o jovem tem mais tempo para decidir, também é motivo de preocupação, visto que esse jovem que acessa o Sisu com determinada pontuação, ao não obter pontos suficientes para lograr aprovação no curso de primeira opção, escolhe outro para o qual seus pontos são suficientes com o objetivo de ser aprovado em "algo" e/ou estar na universidade o mais breve possível.

A orientação profissional, tão múltipla e cheia de possibilidades, pode estar a serviço de diversos interesses, além de contribuir em diversos aspectos para a manutenção de cristalizações sociais. Nesse sentido, faz-se necessário, a fim de conduzir um processo, um orientador preparado em teoria e prática para atuar de forma crítica. Lehman (2010) diz que o papel do orientador profissional é o de resgatar o indivíduo das tendências de valor de uso (vínculo alienado), dando sentido à relação do indivíduo com seu trabalho, assim como o de lhe devolver as atividades que produzem efeitos sobre o mundo e seguidas por um reconhecimento próprio - ou seja, pelo reconhecimento e pela recuperação daquilo que é criado. Contribuindo com a discussão, Bohoslavsky (1977) completa que somente quando o profissional tiver uma identidade profissional amadurecida poderá oferecer ao adolescente a oportunidade de confrontar fantasia e realidade, mundo interior e exterior, atribuições e depositários. Para conhecer o adolescente, mesmo que em parte, visando facilitar seu processo de escolha profissional, o psicólogo deve compartilhar seu mundo.

Contextualizando a instituição

O Ensino Médio Invictus (EMI), instituição de ensino particular localizada na cidade de São Luís (MA), iniciou suas atividades no ano de 2013 e constituiu-se com a proposta de atuar exclusivamente direcionada para o jovem aluno do ensino médio na preocupação com as suas questões, o seu momento e o seu futuro. Apesar de seu início recente, sua direção-geral atua desde 1984 com uma escola de educação infantil e ensino fundamental.

O Serviço de Orientação Profissional (SOP) do EMI nasceu junto com a escola e desde a primeira semana de aulas os alunos têm contato com a orientação profissional curricular.

Em 2015, o EMI ampliou sua estrutura e seus serviços com mais uma unidade, na mesma cidade, e aumentou seu quadro de orientadores profissionais, passando a contar com a atuação de duas profissionais, uma para cada unidade, ambas graduadas em Psicologia e formadas pelo Curso de Formação em Orientação Profissional e de Carreira - A facilitação da escolha, do Instituto do Ser - Orientação Profissional e de Carreira. O presente relato refere-se ao período de 2013 a 2015. A partir de 2016, a equipe de orientação profissional foi alterada em virtude de novos projetos das antigas orientadoras.

A estruturação de um modelo possível

O modelo de orientação profissional curricular desenvolvido no EMI foi pensado e planejado, inicialmente, com base em três pressupostos valorativos: o respaldo bibliográfico no que diz respeito aos pilares básicos do trabalho de orientação profissional; os modelos existentes e publicados de intervenção curricular; e as expectativas da instituição de ensino com relação ao trabalho a ser desenvolvido. Sobre o último ponto, vale o destaque para duas orientações da direção da escola: a felicidade como valor de construção pessoal e intransferível; e o "saber escolher" como um diferencial do aluno EMI - leia-se o "saber escolher" de forma mais ampla e não somente relacionado à escolha profissional.

Do projeto inicial muito foi alterado, ajustado e adaptado, contando com o acréscimo de mais duas relevantes formas de contribuição para a estruturação atual: as avaliações dos alunos e as contribuições de orientadores profissionais diversos nos momentos de discussões empreendidas em congressos, formações e cursos onde o modelo foi apresentado.

Objetivos

PRINCIPAL: possibilitar que o aluno, considerando seus conhecimentos sobre si e a realidade que o cerca, faça escolhas profissionais alinhadas com o seu projeto de vida.

SECUNDÁRIOS: incentivar o olhar positivo do aluno para os encontros de orientação profissional como um espaço de crescimento pessoal e profissional; promover autonomia, incentivando o aluno a caminhar rumo ao protagonismo na sua vida e nas ações para a construção do seu futuro; estimular o aluno a se apropriar do seu processo de escolha, permitindo que ele identifique quando, como, onde e por que faz escolhas e que influências estão relacionadas à sua tomada de decisão; favorecer a ampliação do autoconhecimento trabalhando consciência de si, história de vida, identidade, personalidade, valores e estimulando uma maior percepção sobre a sua relação com o outro; promover uma reflexão crítica acerca de temas pertinentes ao mundo do trabalho, implicando o aluno dentro e fora dos seus contextos; facilitar o contato do aluno com a informação e a realidade profissional por meio de momentos lúdicos e vivenciais.

Organização

As aulas tinham frequência semanal, com duração de 50 minutos, dentro da grade horária das turmas de primeira, segunda e terceira série do ensino médio, resultando cerca de 40 encontros por ano. Os alunos contavam ainda com a profissional disponível quatro horas semanais para atendimentos individuais focados na orientação profissional. Os alunos da primeira e segunda série eram agendados quando procuravam o atendimento individual ou por solicitação da orientadora profissional. Já os da terceira série tinham um horário semanal com a orientadora, podendo solicitar mais encontros se fosse de seu interesse ou por solicitação da orientadora. O atendimento com alunos da terceira série tinha um caráter de devolutiva e avaliação de todo o processo até aquele momento.

Avaliação

O processo de avaliação não gerava nota e tinha o objetivo principal de servir como base para melhorias. A avaliação acontecia no final do ano e estava estruturada em duas partes: autoavaliação e avaliação do processo de orientação profissional (aulas, metodologia e profissional).

Material

O *Guia do Estudante - Profissões* da editora Abril foi solicitado na lista de materiais do começo do ano. Além do valor financeiro acessível, trata-se de um guia atualizado anualmente com novos cursos e rankings das instituições de ensino. As atividades e os textos eram reproduzidos pela escola.

Estratégias didáticas

Aulas expositivas e dialogadas, debates, dinâmicas, textos, seminários, painéis, entrevistas, arte coletiva, pinturas, massa de modelar, vídeos, filmes e música.

Programação comum a todas as séries do ensino médio

Construção das "cartas para o futuro" e sua abertura no final do ano letivo; Escala de Maturidade para a Escolha Profissional (Emep), aplicada no início e no final do ano; orientações sobre o processo de estudos; encontros com os pais/responsáveis; construção de um gráfico de interesse profissional logo no início de cada ano, para acompanhamento; orientações para vestibulares e Enem, com informações gerais e datas; acompanhamento de metas e planos estabelecidos pelos alunos; temas-chave de acordo com datas comemorativas importantes - por exemplo, no Dia Internacional da Mulher eram trabalhadas as questões de gênero e escolha profissional; jogos de informação profissional (baralho das profissões, stop das profissões, profissiogame e torta na cara das profissões); avaliação das metas e dos planos no final do ano; avaliação geral: autoavaliação, avaliação do conteúdo, metodologia, orientador profissional e relevância do processo de OP.

Programação de cada série do ensino médio

1ª série - Processo de escolha, autoconhecimento e informação profissional. Adaptação ao novo momento escolar do ensino médio; alinhamento de expectativas: o que esperam de mim, o que eu quero oferecer e o que eu posso oferecer; a orientação profissional como um processo; a construção de um projeto de vida; a importância de saber escolher de acordo com as próprias questões e com a realidade; como eu escolho?; ser adolescente; adolescência; minha história; eu comigo; diálogos internos; autoestima; eu e a minha família; entrevista com familiares; geneprofissiograma; eu em grupo;

eu e a sociedade; influência e independência; valores; atitudes para o amadurecimento da escolha: determinação, responsabilidade e independência.

2ª série – Mundo do trabalho. Conceituando e contextualizando o trabalho; o trabalho que adoece e o trabalho que gera saúde; mercado de trabalho e mundo do trabalho; o trabalho que constrói e transforma; mitos e status profissional; educação profissional: conceitos e estrutura; profissões, ocupações e o Catálogo Brasileiro de Ocupações (CBO); profissional e trabalho: possíveis relações; profissional liberal, autônomo, empregado, trabalho informal; retornos do trabalho; retorno financeiro: salário e impostômetro; construção de currículo; simulação de um processo seletivo; empregabilidade e empreendedorismo; esboço do projeto de vida.

3ª série – Preparação para desafios. Revisão e/ou estruturação do projeto de vida; Coleção AIP - Avaliação dos Interesses Profissionais, da editora Vetor, e critérios para a escolha; início das conversas individuais; levantamento de possibilidades pós-ensino médio; a vida pós-escola; o valor dos sonhos; guia para a escolha da instituição de ensino; guia para o primeiro emprego; estresse; ansiedade; lidando com pressões; preparação para processos seletivos, vestibular e Enem; o pós-vestibular; despedida e aula da saudade.

Projeto e ações extraclasse

A orientação profissional se apresenta com tantas possibilidades que os projetos eram uma constante no SOP do EMI.

- Plantão do Sisu. Durante toda a semana de abertura do Sistema de Seleção Unificada (Sisu), o SOP ficava de plantão para conversar com alunos e ex-alunos sobre dúvidas e estratégias. A participação era voluntária e a procura duplicou de 2014 para 2015.
- Projeto sombra. Os alunos eram convidados a acompanhar um dia de trabalho de um profissional que atua na área de seu interesse. Eles buscavam o profissional com o apoio da família e depois compartilhavam a experiência com a turma na forma de apresentação. Projeto desenvolvido com os alunos da segunda série.
- CINE OP. Os filmes são grandes aliados no objetivo de fomentar discussões, além de proporcionar mais um momento de convivência. A equipe do SOP organizava duas vezes ao ano, uma em cada semestre, o CINE OP. O filme escolhido abordava temáticas sobre a escolha profissional, a influência familiar e o mundo do trabalho. A exibição era seguida de um bate-papo mediado por profissionais convidados.
- OP Tour. As visitas às instituições de ensino técnico e superior no EMI ganharam o nome de OP Tour. Durante o ano, os alunos eram convidados a visitar algumas instituições com a equipe de orientação profissional da escola. O OP Tour não era obrigatório e contava com as inscrições dos alunos interessados.
- Ciclo de conversas profissionais (CCP). Projeto que promovia encontros de profissionais de áreas afins para que os estudantes pudessem dialogar sobre as diferenças de atuação – por exemplo, um psiquiatra, um psicólogo e um psicanalista. Apesar desse diferencial, o CCP também contava com conversas exclusivas de um pro-

fissional com os jovens. A participação era aberta a todos os alunos da primeira até a terceira série.

Compartilhando alguns desafios

Para registrar informações que emergiram do trabalho, sistematizar as experiências envolvidas no serviço de Orientação Profissional Curricular e avaliar impressões e resultados, a ferramenta escolhida foi o Diário de Campo, feito pelo profissional que conduziu a prática. Redigidos pela orientadora profissional que coordenava as atividades, os Diários foram organizados em três etapas: registro do planejamento, registro de como a prática aconteceu e percepções do profissional sobre esta.

Após a leitura, análise e organização das informações retiradas dos Diários, uma lista de desafios foi estruturada e apresentada, segundo a ordem em que as situações apareceram.

Os escassos modelos e registros sobre a prática da orientação profissional no currículo

O primeiro desafio encontrado aconteceu na fase de pesquisa inicial para a construção da proposta de atuação, em parte pela escassez da prática, em parte pela falta de registro e divulgação do que já é feito na área. O que se pôde encontrar a respeito da orientação profissional curricular se resumiu a textos sobre a sua importância e possibilidades, mas pouco sobre a prática em si.

A sala de aula e suas exigências

A orientação profissional em sala de aula no formato obrigatório e curricular tem suas peculiaridades e exige uma atuação diferente da realizada com grupos em outros ambientes, como os que acontecem na clínica. Há, inclusive, uma acentuada diferença entre a orientação profissional realizada em espaço de sala de aula no contraturno e a relatada neste capítulo. As questões envolvidas são diversas e vão desde indisciplina até o maior aproveitamento de tempo e espaço. Para o orientando, o orientador profissional em sala de aula desempenha de forma curricular um papel equivalente ao do professor, figura que representa histórica e socialmente esse espaço. Por meio da análise dos Diários de Campo, percebe-se claramente um período de adaptação do profissional que está em sala de aula com os alunos semanalmente durante todo o ano letivo, porém sem provas e notas, entre outras exigências, como acontece com as outras disciplinas. Por outro lado, há a adaptação do orientador às regras e normas institucionais que se relacionam diretamente com o seu fazer no espaço da sala de aula e as questões de indisciplina. Outro desafio recorrente nos relatos diz respeito à otimização do tempo dos encontros para a quantidade de alunos, geralmente o dobro ou mais do que em grupos de orientação profissional que acontecem em outros espaços.

A dupla atuação: psicóloga escolar e orientadora profissional

Durante o primeiro ano de atuação como orientadora, a profissional em questão também atuava como psicóloga escolar da instituição. As avaliações dos relatos durante esse período permitiram apreender que uma atuação implicou a outra, mas nem sempre de forma positiva. Sobre os aspectos negativos, o fato de a atuação em sala de aula como orientadora muitas vezes exigir um controle maior da disciplina e uma ordem que não raramente contrariava interesses de alunos ou de grupos de alunos foi relatada por alguns estudantes como fator que os distanciava da figura da psicóloga escolar e de sua atuação. A partir do segundo ano, o serviço de psicologia escolar foi ocupado por outra profissional.

O início recente da instituição

Os dois anos de registro do Diário de Campo correspondem aos dois anos iniciais da instituição de ensino, ou seja, a Orientação Profissional Curricular no EMI se confunde com a própria história da escola. Não foram poucos os relatos registrados que configuravam desafios já trabalhados ou a ser superados, porém a grande maioria desses desafios diz respeito à construção contínua do fazer da orientação profissional em alinhamento com a instituição que também está se alicerçando para crescer. Os desafios que decorrem desse início dizem respeito aos ajustes da proposta do processo de orientação profissional com a proposta da instituição, dos espaços da escola a ser utilizados e explorados, dos projetos e eventos que contribuem para a ampliação da OP, dos próprios processos institucionais, da sensibilização da equipe e das possibilidades de inovação.

Desconhecimento com relação ao trabalho de orientação profissional

Com as impressões e experiências listadas nos Diários de Campo, foi perceptível quanto a orientação profissional precisa avançar no que tange à conscientização daquela população sobre o seu fazer e o seu papel. Os desafios referentes ao desconhecimento estão estruturados em diversas questões, como: pais/responsáveis acreditando que seriam aplicados somente testes aos alunos ou solicitando que isso acontecesse; pais/responsáveis questionando a quantidade de horas/aulas investidas em uma prática que, segundo eles, poderia ser opcional; pais/responsáveis solicitando auxílio para convencer alunos de que carreiras mais conhecidas e historicamente priorizadas seria o melhor caminho a ser seguido, ou pedindo mais foco em processos seletivos como vestibulares e Enem; pais/responsáveis questionando a necessidade de orientação profissional para alunos de primeira e segunda séries do ensino médio, já que, segundo eles, a escolha se dá somente na terceira série; e professores e equipe pedagógica em dúvida sobre como participar, contribuir de forma efetiva ou trabalhar transversalmente a temática trabalho. Essa avaliação serviu de base para o desenvolvimento de rodas de conversa com familiares e docentes sobre o trabalho desenvolvido.

O autoconhecimento na era da superexposição

A orientação profissional curricular no modelo descrito conta com um acompanhamento dos orientandos pouco vivenciado pelos orientadores profissionais em geral. Esse acompanhamento pode chegar a três anos, o que permite um crescimento relevante da questão vocacional-ocupacional. Toda essa possibilidade tem um fator limitador: o receio de exposição do jovem em sala de aula, agravado pelo *bullying* e pela superexposição nas redes sociais e na internet em geral. Ao constatar, por meio dos registros das aulas, uma contínua baixa participação, realizou-se um levantamento com os alunos. Este apontou o receio de se expor diante dos colegas e o medo das consequências dessa exposição. Com base nessa realidade, foram trabalhados diversos momentos para abordar ética nas relações, superexposição, *bullying* e *cyberbullying*, além de crimes na internet. A melhora nas relações e o aumento da qualidade das participações foram relevantes.

Considerações finais

O registro e a divulgação das práticas de orientação profissional contribuem para a discussão sobre essa área do conhecimento, bem como a troca de experiências dos profissionais na construção de novas formas de atuação. A experiência relatada está diretamente relacionada à necessidade de explorar, sistematizar e divulgar o fazer da orientação profissional curricular. Freire (1997), de forma assertiva, apontou que programar e avaliar não são, contudo, momentos separados um à espera do outro, mas em permanente relação. O planejamento inicial pode e deve sofrer alterações à luz das primeiras avaliações. Avaliar deve ser inerente a fazer; avaliar implica, quase sempre, reprogramar, reajustar, retificar. Assim, o objetivo deste capítulo foi disponibilizar, para discussão e melhoria, uma prática que merece ser explorada pelas intuições escolares e profissionais, principalmente pela abrangência, pelo acompanhamento e pelo caráter preventivo no processo de desenvolvimento profissional de futuros adultos.

Referências

AFONSO, R. M. L.; SPOSITO, L. L. "Oficinas de orientação profissional no contexto escolar: a construção de um modelo". In: LASSANCE, M. C. P. *et al.* (orgs.). *Intervenção e compromisso social - Orientação profissional: teoria e técnica.* v. 2. São Paulo: Vetor, 2005.

BIANCHETTI, L. *Angústia no vestibular - Indicações para pais e professores.* Passo Fundo: EDIUPF, 1996.

BOHOSLAVSKY, R. *Orientação vocacional - A estratégia clínica.* São Paulo: Martins Fontes, 1977.

CRESTANI, R. A. "Orientação profissional na escola privada". In: LEVENFUS, R. S.; SOARES, D. H. P. *Orientação vocacional ocupacional.* 2. ed. Porto Alegre: Artmed, 2010.

FILOMENO, K. *Mitos familiares e escolha profissional - Uma visão sistêmica.* São Paulo: Vetor, 2005.

FREIRE, P. *Professora sim, tia não - Cartas a quem ousa ensinar.* São Paulo: Olho D'Água, 1997.

LEHMAN, Y. P. "Orientação profissional na pós-modernidade". In: LEVENFUS, R. S.; SOARES, D. H. P. (orgs.). *Orientação vocacional ocupacional.* 2. ed. Porto Alegre: Artmed, 2010.

NEIVA, K. M. C. *Processos de escolha e orientação profissional.* 2. ed. São Paulo: Vetor, 2013.

OLIVEIRA, O. B. "A orientação vocacional e profissional no ensino médio: a possibilidade de um pensamento global". In: LISBOA, M. D.; SOARES, D. H. P. (orgs.) *Orientação profissional em ação - Formação e prática de orientadores.* São Paulo: Summus, 2000.

RIBEIRO, M. A. "Orientação profissional: uma proposta de guia terminológico". In: RIBEIRO, M. A.; MELO-SILVA, L. L. *Compêndio de orientação profissional.* v. 1, São Paulo: Vetor, 2011.

SOARES-LUCCHIARI, D. H. P. (org.). *Pensando e vivendo a orientação profissional.* São Paulo: Summus, 1992.

UVALDO, A. C. C.; SILVA, F. F. "Escola e escolha profissional: um olhar sobre a construção de projetos". In: LEVENFUS, R. S.; SOARES, D. H. P. (orgs.). *Orientação vocacional ocupacional.* 2. ed. Porto Alegre: Artmed, 2010.

PARTE 3

ANOS UNIVERSITÁRIOS: JUVENTUDE E CARREIRA

JUVENTUDES: SENTIDOS DO TRABALHO E O PROCESSO DE ESCOLHA PROFISSIONAL

REGINA CÉLIA BORGES

09

A pesquisa e seus objetivos

A questão da juventude tem emergido como temática expressiva, com o propósito de discutir políticas públicas ou problematizar questões relativas ao trabalho/emprego para esse grupo, em amplitude mundial (León, 2005). Buscar compreender o que é ser jovem no século XXI é deparar com as inconsistências, ambivalências e contradições presentes na categoria, assim como com aspectos acentuados num cenário de capitalismo globalizado, circunscrito pelas novas tecnologias de comunicação e informação (Ibase, 2010).

No cenário atual, os jovens se tornam, numericamente falando, protagonistas, perfazendo quase 20% da população mundial. As definições sobre a categoria juventude, em geral, trazem as classificações etárias ainda como fortes "norteadores". Nesse olhar, este estudo elegeu as delimitações atuais vigentes no Brasil. Embora a Organização das Nações Unidas para a Educação, a Ciência e a Cultura (Unesco) tenha determinado a faixa de 15 a 24 anos como juventude, aqui será utilizada a base definida pela Conferência Nacional de Políticas Públicas de Juventude (Diretrizes do Plano Nacional da Juventude da Câmara Legislativa

Federal e do Conselho Nacional de Juventude), compreendida na faixa etária entre 15 e 29 anos, dentro das seguintes classificações: jovens adolescentes (entre 15 e 17 anos), jovens jovens (entre 18 e 24 anos) e jovens adultos (entre 25 e 29 anos).

Contudo, acredito ser necessário olhar para a juventude demarcando também outros determinantes sociais. Assim, esclareço que os jovens, nesta pesquisa[1], foram vistos como sujeitos únicos, singulares e históricos, conforme preconiza a psicologia sócio-histórica. Pretendo ainda exceder às naturalizações e entender a categoria juventude em sua pluralidade, ou seja, considerando que as juventudes são construídas em condições sócio-históricas específicas. Portanto, entendo que "o 'jovem não é algo por natureza'; é ativo, social, produtor das suas histórias" (Aguiar, Bock e Ozella, 2007, p. 168).

Assim, questões envolvendo as juventudes, suas formas de inserção profissional e suas primeiras escolhas profissionais são temas discutidos neste capítulo com base num recorte, adotado na pesquisa citada anteriormente, que objetivou compreender os sentidos suscitados pelo trabalho na primeira experiência profissional, dentro de uma sociedade de mercado global. Pochmann (2007) destaca que na realidade brasileira sete de dez jovens iniciam atividades laborais - muitas vezes precárias - em detrimento da continuidade escolar.

1. BORGES, R. C. P. *Jovem-aprendiz: os sentidos do trabalho expressos na primeira experiência profissional*. Dissertação (mestrado em Psicologia), Universidade Federal de Santa Catarina, Florianópolis, 2010.

Considerando a existência de uma rede de transformações no chamado mundo do trabalho entre os séculos XIX, XX e XXI, com a mundialização do capital surge um novo e duvidoso mercado de trabalho em que, consequentemente, os processos laborais denotam metamorfoses no sentido tanto objetivo como subjetivo, para todos os trabalhadores, incluindo os jovens (Druck, 2011).

Para Navarro e Padilha (2007), o trabalho é importante porque transforma o homem em ser social. Assim, para as autoras, é preciso reinterpretar os significados dessa transformação do sistema capitalista, utilizando como embasamento a perspectiva materialista histórica e dialética.

Com base nas premissas aqui assinaladas, esta investigação, ancorada na política pública do Jovem Aprendiz, parte da Lei da Aprendizagem[2] e foi criada com a finalidade de auxiliar na busca/inserção profissional nas/das juventudes, proporcionando geração de renda e vinculando vida laboral e educação (Branco, 2005).

Método: o caminho percorrido

A entrevista, escolhida como instrumento principal, foi utilizada em dois encontros, caracterizando um estudo qualitativo, compreendendo que na dialógica verbal entre pesquisador e pesquisado há possibilidades para a apreensão das subjetividades – no presente caso, sobre o trabalho e as demais dimensões projetadas para o futuro profissional (Zago, 2003).

2. Promulgada em 19 de dezembro de 2000 e regulamentada pelo Decreto n. 5.598/2005, a Lei da Aprendizagem estabeleceu que todas as empresas de médio e grande porte estão obrigadas a contratar adolescentes e jovens entre 14 e 24 anos na condição de jovem aprendiz.

O primeiro encontro abordou, em campos temáticos, a vida pessoal/familiar, educacional e profissional. Já na segunda entrevista a base dialógica utilizou fotografias de cenas de trabalho, produzidas e significadas pelos participantes (Borges e Coutinho, 2011).

De acordo com Maurente (2009), a fotografia se apresenta como um instrumento híbrido que, quando utilizado na pesquisa, permite a expressão de novos sentidos.

O lócus da pesquisa[3] foi uma instituição mantenedora de projetos sociais no Sul do país, entre eles o Programa Jovem Trabalhador (PJT), sendo entrevistados nove jovens na condição de aprendizes inseridos no mercado de trabalho formal.

Tendo como pressuposto teórico a abordagem sócio-histórica, a análise dos dados foi realizada por meio dos Núcleos de Significação (Aguiar e Ozella, 2013). Entre os resultados será aqui destacado e comentado o núcleo de significação intitulado "Projetos: eu quero ter outra história de vida", no qual é possível lançar reflexões sobre as ações na orientação profissional.

Resultados: os projetos profissionais dos jovens aprendizes

O núcleo de significação "Projetos: eu quero ter outra história de vida" teve como destaque as considerações das primeiras escolhas profissionais e os projetos enunciados pelos entrevistados, considerando uma temporalidade iniciada

3. Projeto submetido e aprovado pelo Comitê de Ética em Pesquisa com Seres Humanos na Universidade Federal de Santa Catarina.

com as brincadeiras de criança, numa construção histórica já por vezes vinculada ao futuro profissional.

Para Soares (2002), a dimensão temporal da escolha é composta por influências da infância, fatos relevantes da vida presente e definição de um estilo de vida futuro. Dessa forma, foram retomados o passado infantil de cada sujeito e suas relações do brincar com possíveis profissões/ocupações. O "ser quando crescer" aparece cedo em nossa vida, primeiramente no núcleo familiar e, mais tarde, em fatores sociais, educacionais e econômicos, com o avançar etário e a inserção em novos grupos da sociedade.

A identificação com pessoas ou profissionais próximos do universo infantil, possivelmente, estarão presentes nas suas brincadeiras e algumas escolhas podem persistir até a adolescência e/ou idade adulta (Lisboa, 1997; Soares, 2002).

Natividade (2007), ao pesquisar os sentidos do trabalho atribuídos por crianças, ratificou a influência familiar nessa constituição, por vezes pautada em informações restritas sobre as profissões. Os sentidos do trabalho serão construções dialéticas do decorrer da vida de cada sujeito e, consequentemente, das relações constituídas com a sua realidade.

Na prática, efetivar uma escolha profissional pode ser um momento complexo para o jovem, pois ele não estará definindo somente uma profissão, mas um sentido e um projeto de vida (Hirt, 2011). "A escolha profissional não é algo que acontece de um instante para outro na vida das pessoas. Ela parte de todo um processo de crescimento e reflexão pessoal" (Soares, 2002 p. 92). É influenciada por fatores sociais, econômicos e educacionais, além dos familiares.

Assim, também entendo que o processo de escolha profissional não é uma ação linear, mas vai-se compondo por meio das relações objetivo-subjetivas, diariamente. Os jovens participantes foram elaborando, em suas falas, suas escolhas profissionais ou suas pretensões de escolha, assim como seus questionamentos e dúvidas entre escolhas não feitas, sem a possibilidade de vivenciar um processo de orientação profissional (OP).

Na opinião de Ribeiro (2003), há camadas socioeconômicas menos favorecidas de jovens excluídos dos modelos/atendimentos de OP, caso este corroborado pelos participantes pesquisados.

De tal modo, concordo com Lisboa (2000) e Ribeiro (2003) quando afirmam haver uma necessidade de ampliação da OP. Nosso campo de atividade ainda está restrito às salas dos consultórios de psicologia? Os projetos de atendimento em OP vislumbram unicamente facilitações de escolha para um curso universitário? A pesquisa demonstra a necessidade de ampliação da atuação profissional (em OP) e, ainda, a existência de nichos juvenis sem nenhum acesso às atividades em OP, nos quais as alternativas na elaboração de projetos e carreiras, não necessariamente universitárias, podem ser efetivas e abarcar as diversas esferas das realidades sociais.

Assim, parte-se da premissa de que há um compromisso social dos orientadores profissionais com seu público, entendendo a OP como uma prática estimuladora, pois o jovem deverá pensar na construção do seu futuro e (re)pensar o significado e os valores do trabalho, dando-se conta da sua situação presente e traçando planos futuros coerentes com sua realidade socioeconômica e cultural, suas expectativas/oportunidades vindouras, de modo crítico e consciencioso.

A ideia de projeto aqui apresentada segue a compreensão de Soares (1996) de construir um futuro desejado e esperado, numa dimensão temporal. No caso dos jovens aprendizes já inseridos no mercado de trabalho, essa primeira história laboral e suas vivências ocupacionais pautarão projetos futuros. De acordo com Coutinho (2009, p. 200), "o olhar para o futuro é marcado pelas contradições do passado e do presente e pelas possibilidades de cada um ressignificar os sentidos produzidos ao longo de suas trajetórias identitárias".

O desejo de ressignificar sua trajetória em relação à vivida por seus pais foi mais um achado na pesquisa. Segundo Soares (2002), encontram-se ou desencontram-se, dialeticamente, os projetos dos pais e os dos filhos. Já entre os projetos paternos e os maternos poderão existir diferentes expectativas e/ou divergências: perpetuar uma história familiar ou buscar a própria vida.

Os projetos apontados pelos jovens trouxeram a importância do estudo/educação, seja por meio do curso superior ou de especializações, como uma necessidade contínua. Identifiquei que as locuções vinculavam o nível de escolaridade, as futuras chances de inserção e suas expectativas de um possível sucesso profissional no mercado de trabalho.

Ao questionar esse tipo de discurso, Sposito (2005) aponta para uma relação não linear, pois mesmo com maior nível de escolaridade a população juvenil acaba sendo excluída de oportunidades de inserção profissional. É fato que no contexto contemporâneo deparamos com um mercado de trabalho extremamente heterogêneo e sem garantias de continuidade para toda a vida; são tempos de incerteza e tensão entre o presente e as expectativas para o futuro (Pais, 2005).

Apesar de os estudos não serem garantia de inserção profissional (Ibase, 2010), nas falas dos jovens entrevistados a educação aparece como uma segurança de futuro promissor, podendo aqui inferir nessas narrativas manifestações de um discurso da qualificação e das expressões de individuação reificadas pelo neoliberalismo.

Cada um desses sujeitos tem uma história singular mediada por um contexto histórico, social e político. Portanto, são diferentes desejos, motivos e/ou objetos afetivos entrelaçando-se e concedendo importância ao trabalho a partir da primeira experiência profissional. Logo, de acordo com dados da Pesquisa das Juventudes Sul-Americanas (Ibase, 2010)[4], o trabalho se apresenta de forma imperativa e central na vida dos jovens sul-americanos, inclusive os brasileiros.

A reorientação profissional (ReOP) em ação: discussão sobre a prática

Aqui serão expostas considerações que envolvem tanto experiências empíricas como explanações teóricas de ordem científica na atuação de orientadores profissionais e de carreira, uma vez que novas indagações vão se apresentando no dia a dia laboral. Entre muitas inquietações, pode-se desta-

4. Os países participantes desse estudo são: Argentina, Bolívia, Brasil, Chile, Paraguai e Uruguai.

car: qual é o objetivo do trabalho do orientador profissional diante do cenário contemporâneo? Como vêm sendo pautadas nossas ações e atuações?

Seja na OP ou na ReOC, primeiramente devemos nos "despir" de visões lineares, tendo como certeza que nosso cotidiano tem sido cada vez mais um espaço de complexidades, de transformações - quase como um jogo, no qual novos acontecimentos vão aparecendo, reaparecendo, desaparecendo, num movimento constante e dialético. Deixamos de nos ater somente a uma escolha profissional universitária para o primeiro emprego, pois as adversidades profissionais atuais são também pertinentes aos jovens com graduações em curso ou já completas, que vivenciam situações de angústia e estão "perdidos" quanto à sua escolha e/ou atuação profissional. Também deparamos com adultos empregados, ativos no mercado formal ou informal, desempregados, pré-aposentados e aposentados que almejam rever sua trajetória profissional (Garcia, 2003; Lehman, 2010).

Num processo de OP e ReOC, o papel do orientador profissional se expande, determinado por um contexto econômico pautado no modo de produção capitalista. Desse modo, o orientador se constitui como um facilitador diante de uma diversidade de públicos, em diferentes contextos sociais, culturais e econômicos, (re)pensando os métodos e as técnicas utilizadas em sua prática e adequando-as a cada necessidade, seja por meio de atividades individuais ou grupais. Lehman (2010, p. 21) propõe um alerta para o orientador profissional: "A manutenção da dialética entre o ser e o fazer", ao que eu acrescentaria a necessidade de trabalhar a conscientização sobre os sentidos e os significados do trabalho.

Sennett (2010), por meio da expressão do chamado capitalismo flexível, observa que as carreiras lineares deixaram de existir, alterando o sentido do trabalho e os modos de organização. "O tempo tornou-se quantitativo, homogêneo, mercadoria" (Pais, 2010, p. 13). Se não tivermos essas percepções, corremos o risco de abrir mão da condução de nossa vida. Seremos também mercadoria, e nossa subjetividade e nossas emoções ficarão à deriva, dentro e fora do âmbito do trabalho. Assim, na prática de OP e ReOC considero oportuno que existam espaços de autoconhecimento e reconhecimento das emoções que perfazem esse período. "Basta olhar à nossa volta e ver o que se passa... ao constatar como vivemos sob pressão do tempo" (Pais, 2010, p. 15). Nas vivências empíricas, tenho observado certa recorrência de narrativas explicitando que o sentimento predominante, nesse momento da escolha ou re-escolha, é a ansiedade, "traduzindo" que temos pressa em "descobrir" quem somos e o que queremos fazer. Para Gama *et al.* (2008), a ansiedade, fato universal, ainda não tem uma definição precisa. No entanto, sua detecção é observada com facilidade como uma emoção evidenciada por um alerta de tensões, de exaustões físicas, focadas em uma situação de perigo, real ou imaginária, circundada de incertezas quanto à possibilidade de resolução.

Diante disso, surge uma indagação: seria a ansiedade um sofrimento psíquico? Estará a constituição psíquica desses jovens e/ou adultos sujeitada, "capturada" pelo sistema neoliberal, entendendo que o sofrimento psíquico é sempre relacional? Vivemos uma cegueira em nosso cotidiano, em teias de alienação, tendo como uma de suas manifestações o fato de estarmos sempre apressados? Não tenho até o presente tais respostas, mas deixo aqui essas provocações. As incertezas entre o tempo presente e o futuro e a falta de linearidade das futuras trajetórias profissionais podem ser marcadas numa verdadeira oscilação, resultando em rumos profissionais como um ioiô, conforme salienta Pais (2005). Esse autor ainda nos diz que "o futuro constrói-se num dia a dia que embrulha o passado no presente" (*ibidem*, p. 117), sendo necessário um tempo de autoconhecimento e revisão/resgate dos nossos valores, de (re)conhecer nossas histórias de vida. Com base nessas reflexões, inicio minhas atividades profissionais com propostas/exercícios que promovam a busca do autoconhecimento. Procuro "olhar" cada um dos participantes como indivíduos inteiros, corpo e mente, razão e emoção, em que todas as relações, ações e emoções são tecidas numa constituição de produto e produtor, uma afetando a outra (Sawaia, 2010).

Cabe aqui apresentar um fragmento da história de vida de M. V., jovem de 28 anos com formação universitária concluída que procurou o processo de reorientação de carreira. M. V. trazia muitas dúvidas em relação à sua atuação profissional, mostrando baixa autoestima e abalada emocionalmente. Graduada em Moda, complementou sua formação realizando uma especialização no exterior nessa área. Dispunha de boa experiência profissional, tendo deixado o último emprego por iniciativa própria, na busca de se reencontrar pessoal e profissionalmente.

Situações similares à de M. V. têm sido comuns na prática de ReOC, ou seja, na maioria dos casos são jovens adultos, que fizeram sua escolha profissional sem participar de um processo de OP e/ou referem ter vivenciado uma experiência de OP durante o ensino médio, no próprio colégio, de modo mais superficial. Assim, iniciam e concluem o curso superior, atuam profissionalmente em sua área mas permanecem angustiados em relação ao futuro profissional. O que falta na trajetória desses jovens? Como pode o orientador profissional contribuir para que eles encontrem seu caminho?

Partindo de um modelo clínico, num tempo predeterminado, com duração de dez a 12 encontros, procuro na atuação profissional convidar o participante a compartir dessa (re)construção como protagonista de sua história de vida. Serão momentos únicos e as ações/programações dos métodos e técnicas utilizados estarão embasadas nas necessidades/demandas específicas de cada caso, de cada história.

Assim, os atendimentos iniciais de M. V. foram todos focados em técnicas psicossociológicas que possibilitaram revisitar sua trajetória por meio de suas narrativas, como a "trajetória socioprofissional". De acordo com Soares e Sestren (2007, p. 81), "a partir do momento no qual o indivíduo sente-se responsável por sua escolha e apropria-se de sua história profissional, ele tem mais condições de redimensionar a sua carreira". O "geneprofissiograma"[5] também foi adotado como exercício de autoconhecimento, dando elementos para a apropriação da história familiar – prática na qual se

5. Material extraído da apostila do Curso de Formação em Orientação Profissional – *A facilitação da escolha* do Instituto do Ser – Orientação Profissional e de Carreira- 2007, elaborado por Soares (1997).

busca conhecer as profissões, os valores e os sentidos de trabalho vivenciados pelas três últimas gerações da família.

Esse autoconhecimento fez que M. V. (re)pensasse seus projetos para o futuro: passou a demonstrar uma grande expectativa de "encontrar-se", reconhecer a ansiedade como sua emoção mais difícil de controlar e seus problemas com o relógio, e trabalhar para se tornar uma pessoa pontual em seus compromissos, comportamento este que julgava ser difícil de mudar. Assim, foi se "percebendo" e se identificando como uma pessoa insegura, que não gostava de receber ordens, o que comprometia sua atuação profissional formal.

Sucederam-se vários encontros até que M. V. se sentisse mais confiante e menos abalada emocionalmente, e desse modo conseguimos iniciar discussões com enfoque mais direcionado ao seu perfil profissional. Nesse momento, foram utilizados o inventário das âncoras de carreira, de Edgar Shein[6], e a técnica da agenda colorida (Soares e Costa, 2011) – trabalhamos a agenda da orientanda no presente e no futuro, promovendo a visão do seu cotidiano e propiciando reflexões para possíveis mudanças. Conforme postula Heller (2008), nascemos inseridos em uma cotidianidade na qual são expressos nossos sentidos, capacidades intelectuais, habilidades, sentimentos e ideologias; contudo, se faz necessária essa constante revisão para não ficarmos presos a tarefas e atitudes cristalizadoras.

6. Texto elaborado por Dulce Helena Penna Soares, baseado nos livros e artigos de Edgar Shein (2007), para o Curso de Formação em Orientação Profissional – *A facilitação da escolha* (Instituto do Ser – Orientação Profissional e de Carreira). Ao responder ao inventário, cada pessoa demonstra objetiva e subjetivamente algumas escolhas que permitem pensar opções na construção da sua trajetória profissional com base na análise/identificação dos perfis propostos pelo autor.

Assim, esses discernimentos fizeram que M. V. identificasse e se apropriasse do que gosta de fazer, de seu estilo pessoal e de vida, de suas ambições futuras e, diante das suas dificuldades, optasse por seguir uma carreira empreendedora em sua área de formação profissional, mesmo sabendo que novos desafios surgiriam. Como diz Garcia (2003), é no dia a dia que grandes projetos, certezas, incertezas, sonhos, angústias e ansiedades são colocados à prova e reiteram as constantes necessidades de revisão pessoal e profissional.

Meu objetivo ao ilustrar pequenos relatos da história de M. V. visou demonstrar que não existem receitas prontas na prática profissional. Devemos construir cada demanda, mesclando métodos/técnicas/instrumentos específicos disponíveis como arsenal de conhecimento. As ações e os estímulos nesse tipo de trabalho sempre poderão facilitar a (re) construção de uma trajetória de vida, passando pelas histórias familiares, escolares, profissionais e pela análise do contexto social ao qual pertencemos. Nesse sentido, deve-se pensar nessa trajetória não como algo unidimensional, mas como uma composição espiral de um ser social sempre em movimento.

M. V. chegou à ReOC com baixa autoestima, insegura e emocionalmente fragilizada, porém permitiu-se viver esse período cheio de interrogações; buscou e ainda busca novos sentidos para a vida. Por vezes, ainda se sente insegura, ansiosa diante dos novos desafios, mas a consciência dessas emoções não mais a paralisa como antes. Ela vem cumprindo uma agenda atribulada de tarefas com seu novo empreendimento: gerencia um site de vendas pela internet, compra roupas, organiza eventos fotográficos de moda e luta para ser pontual e para manter a organização. Enfim, segue construindo sua vida, sua espiral, voltando a fazer novos planos futuros, retornando a sonhar.

Dessa maneira, busco ser coadjuvante na história de cada participante, auxiliando-o a (re)descobrir significações, ajudando-o a (res)significar razões, seguindo com a aspiração de contribuir numa construção social, pessoal e/ou profissional mais crítica e consciente - seja na primeira escolha, na redefinição de um curso superior ou nas diferentes alternativas de revisão ao longo da carreira/trajetória profissional.

Considerações finais

O objetivo deste capítulo foi apresentar os sentidos do trabalho para jovens no exercício da primeira experiência profissional e suas possíveis escolhas profissionais, fomentando reflexões sobre os processos de OP no cenário contemporâneo.

Os jovens, estatisticamente, são apontados como um dos grupos mais vulneráveis para ingressar no mercado de trabalho. Os sujeitos pesquisados partem em busca do primeiro emprego, quase majoritariamente, por iniciativa própria. Apoiados pela Lei da Aprendizagem, são "autorizados" a iniciar sua vida laboral a partir dos 14 anos, ratificando o cenário brasileiro juvenil de inserções profissionais precoces e, por vezes, desqualificadas e precárias.

Instados a buscar a experiência laboral por necessidade de subsistência, combinam estudo e trabalho, sendo o primeiro visto como uma espécie de "passaporte facilitador" para o seu futuro profissional. Buscam sobretudo atividades empregatícias com vínculo formal, apesar de reconhecerem a existência inexorável de um mercado de trabalho informal. Diante dessa conquista, vislumbram ter remuneração própria para garantir a independência financeira, sendo frequentes alusões a questões de autonomia para o consumo próprio.

Os pesquisados expressam possíveis escolhas profissionais e/ou suas dúvidas e incertezas quanto à trajetória futura. Nota-se que fazem suas escolhas sem a possibilidade de participar de programas de OP, o que reitera a permanência de um caráter elitista desses projetos, em geral realizados com jovens oriundos de camadas médias ou altas da população. As opções e os projetos futuros são muitas vezes traçados pelas vivências empíricas e, em alguns casos, percebe-se pouca clareza no planejamento dessas rotas.

Assim, cabe a nós, como profissionais da psicologia, ampliar essa realidade e as discussões, efetivando para tal temática um cenário de destaque com mudanças/questionamentos na atuação profissional. A OP necessita alastrar seu leque de atuação, tornando-se uma prática social incentivadora, reflexiva e de olhar crítico na qual a escolha profissional consciente também é uma possibilidade de construção social não só embasada em valores de troca. É um caminho a ser percorrido em busca do autoconhecimento, dos projetos pessoais e familiares e do seu grupo social, devendo ser o orientador profissional o facilitador desse percurso.

Os sentidos do trabalho reafirmam hábitos culturalmente produzidos e reproduzidos na sociedade capitalista, associados a um salário, em prejuízo do ser trabalhador, considerações essas também inerentes ao processo de OP. "O problema que enfrentamos é como organizar as histórias de nossa vida agora, num capitalismo que nos deixa à deriva" (Sennett, 2010, p. 140). Fica para nós, orientadores profissionais, o desafio de auxiliar os jovens nas decisões da primeira escolha e também os adultos que buscam uma reorientação de carreira, pois além da definição profissional estarão embutidos um sentido e um projeto de vida futuro e uma conscientização do sistema no qual vivemos.

Referências

ABRAMOVAY, M.; ANDRADE, E. R.; ESTEVES, L. C. G. (orgs). *Juventudes: outros olhares sobre a diversidade*. Brasília: Ministério da Educação, Secretaria de Educação Continuada, Alfabetização e Diversidade, 2007. Disponível em: <http://unesdoc.unesco.org/images/0015/001545/154580por.pdf>. Acesso em: 22 jun. 2017.

AGUIAR, W. M. J.; BOCK, A. M. M.; OZELLA, S. "A orientação profissional com adolescentes: um exemplo de prática na abordagem sócio-histórica". In: BOCK, A. M. B.; GONÇALVES, M. G. M.; FURTADO, O. (orgs.). *Psicologia sócio-histórica – Uma perspectiva crítica em psicologia*. 3. ed. São Paulo: Cortez, 2007, p. 163-78.

AGUIAR, W. M. J.; OZELLA, S. "Apreensão dos sentidos: aprimorando a proposta dos núcleos de significação". *Revista Brasileira de Estudos Pedagógicos*, v. 94, n. 236, 2013, p. 299-22.

BORGES, R. C. P. *Jovem-aprendiz: os sentidos do trabalho expressos na primeira experiência profissional*. Dissertação (mestrado em Psicologia), Universidade Federal de Santa Catarina, Florianópolis, 2010.

BORGES, R. C. P.; COUTINHO, M. C. "Cenas de trabalho: a fotografia como recurso metodológico para expressar os sentidos do trabalho juvenil". *Arquivos Brasileiros de Psicologia*, v. 63 (n. esp.), Rio de Janeiro, 2011, p. 38-48.

BRANCO, P. P. M. "Juventude e trabalho: desafios e perspectivas para as políticas públicas". In: ABRAMO, H. W.; BRANCO, P. P. M. (orgs.). *Retratos da juventude brasileira*. São Paulo: Fundação Perseu Abramo, 2005, p. 129-48.

COUTINHO, M. C. "Sentidos do trabalho contemporâneo: as trajetórias como estratégia de investigação". *Cadernos de Psicologia Social do Trabalho*, v. 12, n. 2, 2009, p. 189-202.

DRUCK, G. "Trabalho, precarização e resistências: novos e velhos desafios?" *Caderno CRH*, v. 24 (n. esp1), 2011, p. 37-57.

GAMA, M. M. A. *et. al.* "Ansiedade-traço em estudantes de Aracaju (SE)". *Revista de Psiquiatria do Rio Grande do Sul*, v. 30, n. 1, jan.-abr. 2008, p. 19-24.

GARCIA, R. L. "A difícil arte/ciência de pesquisar com o cotidiano". In: GARCIA, R. L. (org.). *Métodos: métodos e contramétodo*. São Paulo: Cortez, 2003, p. 193-208.

HELLER, A. *O cotidiano e a história*. 8. ed. Rio de Janeiro: Paz e Terra, 2008.

HIRT, L. U. "Juventude, diversidade e escolha profissional". In: RAITZ, T. R. (org.). *Os tempos atuais e a educação e o trabalho na esteira das transformações*. Curitiba: CRV, 2011, p. 81-89.

IBASE. *Livro das juventudes sul-americanas*. Rio de Janeiro: J. Sholna Reproduções Gráficas, 2010.

LEHMAN, Y. P. "Orientação profissional na pós-modernidade". In: LEVENFUS, R. S.; SOARES, D. H. P. (orgs.). *Orientação vocacional ocupacional*. Porto Alegre: Artmed, 2010, p. 19-30.

LEÓN, O. D. "Adolescência e juventude: das noções às abordagens". In: FREITAS, M. V. (org.). *Juventude e adolescência no Brasil – Referências conceituais*. São Paulo: Ação Educativa, 2005, p. 9-18.

LISBOA, M. D. "Orientação vocacional/ocupacional: projeto profissional e compromisso com o eixo social". In: ZANELLA, A. V.; SIQUEIRA, M. J. T.; MOLON, S. I. (orgs.). *Psicologia e práticas sociais*. Porto Alegre: Abrapo-sul, 1997, p. 201-12.

______. "A formação de orientadores profissionais: um compromisso social multiplicador". In: LISBOA M. D.; SOARES, D. H. P. (orgs.). *Orientação profissional em ação – Formação e prática de orientadores*. São Paulo: Summus, 2000, p. 11-23.

MAURENTE, V. "Ver, conhecer e pensar nos caminhos fotográficos". In: TITTONI, J. (org.). *Psicologia e fotografia – Experiências em intervenções fotográficas*. Porto Alegre: Dom Quixote, 2009, p. 46-55.

NATIVIDADE, M. R. *O trabalho na sociedade contemporânea: os sentidos atribuídos pelas crianças*. Dissertação (mestrado em Psicologia), Universidade Federal de Santa Catarina, Florianópolis, 2007.

NAVARRO, V. L.; PADILHA, V. "Dilemas do trabalho no capitalismo contemporâneo". *Psicologia & Sociedade*, v. 19, 2007, p. 14-20.

PAIS, J. M. *Ganchos, tachos e biscates – Jovens, trabalho e futuro*. 2. ed. Lisboa: Ambar, 2005.

______. *Lufa-lufa quotidiana – Ensaios sobre cidade, cultura e vida urbana*. Lisboa: ICS, 2010.

POCHMANN, M. *A batalha pelo primeiro emprego – A situação e as perspectivas do jovem no mercado de trabalho brasileiro*. 2. ed. São Paulo: Publisher, 2007.

RIBEIRO, M. A. "Demandas em orientação profissional: um estudo exploratório em escolas públicas". *Revista Brasileira de Orientação Profissional*, v. 4, n. 1-2, 2003, p. 141-51.

ROCHA, M. C. S. "Projeto de carreira, plano de vida: passos para o gerenciamento de vida profissional e pessoal". In: LEVENFUS, R. S.; SOARES, D. H. P. (orgs.). *Orientação vocacional ocupacional*. Porto Alegre: Artmed, 2010, p. 82-91.

SAWAIA, B. B. "Psicologia e desigualdade social: uma reflexão sobre a liberdade e a transformação social". *Psicologia & Sociedade*, v. 21, n. 3, 2010, p. 364-72.

SENNETT, R. *A corrosão do caráter – Consequências pessoais do trabalho no novo capitalismo*. 15. ed. Trad. Marcos Santarrita. Rio de Janeiro: Record, 2010.

SOARES, D. H. P. *Choix professionnel: projet des parents et projet des adolescents*. Tese (doutorado em Psicologia), Universidade Louis Pasteur, Estrasburgo, França, 1996.

______. *A escolha profissional do jovem ao adulto*. São Paulo: Summus, 2002.

SOARES, D. H. P.; COSTA, A. B. *Aposentaação: aposentadoria para ação*. São Paulo: Vetor, 2011.

SOARES, D. H. P.; SESTREN, G. "A trajetória sócio-profissional". In: BARROS, D. T. R.; LIMA, M. T.; ESCALADA, R. (orgs.). *Escolha e inserção profissional – Desafios para indivíduos, famílias e instituições*. São Paulo: Vetor, 2007, p. 81-96.

SPOSITO, M. P. "Algumas reflexões e muitas indagações sobre as relações entre juventude e escola no Brasil". In: ABRAMO, H. W.; BRANCO, P. P. M. (orgs.). *Retratos da juventude brasileira*. São Paulo: Fundação Perseu Abramo, 2005, p. 87-127.

ZAGO, N. "A entrevista e seu processo de construção: reflexões com base na experiência prática de pesquisa". In: ZAGO, N.; CARVALHO, M. P. de; VILELA, R. A. T. (orgs.). *Itinerários de pesquisa – Perspectivas qualitativas em sociologia da educação*. Rio de Janeiro: DP&A, 2003, p. 287-309.

TRABALHANDO CRITÉRIOS DE ESCOLHA COM JOVENS EM ORIENTAÇÃO PROFISSIONAL

GABRIEL FEIGEL
JOÃO LUCAS XAVIER SCHÜLER
IÚRI NOVAES LUNA

10

Introdução: orientação profissional e contexto da intervenção

O valor de praticar com rigor, por algum tempo, uma
ciência rigorosa não está propriamente em seus resultados:
pois eles sempre serão uma gota ínfima
ante o mar de coisas dignas de saber.
(Friedrich Nietzsche)

O presente capítulo descreve uma intervenção realizada em 2014 que consideramos ser de grande relevância no contexto da área de orientação profissional (OP). Trata-se de reflexão e proposição de critérios para a realização de escolhas profissionais.

Inicialmente, a proposta de intervenção em grupo adotada por nós foi baseada na estratégia clínica de Rodolfo Bohoslavsky (2003). Nesse tipo de intervenção, o orientador profissional procura ajudar o aluno a conhecer mais sobre a sua personalidade, os seus interesses e as suas aptidões, auxiliando-o em seu processo de autoconhecimento e na busca de informações de carreira, capacitando-o para que possa fazer escolhas profissionais de maneira consistente e autônoma.

Nossa intervenção foi realizada durante um mês e meio com estudantes de 16 a 18 anos do terceiro ano do ensino médio em uma instituição de ensino privado, na cidade de Florianópolis, Santa Catarina. Nesse contexto, foram criados dois grupos de orientação profissional, com cinco encontros semanais cada, de duração de uma hora e meia.

No primeiro encontro, havia 11 alunos no grupo denominado "1" e 13 alunos no grupo denominado "2". Nos encontros seguintes houve uma defasagem, resultando, no último encontro do Grupo 1, na presença de apenas cinco alunos e no Grupo 2, de seis alunos.

Embora houvesse a intenção de inicialmente realizarmos uma intervenção com pelo menos oito encontros, como sugerem alguns autores (Neiva, 2007; Soares, 1993), incluindo uma entrevista inicial e uma final, tivemos de reduzir o número de encontros para cinco pelo fato de que na instituição de ensino em que trabalhamos já existem muitas atividades no contraturno das aulas, além de propostas do setor de psicologia envolvendo atendimentos individuais e grupos de apoio institucional. Cabe salientar que aos vestibulandos são oferecidos orientação para os estudos e outros grupos de orientação profissional (com a mesma proposta de intervenção), além de outras atividades. Faz-se importante dizer que a escola em que foi realizada a intervenção também tem cursinho pré-vestibular e os psicólogos da instituição fazem atendimentos individuais e em grupo com os alunos que o frequentam.

A despeito de termos realizado um número de encontros abaixo do que havíamos idealizado, durante o ano letivo o serviço de psicologia da instituição oportunizou diversas atividades para fornecer informações profissionais, como visitas a universidades e palestras de professores, alunos de graduação e profissionais diversos sobre sua formação profissional e área de atuação.

De acordo com Neiva (2007), o fornecimento de informações profissionais na forma de visitas a universidades e palestras sobre cursos e profissões é uma proposta de intervenção de orientação profissional. Por esse motivo, consideramos que essas atividades contribuíram significativamente para o melhor aproveitamento dos alunos que participaram da modalidade de grupo de OP.

Um aspecto que gostaríamos de ressaltar é que nas intervenções em grupo que realizamos, as quais serão descritas neste capítulo, os critérios para realizar escolhas foram um dos motes principais. Consideramos que o trabalho realizado em orientação profissional não deve apenas voltar-se para a facilitação da escolha de um curso ou profissão, mas também proporcionar uma aprendizagem do processo de decisão, o que permite que aqueles alunos que não escolham durante o processo de OP possam fazê-la posteriormente de maneira autônoma (Neiva, 2007).

Antes mesmo de abordarmos a intervenção adotada, apresentaremos uma definição e uma reflexão sobre os critérios para realizar escolhas. Em seguida, descreveremos as atividades realizadas e apresentaremos uma breve avaliação crítica do processo de orientação profissional.

Liberdade e critérios para fazer escolhas

Se realmente a existência precede
a essência, o homem é responsável pelo que é.
(Jean-Paul Sartre)

O que é, então, um ser humano? É o ser que decide o que ele é.
É o ser que inventou as câmaras de gás, mas é também aquele ser
que entrou nas câmaras de gás, ereto, com uma oração nos lábios.
(Viktor Frankl)

De modo geral, as escolhas não acontecem no vazio: elas se processam em determinados momentos e circunstâncias com base em uma situação concreta.

Escolher é decidir, entre uma série de opções, aquela que nos parece a melhor ou a mais apropriada para o momento (Soares, 2010). A escolha de algo implica a exclusão das outras opções, aceitando as consequências dessa decisão.

Isso posto, é preciso eleger um conjunto de fatores que sirva de parâmetro para referenciar essa "melhor" opção, que será escolhida por meio de comparações e julgamentos disponíveis durante o momento da tomada de decisão.

De acordo com o *Dicionário etimológico da língua portuguesa* (Cunha, 2002, p. 229), a palavra "critério" deriva do grego *kritérion* e significa "aquilo que serve de base para julgamento ou apreciação". No dicionário *Houaiss* (Houaiss e Villar, 2009, p. 575), ela significa "norma de confronto, avaliação e escolha". Já no *Dicionário básico de filosofia* (Japiassú e Marcondes, 2001, p. 59), é descrita como "aquilo que serve para julgar" ou o "sinal graças ao qual reconhecemos uma coisa e a distinguimos de outra". E, no *Dicionário de filosofia* de Nicola Abbagnano (1999, p. 223), é "uma regra para decidir o que é verdadeiro ou falso, o que se deve ou não fazer, etc.".

Diante disso, denominaremos critério *certas categorias ou conjunto de regras que servem de base para fazermos comparações e julgamentos com a finalidade de fundamentarmos as nossas escolhas na busca da "melhor" opção ou da "mais apropriada para o momento"*.

A fim de aprofundar a discussão sobre a relação existente entre o conceito de critérios e como eles influenciam nossas escolhas, gostaríamos de propor dois questionamentos:

1. Sempre utilizamos algum critério quando agimos, independentemente das circunstâncias?
2. É possível fazer escolhas sem utilizar nenhum tipo de critério?

Em nosso entendimento, a resposta para a primeira pergunta seria "sim": sempre utilizamos critérios quando escolhemos agir de um modo e não de outro, independentemente das circunstâncias em que essa ação ocorra, muito embora as contingências do momento em que se processa essa ação influenciem diretamente os critérios disponíveis no momento.

Uma vez que para a execução de uma ação é necessário optar por agir desse e não de outro modo possível, nossos critérios se fazem presentes nessa escolha, mesmo que de forma irrefletida – sejam relacionados aos interesses do momento, a valores pessoais e sociais ou simplesmente à sobrevivência do indivíduo.

Desse modo, consideramos que os critérios para realizar escolhas estarão sempre presentes no modo como agimos, embora seja possível agir sem refletir racionalmente sobre quais critérios foram utilizados na decisão. Uma escolha tida como impulsiva, por exemplo, caracterizaria bem esse tipo de ação irrefletida.

Quanto à segunda pergunta, acreditamos que não é possível escolher sem utilizar nenhum tipo de critério, até porque o homem está sempre escolhendo e mesmo quando escolhe não escolher isso ainda é uma escolha (Sartre, 2012; Soares, 2010). Portanto, "escolher sem critérios", neste caso, é tornar a ausência de critérios um importante critério de escolha.

Essa concepção apresentada é um desdobramento de uma concepção humanista e existencialista de homem, que o torna totalmente responsável pelas escolhas que faz em sua vida.

De acordo com Sartre (2012, p. 24), o homem "está condenado a ser livre", já que, "uma vez lançado no mundo", ele é o "responsável por tudo que faz".

Por certo existem correntes de pensamento mais deterministas que não concordam com essa tese e afirmam que na verdade o homem seria determinado por causas naturais (biológicas), econômicas ou até mesmo divinas. No entanto, de que adiantaria falarmos sobre responsabilidade e liberdade de escolha (no presente caso, a escolha profissional) se a nossa concepção de homem for a de alguém determinado por fatores externos a ele?

De acordo com Valls (2013, p. 49), só é possível falar de liberdade e responsabilidade pelas escolhas humanas se considerarmos que o homem não é totalmente definido por aspectos externos a ele, pois se suas ações forem "totalmente determinadas de fora para dentro não há espaço para a liberdade". Valls também afirma que a liberdade aumenta na medida em que aumenta "a consciência que se tem dela" (*ibidem*, p. 52), embora ter consciência de que se é livre ainda não represente a liberdade humana exercida de modo efetivo, real.

Num contexto real, a liberdade só existe quando é exercida de fato pelas pessoas. Em conformidade com Soares (2010), podemos dizer que o homem é um ser livre para escolher não apenas o que quer fazer em termos de ocupação, mas sobretudo de quem ele é e de quem pode vir a ser em termos de projeto de vida.

Projeto de intervenção: a utilização de critérios na prática de orientação profissional

O momento da escolha é quando a gente pode olhar para trás e para a frente ao mesmo tempo, decidindo o caminho a seguir.
(DULCE HELENA PENNA SOARES)

O planejamento para a intervenção aqui relatada teve início cerca de quatro meses antes de começar a primeira atividade de grupos em orientação profissional, em um primeiro semestre letivo.

Inicialmente, optamos por revisar tudo que havia sido realizado nos últimos quatro anos e estivesse relacionado ao trabalho de orientação profissional praticado na instituição. Em seguida, elencamos os objetivos que procuraríamos trabalhar com os orientandos nos grupos.

Chegamos à conclusão de que deveríamos ter como objetivos: 1) facilitar a escolha dos orientandos - escolha esta que não precisaria ocorrer necessariamente na fase de realização dos grupos de orientação profissional; 2) proporcionar o entendimento de que as escolhas profissionais não precisam ser definitivas, pois escolher um curso ou uma profissão é optar pela melhor opção possível ou pela mais apropriada para o momento em que é feita; 3) desenvolver atividades que proporcionassem de maneira autônoma o autoconhecimento, a busca de informações sobre a realidade educacional e profissional e a escolha (hipotética) de, pelo menos, um futuro profissional possível; 4) avaliar todo o processo de grupo de orientação profissional, a fim de verificar a percepção dos orientandos sobre si mesmos ao final do processo - como eles chegaram e como estão saindo -, e como foi realizado esse trabalho.

Conforme fomos elaborando o projeto de intervenção, percebemos, por um lado, que realizá-la em apenas cinco encontros dificultaria a efetivação do que havíamos idealizado, sobretudo no que se refere ao autoconhecimento, que envolve atividades em que se busca conhecer gostos, interesses, habilidades e valores dos orientandos; por outro lado, entendemos que, uma vez que o processo de orientação profissional se estenderia ao longo do ano, por meio de visitas a universidades e do circuito de palestras sobre cursos e profissões, poderíamos utilizar o grupo de orientação profissional para instrumentalizar os orientandos para que eles mesmos pudessem fazer sua escolha de cursos, profissões e carreiras de maneira mais autônoma e responsável.

Foi então que tivemos a ideia de incluir mais alguns objetivos a ser trabalhados durante as atividades do grupo: 1) que os orientandos entendessem que, independentemente das expectativas que existem sobre eles em termos de escolhas profissionais - dos familiares, dos grupos, de pares e outros -, eles são totalmente responsáveis por elas; 2) que eles compreendessem que escolher um curso de graduação - ou uma habilitação profissional qualquer - é algo menor diante do que podemos denominar *projeto de vida*; 3) que eles refletissem e aprendessem a identificar que critérios são importantes para fazer escolhas pessoais; 4) que eles aprendessem a identificar que critérios são mais importantes para si na hora de optar por um curso de graduação e, ainda, que tipo de critérios poderão utilizar no futuro no momento de escolher estágios, profissões, carreiras etc.

Depois de definir esses objetivos adicionais, passamos a procurar materiais teóricos e técnicos que nos pudessem auxiliar a fundamentar as intervenções - especialmente os que envolvem o tema critérios para realizar escolhas profissionais -, porém muito pouco foi encontrado. Cabe dizer que a única referência prática que localizamos foi o jogo da psicóloga Kathia Maria Costa Neiva, denominado *Critérios para a escolha profissional* (2008).

Portanto, boa parte das atividades realizadas pelos orientadores foi criada do zero, de acordo com os objetivos que buscávamos atingir. Cabe dizer também que durante e após a realização do projeto de intervenção contamos com o auxílio da equipe do serviço de psicologia da instituição - cinco psicólogos e dois estagiários de psicologia -, que os auxiliou, por meio de sugestões, a elaborar e finalizar o projeto de intervenção.

Descrição das intervenções realizadas

Um amor, uma carreira, uma revolução: outras tantas coisas que se começam sem saber como acabarão.
(JEAN-PAUL SARTRE)

Primeiro encontro

No horário em que deveriam iniciar as atividades de cada grupo de orientação profissional, os alunos foram chamados a uma sala específica do Serviço de Psicologia, que serve para a realização de atividades em grupo. Ao entrarem na sala, foram convidados a sentar em círculo sobre almofadas que estavam disponíveis para eles. Procuramos iniciar as atividades perguntando se alguém ali já havia feito algum tipo de orientação profissional ou teste vocacional, com o objetivo de quebrar o gelo e realizar uma breve apresentação dos coordenadores e das atividades do então denominado Grupo de Informação e Orientação Profissional (Giop).

O primeiro encontro teve como objetivo explicar em que consiste esse trabalho, diferenciar orientação profissional de teste vocacional, informar como seria estruturado o processo, como estabelecer um contrato de trabalho - objetivos, responsabilidades, compromissos, horários etc. -, reforçar a importância do sigilo, discutir o papel do orientador profissional e fazer um levantamento das expectativas dos alunos sobre o trabalho de OP. Além disso, também foi informado que as visitas a universidades e as palestras sobre cursos e profissões complementariam o trabalho de orientação profissional, sendo desejável que os alunos participassem o máximo possível de todas essas atividades que lhes seriam oferecidas pelo Serviço de Psicologia.

A primeira atividade do Giop é conhecida como *técnica da teia* ou *técnica do novelo de lã* (Soares, 2002). Nesse momento, o grupo deveria sentar em círculo e o coordenador do grupo, lançar aleatoriamente um novelo de lã a algum membro. Este teria de dizer seu nome, o que cursava na escola, onde nascera e com quem morava naquele momento.

Após essa breve apresentação, essa pessoa teria de amarrar o fio de lã em seu dedo e lançá-lo a outro colega de sua preferência, que realizaria o mesmo procedimento até que todos tivessem se apresentado ao grupo.

Essa atividade se chama *técnica da teia* porque, quando todos recebem e compartilham o novelo de lã, forma-se uma estrutura que liga todos os membros do grupo entre si. Esse momento foi considerado bem oportuno para os orientadores dialogarem sobre a importância da assiduidade, da realização das tarefas e da colaboração de todos para a manutenção e o crescimento do grupo, além de muito interessante para reforçar valores de grupo e aspectos fundamentais para a consolidação de um contrato de trabalho.

O último membro do grupo a receber o novelo de lã deveria dizer como se sentia diante de sua escolha profissional e, em seguida, desenrolar o fio do dedo e devolver o novelo ao membro que lhe entregou anteriormente. O procedimento se repetiu até que todos tivessem respondido a essa pergunta.

A segunda atividade foi desenvolvida com o objetivo de trabalhar as expectativas e possíveis percepções distorcidas sobre o processo de OP por parte dos alunos. Dividiu-se o grupo em três e lhes foi entregue uma frase para debater. Após a discussão, foi solicitado que discutissem, em grande grupo, os principais pontos abordados em subgrupos. As frases entregues aos alunos foram:

- O que espero da atuação do(s) psicólogo(s) no decorrer desses encontros?
- Após o término dos encontros, saberei o que quero fazer?
- Durante o processo de escolha, o que é estar comprometido consigo e com o grupo?

A terceira atividade teve como objetivo proporcionar reflexões acerca de como são feitas as escolhas e dos critérios para fazê-las. Foram utilizadas dez imagens de situações opositivas e os alunos deveriam escolher entre uma e outra, com o objetivo de facilitar a futura escolha de um curso ou uma profissão, de maneira que lhes permitisse conhecer mais sobre si mesmos e, assim, identificar o que costuma ser mais importante e motivacional em situações cotidianas - como escolher um alimento, um filme, uma música, uma atividade física, uma viagem, uma festa, uma roupa, um(a) namorado(a), um(a) amigo(a), um lazer etc.

Após esse diálogo, apresentamos a primeira tarefa para casa, com o título "Como eu escolho", que visa levar o aluno a refletir sobre os critérios que utiliza no cotidiano para fazer escolhas simples, conforme as seguintes assertivas:

1. o último lanche que você escolheu tomar;
2. a última roupa que escolheu usar;
3. o último lugar que escolheu visitar;
4. o último corte de cabelo que escolheu;
5. o último presente que escolheu comprar;
6. o último livro que escolheu ler;
7. a última amizade que escolheu fazer.

Nessa tarefa, além de indicarem que critérios foram utilizados em escolhas do cotidiano, foi solicitado que cada aluno citasse por escrito três exemplos de escolhas importantes que já realizaram e o modo como isso foi feito: se foi adiando a decisão, comparando as opções, deixando que alguém decidisse por ele ou escolhendo não escolher.

Para encerrar, solicitamos que cada aluno definisse em uma palavra o significado daquele encontro para ele.

Segundo encontro

Na primeira atividade do segundo encontro, foi retomada a tarefa para casa, solicitada na reunião anterior. Os alunos foram divididos em duplas para dialogar e comparar os resultados de sua tarefa. Após esse diálogo, cada dupla trouxe ao grupo pontos como as diferenças nos critérios para fazer escolhas, o que mais lhes chamou a atenção, o que concluíram de maneira geral, entre outros.

A segunda atividade teve como objetivo propor diálogos que aprofundassem a reflexão sobre critérios utilizados para fazer escolhas, além de discutir as influências de pessoas e grupos em sua realização. Ela foi proposta por meio de sete perguntas que foram apresentadas uma a uma e deveriam ser respondidas na forma de diálogo:

1. O que é escolher?
2. Qual é a função dos nossos critérios em nossas escolhas?
3. É possível agirmos sem critérios?
4. É possível escolhermos sem critérios?
5. Nossos critérios são construídos ou nascemos com eles?
6. Como se formam os critérios?
7. Como são transmitidos os valores e as expectativas das pessoas, dos grupos sociais e das instituições dos quais fazemos parte?

As respostas a essas perguntas foram construídas pelos psicólogos durante a fase de planejamento dos encontros para direcionar a reflexão sobre os temas propostos. Dessas sete perguntas, as quatro primeiras já haviam sido abordadas entre o final do primeiro e início do segundo encontro. As perguntas 5, 6 e 7 se fazem presentes como exercício de reflexão, servindo, portanto, unicamente de aquecimento para o diálogo sobre os temas propostos.

Após a realização dessa atividade, foi apresentada aos alunos a sua segunda tarefa de casa. Para realizá-la, os alunos receberam uma lista completa e atualizada dos cursos de graduação disponibilizados pela UFSC e pela Udesc, servindo como referência para que pesquisassem sobre os cursos de seu interesse no presente momento. Além disso, eles receberam uma relação com seis sites, para que pudessem realizar pesquisas sobre cursos de graduação e buscar informações sobre os que não constavam na lista ofertada.

Depois de sublinharem/destacarem os cursos de seu maior interesse, foi solicitado que eles fizessem em casa a atividade "Cursos, critérios e influências", escolhendo cinco cursos que atualmente não fariam, descrevendo os critérios utilizados para realizar essa escolha e refletindo se existem pessoas ou grupos que influenciaram essa decisão. A seguir, eles deveriam listar sete cursos que atualmente fariam e, mais uma vez, descrever os critérios e as influências de pessoas e grupos presentes nessa escolha.

Como fechamento do segundo encontro, solicitamos que cada aluno definisse em uma palavra seu significado para ele.

Terceiro encontro

O terceiro encontro foi voltado para o exame e a reflexão sobre a atividade para casa solicitada no segundo encontro.

Foi solicitado que cada aluno compartilhasse os cinco cursos que não faria. Em seguida, deveria escolher um deles para compartilhar os critérios envolvidos nessa decisão. Foi solicitado também que os alunos comentassem se haviam encontrado pessoas ou grupos que influenciaram de maneira direta ou indireta essa escolha.

A seguir, foi a vez de compartilhar os sete cursos que fariam. Depois de cada um deles citá-los, foi solicitado que escolhessem dois cursos para momentaneamente eliminar, restando, portanto, cinco cursos. Depois, foi solicitado que excluíssem mais dois, restando assim apenas três. Então o coordenador perguntou ao grupo: "Se hoje fosse a data-limite para fazer a inscrição no vestibular, que curso você escolheria?" Depois que todos os alunos responderam, foi pedido que elencassem um curso para compartilhar seus critérios de escolha, seguido da avaliação sobre possíveis influências diretas ou indiretas de pessoas ou grupos com relação às suas escolhas profissionais.

É importante salientar que essa atividade não tem como objetivo definir a escolha do curso de graduação, mas oportunizar o autoconhecimento sobre os motivos que os levam a preferir ou preterir alguns cursos e avaliar o grau de dificuldade de cada um para realizar essa escolha.

Após a realização dessa atividade, foi proposta a terceira tarefa para casa, denominada "Perfil das profissões". Os alunos deveriam revisar a atividade anterior e definir se existem cursos, entre os descartados anteriormente, a ser retomados. Depois dessa revisão, os alunos deveriam escolher duas profissões e responder:

- o que é/o que faz;
- áreas de atuação/mercado de trabalho;
- habilidades/características desse profissional;
- o que desperta seu interesse nessa profissão.

Essa atividade exige pesquisa na internet.

Para finalizar, solicitamos que os alunos disponibilizassem meia hora a mais para o próximo encontro - totalizando então duas horas de atividade - e que cada um definisse em uma palavra o significado do terceiro encontro.

Quarto encontro

A primeira atividade do quarto encontro foi voltada para uma breve discussão acerca da tarefa solicitada ao final da reunião anterior. Cada aluno deveria falar sobre como foi realizada a atividade, o que achou interessante, se ficou com alguma dúvida etc.

A segunda atividade esteve relacionada com a construção de uma cidade fictícia. Cada aluno recebeu um texto com uma consigna na qual se imaginariam como profissionais membros de uma cidade em construção, com a possibilidade de exercer diferentes atividades no projeto.

Na sequência, cada aluno deveria ler em voz alta um item da folha que foi entregue, representando uma atividade possível de ser realizada na cidade fictícia, em diferentes lugares e funções - como "promover excursões aos locais mais importantes e bonitos da região" ou "planejar a alimentação e dietas adequadas em fábricas, hospitais, escolas e empresas".

Ao final da leitura de todos os itens (num total de 52), os alunos tiveram mais cinco minutos para reler a folha com as atividades possíveis e verificar se haviam deixado de fora alguma atividade que teriam interesse em fazer.

Aqui cabe um esclarecimento importante sobre a atividade: durante a consigna, faz-se necessário que o coordenador diga aos alunos que a remuneração e o status das profissões associadas às atividades com que eles se identificarem durante a tarefa são rigorosamente iguais. Isso porque o objetivo dessa atividade é que os alunos verifiquem o que imaginam que gostariam de fazer e em que locais trabalhar, independentemente da remuneração ou do reconhecimento social associado ao seu desempenho profissional.

Depois de realizarem uma primeira seleção das atividades que gostariam de exercer, os alunos deveriam escolher apenas cinco delas para se candidatar a uma vaga de trabalho e elencá-las por ordem de interesse. Em seguida, deveriam ler para os colegas, em ordem de interesse, as cinco atividades que restaram entre as que estavam disponíveis para eles.

Após a realização dessa atividade, solicitamos aos alunos que fizessem em casa as duas últimas tarefas, denominadas "Exercendo as profissões" e "Carta do eu do futuro para o eu do presente". Na primeira, eles deveriam escolher duas profissões e responder: o que farão no dia a dia; com o que vão trabalhar; com quem vão trabalhar; onde vão trabalhar; o que vão estudar; como é o estilo de vida ligado a essa profissão; qual é a importância dessa profissão para a sociedade.

Na segunda tarefa, os alunos deveriam redigir uma carta como se a estivessem escrevendo daqui a dez anos para o seu eu do presente, relatando sua vida de modo geral e como se sente em relação às suas escolhas acadêmicas e profissionais.

Como fechamento do quarto encontro, novamente solicitamos que cada aluno definisse em uma palavra o significado daquele momento vivido por ele.

Quinto encontro

No quinto encontro, processamos um fechamento das atividades do grupo de orientação profissional. De início, solicitamos que os alunos compartilhassem brevemente como foi fazer a atividade "Exercendo as profissões", que foi indiretamente baseada no jogo "Critérios para a escolha profissional", de Kathia Neiva (2008).

Nesse exercício, cada aluno deveria falar sobre como foi realizada a tarefa "Exercendo as profissões", o que lhe pareceu interessante, se restou alguma dúvida etc. Os coordenadores aproveitaram para salientar que as informações solicitadas, somadas a outras de seu interesse - como remuneração -, poderão servir como possíveis critérios no momento de realizar escolhas profissionais.

Como segunda atividade, solicitamos que todos os alunos lessem a sua "carta do eu futuro para o eu do presente". Caso alguém não quisesse ler, deveria ao menos comentar como foi a experiência de escrever, relatando dificuldades e ganhos obtidos com a realização dessa tarefa.

Depois de ler e comentar todas as cartas, entregamos aos alunos uma última atividade escrita, de avaliação do processo de OP, estimulando-os a refletir e responder como chegaram ao grupo de orientação profissional e como estão saindo, pontuando o que mais lhes chamou a atenção em cada reunião, assim como sugestões e críticas sobre as atividades e os encontros do trabalho de orientação profissional.

Depois de escreverem suas percepções e avaliações, foi solicitado que compartilhassem com os colegas e os orientadores suas principais observações e sugestões e como se sentiam no momento de finalização do trabalho.

Os encontros foram encerrados reforçando a importância de eles continuarem se conhecendo e se informando sobre os cursos e as profissões que mais lhes interessam, assim como sobre cursos e profissões que ainda não conhecem muito bem.

Como fechamento do quinto encontro, solicitamos que cada aluno definisse em uma palavra o significado do Giop como um todo.

Breve análise das atividades realizadas

É invariável a lição para a humanidade de que a distância no tempo, e também no espaço, dá mais foco às coisas.
(Isaac Asimov)

Conforme já apontamos, a intervenção em orientação profissional em grupo teve vários objetivos, entre eles facilitar a escolha profissional aos orientandos e desenvolver atividades que proporcionem o autoconhecimento, a busca de informações sobre cursos e profissões, a escolha (hipotética) de um futuro profissional possível e a compreensão de que eles são os maiores responsáveis por suas escolhas profissionais.

Apresentaremos agora uma breve avaliação do processo realizado, com base no que foi descrito como projeto de intervenção.

No primeiro encontro, procuramos fazer a apresentação dos participantes do grupo e do serviço de orientação profissional; estabelecer um contrato de trabalho; indagar o que trouxe os alunos ao grupo; discutir papéis e estereótipos relacionados ao trabalho de OP; iniciar reflexões sobre o que é escolher e o que são critérios para realizar escolhas.

A apresentação proporcionada pela técnica da teia (novelo de lã) se mostrou muito interessante tanto como recurso quanto para discutir questões pertinentes ao ambiente grupal e ao contrato de trabalho. Somado a isso, indagar durante a apresentação sobre como os orientandos se encontravam naquele momento com relação ao seu processo de escolha possibilitou compartilhar conflitos, o que revelou sentimentos e ideias que serviram de base para os orientadores conhecerem mais sobre os alunos e seus conflitos vivenciados no presente.

Em contrapartida, as frases distribuídas para discussão em pequenos grupos não foi uma atividade muito produtiva. Nossa intenção era trabalhar tanto as expectativas dos orientandos quanto algumas distorções presentes nestas, como: qual é o papel do orientador profissional, o que é fazer uma escolha de carreira, quais são os objetivos gerais e específicos do nosso trabalho em grupo de OP etc. Nossa hipótese é a de que possivelmente, além de as frases não terem sido bem formuladas de acordo com o que pretendíamos reforçar no grupo, boa parte do conteúdo que poderia ser discutido já havia sido abordada com menos ênfase durante a técnica da teia.

Quanto à técnica que envolveu o uso de imagens como introdução aos temas "escolhas" e "critérios", ficamos muito satisfeitos com o resultado alcançado. Os alunos se mostraram empenhados em participar e em entender o que pretendíamos propor ao apresentarmos aquelas imagens. Além disso, a maneira como essa atividade foi realizada constituiu-se em uma ótima oportunidade para solicitarmos a primeira tarefa para casa, despertando o interesse dos alunos.

O segundo encontro foi o que mais frustrou nossas expectativas. Inicialmente, dividimos os alunos em duplas, a fim de que eles dialogassem sobre como foi realizar a tarefa para casa. Procuramos acompanhar o diálogo das duplas e notamos que alguns não haviam entendido bem o significado de critérios e sua importância no momento de realizar escolhas. Quando abrimos espaço para um diálogo no grande grupo, nem todos se mostraram dispostos a falar sobre o assunto.

A segunda atividade do segundo encontro foi considerada por nós o ponto fraco do trabalho. A ideia de fazer indagações que provocariam reflexões sobre escolhas e critérios se mostrou equivocada, pois os alunos não demonstraram interesse em dialogar sobre o conteúdo apresentado, resultando em quase um monólogo dos orientadores sobre temas que já haviam sido abordados.

Em contrapartida, o terceiro encontro se superou e foi considerado por nós o ponto alto do trabalho e um dos principais motivos que nos levaram a desejar compartilhar a experiência que obtivemos.

Conforme já relatamos, o terceiro encontro foi todo voltado para a correção da tarefa "Cursos, critérios e influências". Essa atividade possibilitou que os alunos refletissem e compartilhassem os critérios considerados mais importantes para eles no momento de fazer escolhas profissionais. Também permitiu que fizessem escolhas hipotéticas sobre os cursos nos quais tinham maior interesse e, também, que os coordenadores investigassem os possíveis motivos relacionados às dificuldades do aluno de escolher um curso de graduação.

Ficamos satisfeitos de observar que os alunos se empenharam tanto em realizar a tarefa para casa quanto em discutir com o grupo os seus critérios de escolha. Da maneira como organizamos a atividade, foi possível fazer indagações individuais sobre o momento da escolha e o grau de conhecimento dos alunos sobre os cursos de seu interesse.

Além disso, a atividade do terceiro encontro trouxe duas situações não previstas no planejamento da intervenção. Primeiramente, ela nos possibilitou explorar os motivos que levam os alunos a não conseguir realizar sua escolha profissional - seja porque necessitam de mais informações sobre si e sobre o curso, seja porque existe alguma influência determinante contrária à sua escolha ou até mesmo uma questão que não está clara, mas os impede de realizar a escolha naquele momento.

Em segundo lugar, embora os orientadores reforçassem durante todo o processo que a escolha do curso de graduação deveria ocorrer ao longo do ano - e não apenas durante o período em que ocorreria o grupo de orientação profissional -, ficou claro que a maior parte dos alunos já havia encaminhado sua escolha, independentemente de qual curso escolheriam. Não foi possível identificar com precisão o que contribuiu para esse encaminhamento - se foi a reflexão sobre os critérios, durante a realização da tarefa para casa, o compartilhamento dos principais critérios utilizados para escolher um curso, o ato situacional de restringir de sete para apenas um curso de graduação durante a atividade em grupo ou, ainda, a soma de cada um desses fatores aliada à mediação dos orientadores profissionais. De qualquer modo, esse terceiro encontro foi realizado exatamente da mesma maneira em outros oito grupos de orientação profissional e o resultado foi basicamente o mesmo.

O quarto encontro possibilitou a vivência dos alunos em situações profissionais diversas, por meio da criação de uma cidade fictícia. Essa tarefa permitiu-lhes se imaginar exercendo atividades diversas em diferentes locais e, assim, perceber quais delas lhes agradariam mais caso suspendêssemos momentaneamente valores vinculados a aspectos financeiros e de status social.

O clima nos dois grupos foi bem descontraído e permitiu avaliar se existia alguma congruência entre os cursos e as áreas em que eles mais demonstraram interesse. Caso houvesse, os orientadores poderiam reforçar ou não essa congruência, e, se não houvesse, poderiam sinalizar essa informação para o aluno, permitindo que ele refletisse melhor sobre o que de fato está buscando ao escolher um curso ou uma profissão.

O quinto encontro possibilitou um fechamento muito interessante e dentro das expectativas dos orientadores para o trabalho como um todo. A atividade "Carta do eu futuro para o eu do presente" permitiu aos orientandos vivenciar a criação de pelos menos um projeto de vida para o futuro e também relatar seu grau de confiança e satisfação com relação à realização desse futuro hipotético. Alguns alunos preferiram não ler a sua carta e isso foi respeitado pelos orientadores.

Muitos orientandos não realizaram a atividade "Exercendo as profissões". Acreditamos que isso tenha ocorrido porque nesse encontro foi solicitada a realização de duas atividades para casa, em vez de apenas uma, tendo a "Carta do eu futuro para o eu do presente" despertado nos alunos maior interesse. Em outros grupos trabalhados posteriormente foi solicitado que os alunos realizassem a atividade "Exercendo as profissões" e, nessa oportunidade, o retorno foi muito mais positivo.

A autoavaliação dos orientandos permitiu-lhes analisar seu grau de envolvimento com as atividades realizadas e com a escolha de um curso de graduação. Ela também possibilitou aos alunos expressar os pontos que consideraram mais importantes em seu processo de escolha e, também, trazer críticas e sugestões ao trabalho dos orientadores, além de oferecer a estes mais um espaço para pontuações necessárias, visando ao melhor desenvolvimento e resultado do processo de escolha de cada orientando.

De modo geral, nossa avaliação sobre o processo de intervenção foi positiva. Embora em alguns momentos tenha ocorrido certo sentimento de frustração, todos os objetivos estabelecidos foram cumpridos e ainda tivemos a oportunidade de aprender novas técnicas e maneiras de atuar com adolescentes, estas mais reflexivas do que lúdicas.

Considerações finais

É preciso apontar para o alto e tentar chegar longe.
E é preciso ter critério e coragem [...].
(Gabriel García Márquez)

Trabalhando com jovens no contexto da orientação profissional, temos visto a real importância de enfatizar o trabalho na etapa do autoconhecimento, sobretudo por compreender que estamos inseridos numa sociedade hipermoderna, em que a cultura do excesso e da urgência tem produzido pessoas mais angustiadas, frágeis, individualistas e consumistas e, em consequência, mais isoladas da coletividade (Pinheiro, Rhoden e Martin, 2010).

Nesse panorama social, a cultura hedonista, que centraliza nas sensações do corpo os objetivos da existência, não raro obnubila a racionalidade, o discernimento, a ponderação e, por vezes, o próprio processo de autoconhecimento dos jovens que estão diante de sua primeira escolha profissional. Logo, vê-se a importância da orientação profissional, de modo geral, naquilo que tange o sofrimento psicossocial na atual realidade, por ser observada a casuística das dificuldades sociais e profissionais (Pinheiro, Rhoden e Martin, 2010).

Com base na intervenção aqui exposta, concluímos que em grupos de orientação profissional é imprescindível que haja, em algum momento, a proposição de reflexões com os orientandos sobre o que é escolher e o que representa ser livre para escolher, a fim de não apenas responsabilizá-los por uma escolha em curto prazo, mas de fazê-los entender que cada escolha que fazemos contribui para construir em grande parte aquilo que fomos, somos e seremos.

Nesse sentido, o trabalho de autoconhecimento com técnicas de orientação profissional, e, agora, com o exercício dos critérios para escolha, poderá contribuir para que o jovem, muitas vezes alienado de si mesmo por não conhecer seus desejos, interesses e critérios de escolha (Soares, 2002), desenvolva maior senso crítico e autonomia, expandindo esse desenvolvimento além da escolha profissional para diversas áreas de sua existência. Nesse trabalho, estima-se que o jovem amplie a lucidez no que diz respeito às implicações do ato de escolher (aparentemente) sem critérios e compreenda a postura irracional e as possíveis consequências de seu modo de atuar no mundo daí advindas.

Consideramos bastante pertinente compreender a descrição das intervenções e dos procedimentos realizados no trabalho de orientação profissional, que contribui de maneira didática para o processo de autoconhecimento dos jovens referente aos critérios de escolha e, também, dos orientadores que desejarem se embasar nesse projeto para suas intervenções.

Infelizmente, quase não encontramos referências que trabalhem o tema "critérios para realizar escolhas" na área de orientação profissional. Seria isso decorrente do fato de esse tema ser considerado pouco importante para o processo de OP? Em caso negativo, estamos negligenciando estudos e práticas sobre ele ou apenas a divulgação de referenciais teóricos e experiências práticas que possivelmente favoreceriam o trabalho de nossos pares?

Com base nessas reflexões, gostaríamos de salientar apenas mais um ponto que consideramos relevante para a presente proposta. Embora o enfoque da nossa intervenção tenha sido a reflexão e a proposição de critérios de escolha mais individualizantes, procuramos trabalhar, ao longo de toda a intervenção, aspectos sociais relacionados à escolha profissional. Tanto em discussões em grupo sobre que tipo de trabalho é voltado para a sociedade – no nosso entendimento, todas as funções têm como resultado final servir à sociedade – quanto em atividades como "Perfil das profissões" e "Exercendo as profissões", ao procurarmos oportunizar espaços para uma reflexão crítica sobre o papel social do exercício profissional, independentemente do local e serviço prestado (Lisboa, 1995), entendemos que elas também se incluem no trabalho dos orientadores profissionais.

Sartre (2012) dizia que toda escolha humana é uma escolha de pessoas que têm em comum não apenas uma mesma natureza, mas uma mesma condição: a condição humana. Para ele, quando um homem faz uma escolha, escolhe não apenas algo por ele e para ele, mas também, de certo modo, por todos aqueles que se encontram na mesma condição existencial que ele.

A promoção de maior autonomia, liberdade e responsabilidade, numa perspectiva ética, é uma forma de favorecer não apenas a felicidade de indivíduos isolados, mas de todas as pessoas que se encontram na mesma condição humana. E refletir sobre os critérios que fundamentarão as escolhas individuais das pessoas, em última análise, é também aprender a refletir sobre como contemplar necessidades e desejos individuais numa sociedade mais livre, fraterna e justa para todos os homens.

Esses são nossos votos de incentivo aos leitores, orientadores profissionais e pesquisadores dessa área do conhecimento que visam aperfeiçoar o trabalho de critérios de escolha no contexto da OP, tendo em vista a teoria e prática expostas no presente capítulo, com o objetivo de contribuir para uma escolha mais autônoma, assertiva e lúcida por parte não apenas dos orientandos, mas também de modo geral.

Referências

ABBAGNANO, N. *Dicionário de filosofia*. 2. ed. São Paulo: Martins Fontes, 1999.

BOHOSLAVSKY, R. *Orientação vocacional – A estratégia clínica*. 11. ed. São Paulo: Martins Fontes, 2003.

CUNHA, A. G. da. *Dicionário etimológico da língua portuguesa*. 2. ed. Rio de Janeiro: Nova Fronteira, 2002.

HOUAISS, A.; VILLAR, M. de S. *Dicionário Houaiss da língua portuguesa*. Rio de Janeiro: Objetiva, 2009.

JAPIASSÚ, H.; MARCONDES, D. *Dicionário básico de filosofia*. 3. ed. Rio de Janeiro: Jorge Zahar, 2001.

LISBOA, M. D. *Orientação vocacional/ocupacional: projeto profissional e compromisso com o eixo social.* Dissertação (mestrado em Psicologia), Pontifícia Universidade Católica de São Paulo, São Paulo, 1995.

MICHAELIS. *Moderno dicionário da língua portuguesa.* São Paulo: Melhoramentos, 1998.

NEIVA, K. M. C. *Processos de escolha e orientação profissional.* São Paulo: Vetor, 2007.

______. *Critérios para a escolha profissional.* 2. ed. São Paulo: Vetor, 2008.

PINHEIRO, K. F.; RHODEN, I.; MARTINS, J. C. de O. "A experiência do ócio na sociedade hipermoderna". *Revista Mal-estar e Subjetividade,* v. 10, n. 4, dez. 2010, p. 1131-46.

SARTRE, J.-P. *O existencialismo é um humanismo.* Rio de Janeiro: Vozes, 2012.

SOARES, D. H. P. (org.). *Pensando e vivendo a orientação profissional.* 7. ed. São Paulo: Summus, 1993.

SOARES, D. H. P. *A escolha profissional do jovem ao adulto.* 2. ed. São Paulo: Summus, 2002.

______. *O que é escolha profissional.* 4. ed. São Paulo: Brasiliense, 2010.

VALLS, A. L. M. *O que é ética.* 9. ed. São Paulo: Brasiliense, 2013.

REPERCUSSÕES DE UM CURSO PRÉ-VESTIBULAR POPULAR NA VIDA DOS ESTUDANTES[1]

GERUZA TAVARES D'AVILA
CLAUDIA BASSO
NÁDIA VERIGUINE
DULCE HELENA PENNA SOARES

11

Introdução

Inserido na discussão sobre o acesso ao ensino superior brasileiro, este capítulo tem como objetivo apresentar esse tema e suas categorias analisadas em uma investigação mais ampla, realizada em um estudo de mestrado[2]. O acesso ao ensino superior, assim como sua integralização, é um assunto que ao longo dos anos vem ganhando cada vez mais destaque no Brasil. Atrelado a uma série de fatores, cabe mencionar quanto a implantação de medidas para o combate à evasão escolar possibilitou o aumento do número de concluintes do ensino médio no país, além de uma série de programas destinados à ampliação das matrículas no ensino superior (Brasil, 2008).

Por outro lado, adentrar a universidade e concluir um curso superior ainda é tarefa difícil para grande parte da po-

1. Esta pesquisa contou com recursos da Coordenação de Aperfeiçoamento de Pessoal de Nível Superior (Capes).

2. Este capítulo apresenta parte dos achados da pesquisa realizada no mestrado da primeira autora, sob a orientação da última e co-orientação da profa. dra. Edite Krawulski, pertencente ao mesmo programa de pós-graduação.

pulação. Mesmo existindo outras formas de ingresso, como o Exame Nacional do Ensino Médio (Enem) e o Sistema de Seleção Unificada (Sisu), o vestibular - fase única ou combinada - ainda é uma das principais "portas" de acesso às universidades brasileiras. Whitaker (2010, p. 290), ancorada em Pierre Bourdieu, explica quem são aqueles que batem às portas da universidade brasileira: "Trata das camadas privilegiadas, e, no entanto, expõe jovens vivenciando dificuldades decorrentes da fraqueza de capital cultural". Desse modo, para a população de camadas populares, com reduzida possibilidade de acesso ao ensino fundamental e médio de qualidade, o exame vestibular torna-se difícil de ser enfrentado diante de concorrentes bem preparados por cursinhos comerciais que almejam, sobretudo, a admissão em universidades públicas.

Na perspectiva de facultar a essa camada menos favorecida da população a oportunidade de acesso ao ensino superior público e privado, democratizando-o, existe o programa reserva de vagas, ou Política de Ações Afirmativas (PAAs), e o Programa Universidade para Todos (Prouni), que concedem bolsas de estudo parciais e integrais em instituições de ensino superior privadas. Além disso, há também os sistemas de crédito estudantil[3] federal, estadual, municipal.

3. Sistema de financiamento para estudantes que visa custear os gastos com os estudos no ensino superior, oriundos dos governos federal, estadual e municipal, de entidades externas e/ou da própria instituição que o estudante frequenta. Há duas formas de financiamento estudantil para o ensino superior: reembolsáveis (ex: Fies do Governo Federal), em que o estudante, depois de formado, deverá pagar com juros seu empréstimo ao órgão financiador; e não reembolsáveis (ex: Prouni, bolsas do governo estadual e municipal, bolsas da própria IES), em que não haverá devolução do que está sendo custeado.

Apesar de o termo "vestibular" sugerir "entrada", Soares-Lucchiari (1993) destaca que na realidade brasileira esse exame representa muito mais a porta de saída, pois a maioria dos candidatos não ultrapassa a "barreira do vestibular" (D'Avila, 2006). Essas questões não podem ser analisadas de maneira meramente individual, uma vez que há todo um contexto social, político e histórico construído ao longo dos anos que medeia os motivos para a busca do ensino superior, assim como o êxito ou o fracasso dos candidatos. Cabe lembrar Schiessl e Sarriera (2004, p. 39), ao apontarem que "o acesso ao ensino superior não é um fenômeno passível de ser entendido por si mesmo".

Conforme Bomfim (2003, p. 48), em sua pesquisa com estudantes de um curso pré-vestibular gratuito (Cape), o sistema vestibular "dá prioridade a técnicas de memorização e que não estimulam o senso crítico dos candidatos, características propedêuticas que têm suas raízes na organização escolar do Brasil colônia e ainda persistem até os dias atuais". É preciso mencionar que, antes da implantação de cursos superiores no Brasil, em meados do século XIX, a elite da sociedade buscava o diploma universitário em instituições europeias, sobretudo na França e em Portugal (D'Avila, 2006).

Ao realizar uma retrospectiva sobre a "invenção" do vestibular até a criação dos cursinhos populares, Whitaker (2010, p. 293) destaca o seguinte aspecto:

> [...] pode-se afirmar que os cursinhos pré-vestibulares se constituíram por um duplo movimento: por um lado, eram estratégias das elites para garantir a trajetória dos seus filhos em direção à

universidade, enquanto, por outro lado, eram nichos atrativos para a efetivação de capitais em busca de expansão e lucros.

Conforme assinala Guimarães (1984), a partir da década de 1970 foi instalada no país uma profusão de cursinhos pré-vestibulares, culminando no que a autora chamou de "indústria do vestibular", pois muitos desses centros educacionais se tornaram grandes empresas no setor. Atualmente, vários colégios e escolas privadas, além de ofertar o ensino médio, têm oferecido cursos preparatórios para o exame vestibular e o Enem.

Whitaker (2010, p. 294) explica que os cursinhos pré-vestibulares ocorrem no Brasil desde a criação do exame vestibular; no entanto,

> a novidade nos cursinhos comunitários que surgiram a partir da década de 1990 não está na sua proliferação pelo país afora. A novidade está nas intenções e na visibilidade do fenômeno. A instalação de cursinhos populares, para além da boa vontade de igrejas e ONGs, é hoje reivindicação social e vai se tornando uma política pública compensatória, exigida muitas vezes pela população.

Esses cursinhos, chamados de populares, alternativos ou comunitários, têm mensalidade barata ou até mesmo gratuita. Seu principal objetivo é possibilitar aos jovens a superação da barreira do vestibular - além de lutar pelo empoderamento sociopolítico e cultural e por políticas de ação afirmativa, inclusão, cidadania, emancipação social e respeito à diversidade cultural (D'Avila, 2006; Carvalho, 2006; Bacchetto, 2003).

Whitaker (2010) cita pelo menos três experiências que em sua opinião merecem ser destacadas: 1) os cursinhos para afrodescendentes, que promovem debates e oficinas sobre a identidade e a cultura negras[4]; 2) os cursinhos oferecidos para além das áreas urbanas, na zona rural e com professores formados na perspectiva de Paulo Freire[5]; 3) cursinhos com arcabouço de disciplinas de cunho filosófico, como no caso relatado por Bomfim (2003).

Na concepção desses cursinhos está a compreensão dos drásticos efeitos da desigualdade socioeconômica da população, em especial da juventude brasileira, assim como a busca de estratégias alternativas para superá-la. Concorda-se com Whitaker (2010) quanto à realização de orientação profissional (OP) nesses espaços, possibilitando aos sujeitos a desnaturalização das concepções de profissão, vocação e do próprio termo trabalho. Ademais, num processo de OP é preciso destacar, como o faz Bastos (2005), que as determinações socioeconômicas são preponderantes para as escolhas e/ou não escolhas dos sujeitos, cabendo ao orientador profissional

> comprometido com os ideais de uma sociedade verdadeiramente justa e igualitária não perder de vista essas determinações, que

4. Whitaker (2010) cita a dissertação de Vitorino titulada "O cursinho pré-vestibular para negros e carentes da ONG Fonte (Araraquara-SP) à luz dos debates sobre racismo e cultura negra", apresentada à Faculdade de Ciências e Letras da Universidade Estadual Paulista (Unesp) em 2009.
5. Whitaker (2010) cita o capítulo "Cursinhos comunitários, esperança e desalento: um estudo em assentamentos de reforma agrária (Araraquara-SP)", escrito por ela, Paiva e Onofre e publicado em 2008 no livro *Educação, juventude e políticas públicas – Reflexões sobre inclusão e preconceito* pela editora Cultura Acadêmica.

muitas vezes limitam de tal modo o grau de liberdade do indivíduo que as suas reais possibilidades de escolha se tornam quase nulas. (Bastos, 2005, p. 42)

Preocupada com a inserção de jovens e adultos no ensino superior nas universidades públicas, principalmente a população da camada econômica mais baixa, a Universidade Federal de Santa Catarina (UFSC) fundou o Curso Pré-Vestibular Popular – Inclusão para a Vida, que atende semestral e anualmente centenas de jovens e adultos egressos do ensino médio público de baixa renda *per capita*. Há também um serviço de orientação profissional disponível para os estudantes solicitantes. Considerando esse espaço um lócus de iniciação para a vida profissional desses estudantes, foi realizado um estudo com o objetivo de conhecer as repercussões desse cursinho preparatório para a vida de alguns participantes. No capítulo ora apresentado, as categorias construídas com base nessa temática foram: a) a visão dos estudantes; b) a importância de terem sido "escolhidos" como alunos; c) as contribuições do cursinho para a vida e o futuro desses jovens.

O Curso Pré-Vestibular Popular da Universidade Federal de Santa Catarina[6]

O Curso Pré-Vestibular Popular surgiu em 2003, como projeto piloto, implantado pela Pró-Reitoria de Ensino de Gradua-

6. Esta seção do capítulo foi construída com base em D'Avila (2006) e atualizada de acordo com o site oficial do cursinho: <http://prouniversidade.com.br/home/>. Acesso em: 18 jun. 2017.

ção em parceria com a Pró-Reitoria de Assuntos da Comunidade e a Associação de Aposentados e Pensionistas da Universidade Federal de Santa Catarina. Seu objetivo era atender à demanda de estudantes com baixa renda *per capita* interessados em frequentar os cursos pré-vestibulares privados e adentrar as universidades, em especial as públicas. Além disso, o projeto pretendia ser uma ação de inclusão social afirmativa para modificar o baixo índice de aprovação de candidatos isentos da taxa de inscrição do vestibular e a evasão desses alunos da universidade.

O primeiro curso (nesse mesmo ano) teve início com duas turmas de 60 alunos, tendo durado três meses. A seleção foi feita entre os estudantes contemplados com a isenção da taxa de inscrição no vestibular da UFSC. Destes, 14% (sendo 12% na UFSC e 2% na Universidade do Estado de Santa Catarina - Udesc) foram aprovados. Em 2004, foi realizada uma segunda edição, ainda piloto, objetivando atender 200 alunos, sendo uma turma de 80 estudantes de extensivo (com duração de oito meses) e duas turmas de semiextensivo de 60 estudantes (com duração de quatro meses). Destes, 22% ingressaram no ensino superior.

Diante dos resultados positivos, no ano seguinte ampliou-se o número de estudantes para 400, distribuídos proporcionalmente em turmas do extensivo e do semiextensivo. A partir de 2006, a seleção dos estudantes passou a ser realizada por meio de edital específico sobre a isenção do vestibular. Em 2008, o Cursinho Pré-Vestibular da UFSC expandiu o projeto com uma unidade no município de Curitibanos. No ano seguinte, firmou uma parceria com a Secretaria de Estado da Educação de Santa Catarina (SED), atendendo a mais de 20 municípios pelo estado de Santa Catarina. Em virtude das mudanças no processo de inserção no ensino superior, especialmente pelas PAAs, o cursinho adaptou-se e em 2014 tornou-se o Pró Universidade, alcançando índice de aprovação de 62% em universidades públicas.

Em virtude das dificuldades apresentadas pelos estudantes para fixar as matérias, já que muitos estavam há algum tempo sem estudar, houve necessidade de aplicar uma metodologia diferenciada a fim de possibilitar um acompanhamento pedagógico mais detalhado. Dessa forma, foi introduzida uma metodologia mais dinâmica, incluindo uma postura motivadora por parte dos professores. Para sua execução, selecionam-se professores com experiência nesse tipo de abordagem. Considerando que os estudantes do cursinho são, na maioria, pessoas inseridas no mercado de trabalho, frequentando as aulas no período noturno, há necessidade de um perfil de educador diferenciado. Este deve ser, portanto, sensível à situação e eclético em sua prática pedagógica.

As aulas são compostas nos padrões dos cursinhos tradicionais, contando inclusive com um sistema de aprofundamento, preparação e simulados. São proporcionados momentos com parcerias diversas, com a finalidade de auxiliar o aluno em sua trajetória para o vestibular e para a vida, como o serviço de orientação profissional, que realiza dinâmicas de grupo e palestras sobre as profissões e a ansiedade pré-vestibular. Há também um serviço de assistência social e outras atividades relacionadas a motivação e cidadania, assim como festas de confraternização e atividades esportivas. O curso disponibiliza ainda ao vestibulando algumas vantagens comuns aos alunos da UFSC, como o direito ao vale-transporte de estudante. Em relação aos livros que são solicitados pelo vestibular, o próprio cursinho oferece o empréstimo aos alunos, além do acesso ao acervo da Biblioteca Universitária e ao Laboratório de Informática (Labgrad), para contribuir em seus estudos.

Método

Participaram da pesquisa mais ampla, qual seja, uma dissertação de mestrado, sete estudantes, sendo três pertencentes à turma extensiva e os demais, à turma semiextensiva do cursinho pré-vestibular popular da UFSC; quatro mulheres e três homens, com idades entre 18 e 22 anos.

O instrumento utilizado foi uma entrevista individual semiestruturada, com perguntas abertas e fechadas. As entrevistas foram gravadas em áudio e posteriormente transcritas na íntegra. É necessário esclarecer a anuência dos sujeitos em relação ao termo de consentimento livre e esclarecido (TCLE), assinado por eles e pelas pesquisadoras, permitindo a publicação de seus dados; os nomes aqui citados são fictícios e escolhidos pelos próprios sujeitos durante as entrevistas. Todas elas foram realizadas no segundo semestre de 2005, nas salas utilizadas pelo cursinho da UFSC, na própria universidade.

As informações coletadas foram analisadas pelo método de análise de conteúdo de Laurence Bardin (1979). Em seguida, foram criados temas e categorias de análise. Neste capítulo apresentaremos uma das temáticas construídas no processo analítico da pesquisa – "Repercussões do Curso Pré-Vestibular Inclusão para a Vida" –, em que foram encontradas as categorias: a) "a visão dos alunos", b) "a importância de terem sido 'escolhidos'"; c) "as contribuições para a vida e o futuro".

Como os estudantes viam o cursinho

> [...] o cursinho é o auxílio de um irmão. (Regina, 22 anos)

Na categoria "a visão dos estudantes", um ponto de unanimidade nas respostas foi o fato de estes considerarem vários aspectos positivos quanto ao cursinho estudado: o ensino, os professores, a coordenação, o espaço físico e a relação com os colegas. Algumas particularidades foram citadas, entre elas os critérios de seleção, a falta de informação sobre as possibilidades de frequentar o curso, o público-alvo, o comportamento dos estudantes, o clima de amizade formado entre os colegas e a qualidade dos professores.

Em relação ao processo seletivo, verificou-se que na avaliação dos estudantes este se apresenta bastante criterioso e efetivo, funcionando de maneira satisfatória. No entanto, quanto à sua divulgação, faltam informações sobre seus objetivos, seu público-alvo e, sobretudo, os critérios e procedimentos quanto ao seu processo de seleção.

Outro ponto destacado foi o fato de o curso se dirigir a estudantes de baixa renda. Ao frequentarem as aulas, os sujeitos se identificam entre si, já que compartilham trajetórias de vida bastante similares no que tange às restritas condições financeiras e de estudos. Vitor, de 21 anos, enfatiza como se sente bem entre sujeitos parecidos com ele: "Eu comecei a interagir com as pessoas, não sei se é porque agora eu entrei entre os meus... Iguais, entende? [...] Isso fez mudar o meu pensamento bastante".

Alguns estudantes mencionaram, nesse sentido, o fato de nunca terem faltado às aulas do cursinho, mesmo quando doentes - caso de Sofia (19 anos) - ou cansados pela rotina de trabalho - caso de Regina (22 anos). Outros sujeitos estabeleceram uma relação bastante amistosa entre si, no sentido de colaboração, cooperação e solidariedade, como evidenciado em outros estudos sobre cursinhos populares (Bonfim, 2003). Vitor afirma ainda sobre o cursinho: "É como a minha família aqui... Criei um amor por algumas pessoas da sala, um carinho..." Regina também mencionou o curso pré-vestibular como uma segunda família para ela.

A atuação dos professores foi apresentada como mais um aspecto positivo, diferentemente dos resultados encontrados por Bonfim (2003). Em seu estudo, os entrevistados apresentaram queixa com relação à falta de compromisso por parte de alguns professores e sua consequente substituição, o que não foi encontrado nos dados da presente pesquisa. Isso pode ser explicado pelo fato de que geralmente os cursinhos populares apresentam professores voluntários, o que não é o caso dos professores do pré-vestibular em questão, que são remunerados por seu trabalho.

Entre os aspectos diferenciais do cursinho está o fato de oferecer a preparação para o exame vestibular sem a cobrança de mensalidades e material de estudo, já que o curso tem recursos próprios e disponibiliza material didático gratuito aos alunos. Dessa forma, os sujeitos da pesquisa evidenciam os aspectos positivos e as qualidades do cursinho em relação a outros espaços que conhecem.

> Um dos melhores que tem, é comparado com um dos melhores [...] Tem gente que não tem oportunidade de pagar, não tem como pagar, isso aqui é uma porta que foi aberta, que tem de aproveitar ao máximo. É um cursinho barato, bom [...] gratuito [...] com professores excelentes [...] a matéria que é passada aqui é passada em qualquer outro cursinho. (Pedro, 18 anos)

Afinal, o cursinho passa a ser considerado parte importante da vida de seu alunado, contribuindo para o seu crescimento em diversos aspectos. Conforme o estudo de Bastos (2005), o termo "escolha profissional" deve ser relativizado; é a trajetória educacional e laboral dos estudantes que dá o tom de um futuro a ser percorrido. No caso dos sujeitos entrevistados na pesquisa ora apresentada, pode-se dizer que o cursinho pré-vestibular popular Inclusão para a Vida foi uma possibilidade de efetivar escolhas antes não realizadas, apoiando os estudantes objetiva e subjetivamente, assim como o faz a família ou outra rede de apoio na consecução de objetivos de vida.

A importância de terem sido "escolhidos"

> [...] nunca achei que eu fosse ser escolhida em qualquer processo de seleção [risos], então já começa por isso. (Sofia, 19 anos)

Uma possibilidade de mudança: este foi um dos principais significados erigidos ao longo do ano de 2005 pelos concluintes do cursinho no momento da entrevista. Muitos mencionaram como se sentiram valorizados e reconhecidos, possibilitando a crença num futuro melhor. O curso adquiriu diversas significações para os sujeitos entrevistados, pois, conforme suas falas, estudar nas salas de aula desse curso foi muito mais do que ser preparado para o vestibular.

Além de se configurar como uma oportunidade de acessar a universidade pública, o referido pré-vestibular adquiriu significados com forte conotação afetiva, como "sentir-se melhor", ser como "uma ponte" ou "alicerce", um "empurrão", ou mesmo "auxílio de um irmão".

Considerando a ansiedade provocada pela necessidade de passar e/ou de tirar boas notas, Levenfus (1997) pontua que esta, em geral, está ligada à autoestima do sujeito, principalmente quando há um histórico de reprovação. Para muitos, o cursinho representou uma parte de si mesmo rememorada e resgatada em sua trajetória acadêmica e laboral.

> Porque eu tava bem desanimada, foi como um empurrão [...] me deu, assim, mão, braço, perna, cotovelo pra mim, pô, volta pra realidade, volta pra estudar, volta. [...] lembra que tu tens uma meta a cumprir, não vai só estudar por estudar [...] Aí depois que eu vi a oportunidade do cursinho, poxa, que legal, agora vou poder cumprir meu sonho. (Regina, 22 anos)

Conforme destaca Whitaker (2010), o objetivo dos cursinhos pré-vestibulares não é apenas a preparação para os conteúdos dos exames vestibulares. Assim, para os jovens entrevistados, pertencer ao cursinho Pré-Vestibular Popular ampliou seus horizontes de visão, limitados às restritas possibilidades que tinham em sua concretude, tal como os jovens entrevistados por Bastos (2005).

Por meio de todos esses depoimentos, foi possível perceber a importância da participação desses jovens no cursinho. A vaga nesse banco escolar parece ser muito mais do que uma chance de cruzar os muros do ensino médio e adentrar a universidade. Significa poder se preparar para ser "alguém" no mundo e construir um futuro melhor, por meio da inserção no mundo do trabalho na profissão escolhida (D'Avila *et al.*, 2011).

As contribuições do cursinho para a vida dos estudantes

> Há um ano, eu era uma pessoa totalmente diferente do que eu sou hoje. (Vitor, 21 anos)

Iniciamos este tópico com a epígrafe de Vitor, um dos entrevistados, pois se observaram algumas mudanças em sua vida decorrentes da sua participação no cursinho. A partir do ingresso no curso, vários jovens utilizaram termos como "amadurecimento", "diferente", relatando quanto a visão sobre si mesmos e sobre a própria vida foi transformada.

Assim, diferentemente do que Whitaker (2010) critica nos métodos de ensino tradicionalmente encontrados nos cursinhos pré-vestibulares comerciais, que dispensam o ensino mais substantivo, aqui, apesar de esses sujeitos terem ingressado no cursinho com vistas a atingir seu projeto de vida mais amplo – o de ser alguém (D´Avila, 2006; D'Avila *et al.*, 2011) –, eles foram afetados em suas visões de mundo e de si mesmos, sendo difícil precisar em termos concretos as mudanças mais efetivas na vida de cada um.

No caso do Cursinho Pré-Vestibular Popular Inclusão para a Vida, o principal diferencial é o fato de as aulas serem realizadas nas dependências da universidade. Essa característica foi fundamental para aproximar o futuro desejado ao presente vivenciado. Cabe lembrar o estudo de Bastos (2005) sobre a trajetória de dez egressos do ensino público, em que conclui ser o determinante socioeconômico o principal obstáculo para a efetivação das opções laborais dos entrevistados.

Em nossa pesquisa, os estudantes também mencionaram como contribuição do cursinho o crescimento pessoal e o fortalecimento dos relacionamentos interpessoais e de solidariedade. Embora o desenvolvimento da cidadania não seja um objetivo direto da administração do curso, parece ser essa uma grande repercussão do cursinho na vida de seus alunos.

> Como é que eu posso te dizer? Uma coisa cresceu bastante: a humanização. [...] Eu pensava só em mim... só em mim, só em mim, eu vou fazer isso, porque... eu vou me dar bem, ou porque eu quero [...] vai fazer bem pra mim [...] daí eu entrei, comecei a estudar e tinha gente que vinha pra mim e dizia: "Bah, tu entendeu a matéria, me ensina? Ou faz comigo?" [...] daí eu comecei a lidar com essas pessoas [...] Dizia: pô, mas eu posso ajudar outra pessoa também, com o meu conhecimento, com o mínimo que eu tenho. [...] Mas tá ajudando, tá fazendo, e eu gostava [...] Eu comecei a gostar de fazer isso, eu senti que eu me humanizei mais [...] Deixei de achar que era autossuficiente nas coisas. (Vitor, 21 anos)

Também como constatado por Bonfim (2003), foi possível perceber um sentimento de solidariedade desenvolvido pela inserção no ambiente pré-vestibular. A preocupação com o próximo era maior que a consigo mesmo. Os estudantes apropriaram-se do desejo de ajudar os outros, diferentemente do que ocorre nos pré-vestibulares comerciais, em que a competição e a rivalidade são difundidas e incentivadas (Soares, 2002).

> Como, onde é que tu vai interagir com as pessoas no teu dia a dia quando ele é apertado como era o meu? [...] Mas tu consegue sempre interagir... Foi isso que eu vim aprender aqui... [...] Tu acha que a pessoa é uma anta, daí tu vai conversar com ela [...] Daí tu entende que não, que na verdade ela é... assim, um gênio... (Vitor, 21 anos)

Segundo os estudantes, o cursinho, por meio de sua prática de ensino motivadora e de uma equipe preocupada com a proposta, dentro do ambiente universitário, foi instigador e funcionou como uma alavanca para que o sonho não ficasse tão distante, principalmente por terem sido selecionados entre cerca de 3 mil candidatos naquele ano. Essa oportunidade foi um estímulo para acreditar num futuro melhor, modificar seus valores, suas visões de mundo e de si mesmos. Contribuiu para o amadurecimento e o crescimento pessoal, na preparação para a vida e para o trabalho e, muito importante, no desenvolvimento das relações humanas – como a amizade, a solidariedade, o companheirismo e a ajuda mútua.

Logo, o exame vestibular, como principal porta de acesso ao ensino superior brasileiro, configura-se como um paradoxo a ser enfrentado por candidatos e demais envolvidos nesse processo, como familiares, professores e amigos. Nesse sentido, a própria OP pode ser um elemento a favor da potência desses sujeitos, seja em cursinhos pré-vestibulares ou em quaisquer espaços nos quais se resgate a historicidade dos sujeitos em sua trajetória educacional e laboral.

A orientação profissional em ação

Os cursos pré-vestibulares têm como foco principal preparar para o exame vestibular. Mas esse objetivo não pode ser o único. Com a realização da pesquisa, pôde-se constatar que a repercussão do cursinho na vida dos seus estudantes transcende essa proposta. Além de oportunizar melhores condições diante do acesso ao ensino superior, propicia novas possibilidades e melhores expectativas para o futuro.

O cursinho foi mais que uma oportunidade de acesso e preparação para o ingresso na universidade para os participantes do estudo, considerados vestibulandos desde o momento de seu ingresso. A inserção no cursinho interferiu positivamente e de forma imediata na vida desses sujeitos, transformando alguns de seus valores e visões de mundo, tais como a solidariedade, a colaboração e o desejo de ajudar o próximo. As redes de relações sociais estabelecidas no cursinho deram novas significações à vida dos entrevistados e à própria concepção de si mesmos.

Finalmente, é fundamental marcar a importância de projetos de orientação profissional em contextos em que sujeitos oriundos de camadas menos privilegiadas socioeconomicamente possam resgatar a cidadania e os aspectos potencializadores de suas trajetórias, a fim de realizar escolhas e construir um projeto de futuro profissional.

Referências

BACCHETTO, J. G. *Cursinhos pré-vestibulares alternativos no município de São Paulo (1991-2000): a luta pela igualdade no acesso ao ensino superior*. Dissertação (mestrado em Educação), Universidade de São Paulo, São Paulo, 2003.

BARDIN, L. *Análise de conteúdo*. Lisboa: Edições 70, 1979.

BASTOS, J. C. "Efetivação de escolhas profissionais de jovens oriundos do ensino público: um olhar sobre suas trajetórias". *Revista Brasileira de Orientação Profissional*, v. 6, n. 2, 2005, p. 31-43.

BONFIM, T. A. *O Cape em nossas vidas: a visão de um grupo de alunos, ex-alunos e colaboradores sobre um curso pré-vestibular gratuito*. Dissertação (mestrado em Educação), Universidade de São Paulo, Ribeirão Preto, 2003.

BRASIL. Ministério da Educação (MEC). *O Plano de Desenvolvimento da Educação: razões, princípios e programas*. Brasília: Ministério da Educação; Instituto de Estudos e Pesquisas Educacionais Anísio Teixeira, 2008.

CARVALHO, J. C. B. de. "Os cursos pré-vestibulares comunitários e seus condicionantes pedagógicos". *Cadernos de Pesquisa*, v. 36, n. 128, ago. 2006, p. 299-326. Disponível em: <http://www.bvs-psi.org.br/>. Acesso em: 17 out. 2006.

D'AVILA, G. T. *O ensino superior como projeto profissional para "ser alguém": repercussões de um cursinho pré-vestibular popular na vida dos estudantes*. Dissertação (mestrado em Psicologia), Universidade Federal de Santa Catarina, Florianópolis, 2006.

D'AVILA, G. T. *et. al.* "Acesso ao ensino superior e o projeto de 'ser alguém' para vestibulandos de um cursinho popular". *Psicologia & Sociedade*, v. 23, n. 2, 2011, p. 350-58. Disponível em: <http://www.scielo.br/scielo.php?script=sci_arttext&pid=S0102-71822011000200016&lng=pt&nrm=iso&tlng=pt/>. Acesso em: 15 mar. 2017.

GUIMARÃES, S. *Como se faz a indústria do vestibular*. Petrópolis: Vozes/Ibase, 1984.

LEVENFUS, R. S. *Faça o vestibular com seu filho, faça o vestibular com seus pais*. Porto Alegre: Artes Médicas, 1997.

SCHIESSL, C. S.; SARRIERA, J. C. "Refletindo a questão do ingresso ao ensino superior: dificuldades e expectativas dos jovens de ensino médio". In: SARRIERA, J. C.; ROCHA, K. B.; PIZZINATO, A. (orgs.). *Desafios do mundo do trabalho: orientação, inserção e mudanças*. Porto Alegre: EDIPUCRS, 2004.

SOARES, D. H. P. *A escolha profissional – Do jovem ao adulto*. São Paulo: Summus, 2002.

SOARES-LUCCHIARI, D. H. P. *O que é escolha profissional*. 3. ed. São Paulo: Brasiliense, 1993.

WHITAKER, D. C. A. "Da 'invenção' do vestibular aos cursinhos populares: um desafio para a orientação profissional". *Revista Brasileira de Orientação Profissional*, v. 11, n. 2, jul.-dez. 2010, p. 289-97.

AUTOCONHECIMENTO E PLANEJAMENTO DA CARREIRA POR UNIVERSITÁRIOS[1]

NÁDIA VERIGUINE
GERUZA TAVARES D'AVILA
DULCE HELENA PENNA SOARES

12

Introdução

Planejar a carreira é um processo complexo que demanda conhecimento de si mesmo e de informações profissionais. Ribeiro (2009, p. 204) aponta que a noção de carreira emergiu "associada às empresas em um mundo estruturado pela normatividade, pela previsibilidade e pela estabilidade do modelo taylorista-fordista", mas que ao mesmo tempo, como já afirmava Everett C. Hughes em 1937, também compreendia uma dimensão social, em que a identidade, os papéis e as representações sociais se fazem presentes. É nessa perspectiva, a dos sujeitos sociais, que o presente capítulo pretende discorrer.

Assim, o autoconhecimento, ou seja, o conhecimento de si mesmo, pode ser definido como as informações de uma pessoa sobre seu modo de ser e a maneira como geralmente vivencia e atribui sentidos ao meio ao seu redor. Ele envolve

1. Este capítulo de livro apresenta parte dos resultados encontrados na dissertação de mestrado de Veriguine (2008), sob orientação da profa. dra. Dulce Helena Penna Soares e co-orientação da profa. dra. Suzana da Rosa Tolfo, pertencentes ao Programa de Pós-Graduação em Psicologia (PPGP) da UFSC.

a consciência das características principais, dos valores pessoais, das crenças, das habilidades, dos gostos, dos interesses e das metas pessoais (Bowditch e Buono, 1992; Soares, 1991). Em seu conjunto, essas informações vão compor as particularidades do sujeito, formando sua identidade pessoal. Compreendido como um processo vital, o autoconhecimento demanda a capacidade de realizar reflexões e análises sobre si mesmo. Segundo Rodrigues (1995), uma das formas de conhecer a si mesmo é por meio da observação das próprias ações e reações diante de pessoas, objetivos, situações e ambientes.

A informação profissional, por sua vez, pode ser definida como toda aquela relacionada à formação continuada, aos cursos, às profissões, às carreiras, às áreas de atuação e ao mercado de trabalho (Bohoslavsky, 1993). Ela tem caráter pedagógico no processo de orientação profissional ao fornecer informações sobre o mundo laboral, corrigindo distorções e preconceitos geralmente presentes nos jovens que ainda não se inseriram no mundo do trabalho ou naqueles que têm como única opção o trabalho, como mencionado por Ferretti (1998). Segundo Ribeiro (2013), os modelos tradicionais da OP – teoria e prática oriunda da sociedade estadunidense e europeia ao longo do século XX – beneficiaram em grande parte aqueles com alguma condição socioeconômica privilegiada, não tendo ajudado na mesma dimensão os que vivem na América Latina.

Logo, este capítulo pretende evidenciar quanto o processo de conhecer a si mesmo é tomado como fundamental (ou não) no planejamento de carreira dos formandos, entrevistados numa pesquisa mais ampla, assim como sua noção sobre o autoconhecimento (Veriguine, 2008). As autoras partem do pressuposto de que é pelo conhecimento de si mesmo que os sujeitos poderão viver de forma libertária suas atividades laborais, uma vez que o trabalho, em sua concepção genérica definida por Karl Marx, também pode transformar o ser humano.

Planejamento de carreira: uma possibilidade de intervir em OP

Para Soares (2002), o processo de OP é composto de três momentos: o autoconhecimento, a informação profissional e a escolha propriamente dita. Somente conhecendo a si mesmo e ao mundo do trabalho é possível ao sujeito decidir sobre o seu futuro. De acordo com a autora, cabe lembrar também que a escolha profissional é sempre aquela possível para o momento, o que permite relativizá-la certa ou errada, oriunda de um modelo de sociedade em que o positivismo e o utilitarismo são princípios norteadores.

É preciso esclarecer ainda que tanto o ser humano como o mundo ao seu redor são constantemente transformados e (res)significados ao longo do tempo, o que não permitiria atribuir graus ou medir quanto cada sujeito acumularia de conhecimento de si mesmo ou do mercado de trabalho.

Bohoslavsky (1993) foi, na América Latina, um dos primeiros psicanalistas de OP a apontar a importância da informação profissional e do autoconhecimento no processo de realizar escolhas para a vida profissional. Segundo o autor, para orientar as escolhas profissionais, é necessário saber as áreas de trabalho e suas demandas, bem como avaliar a situação do mundo laboral, suas oportunidades e dificuldades.

Ao escolher um trabalho – seja ele na forma de emprego, profissão ou ocupação –, o sujeito precisa desenvolver o conhecimento de si mesmo, de seus gostos, interesses, habilidades, valores e sentimentos em relação ao trabalho.

Para Melo-Silva (2003, p. 282), a informação profissional também é muito importante para o processo de pensar a carreira, devendo as informações "incluir os problemas e os questionamentos a respeito do exercício profissional".

Tendo como base a teoria de desenvolvimento vocacional de Donald Super, Teixeira, Bardagi e Hutz (2007) afirmam que ter uma imagem clara de si mesmo é fundamental para a realização de escolhas e projetos profissionais. Ao perceber que características pessoais apresenta, o sujeito pode direcionar suas escolhas conforme seus interesses e habilidades.

Para Martins (2007, p. 311), as escolhas relacionadas à profissão devem ser baseadas no conhecimento sobre si mesmo e sobre a realidade do mundo do trabalho, pois, "se não no início de sua trajetória de vida, mas em pelo menos algum momento desse percurso, alcança um conhecimento do mundo e de si mesmo a partir do qual possa fundamentar as escolhas que pautam o curso de sua vida".

Greca (2000) sugere que o indivíduo explore as informações sobre si mesmo, sobre sua profissão e sobre suas experiências, conferindo-lhes diferentes significados que possibilitem a realização das escolhas da carreira. Segundo a autora, a qualidade das escolhas realizadas está condicionada às informações que a pessoa detém. O processo de escolher relaciona-se com a disponibilidade e a capacidade de processar informações. À medida que o jovem adquire conhecimentos, pode planejar sua carreira, inserindo-se no campo profissional de forma mais integrada, autônoma e responsável. Segundo a autora (2000, p. 116-17),

> quando se tem informação disponível, e esta é apreendida com o objetivo de ser transformada em conhecimento, também o referencial pessoal do indivíduo, simultaneamente, torna-se mais consistente para a própria pessoa.

Segundo Dutra (1996) e Martins (2006), o planejamento de carreira demanda a análise sistemática da realidade pessoal e profissional, a capacidade de decisão, a definição de metas e um processo constante de avaliação tanto dos objetivos quanto da satisfação pessoal.

Em estudo estatístico realizado com estudantes universitários, Teixeira, Bardagi e Hutz (2007) mostram que os comportamentos exploratórios de si mesmo - que produzem autoconhecimento - e os do ambiente - que geram informação profissional - estão associados entre si e também ao processo de planejamento de carreira. Para os autores, a exploração do ambiente ocupacional conduz à necessidade de análise dos próprios valores e interesses, da mesma forma que a autoanálise das habilidades e das necessidades produz uma busca de experiências e oportunidades que venham ao encontro dessas características pessoais. Segundo os autores, ter informações sobre si mesmo e sobre oportunidades ocupacionais permite aos jovens universitários escolher a carreira de forma mais eficiente.

Para Soares (2000), o planejamento de carreira se constitui num processo no qual o indivíduo determina suas habilidades, seus interesses e valores. Ele possibilita a elaboração de objetivos profissionais e o estabelecimento de planos para alcançá-los. Supõe planificar a direção que se deseja ter no desenvolvimento da carreira, em função das características pessoais e das condições da realidade laboral. Não significa uma escolha rígida e definitiva, mas principalmente uma direção pela qual o indivíduo está optando ao iniciar a trilha de sua trajetória profissional.

Ao longo da vida, muitas mudanças podem ocorrer na caminhada profissional, sobretudo na atualidade, em um mundo marcado pela transitoriedade e precariedade dos postos de trabalho, uma vez que se vive em uma sociedade de regime assalariado. A educação aparece como uma promessa integradora, no entanto isso nem sempre ocorre – como mostra Prandi (1982) em relação aos favoritos degradados do ensino superior, em especial da Universidade de São Paulo (USP) –, recaindo exclusivamente aos sujeitos a responsabilidade pela própria inserção e manutenção nesse sistema.

Por outro lado, sabe-se que o mínimo de satisfação profissional é muitas vezes pré-requisito para uma vida de prazer e felicidade. E os jovens que procuram qualquer modalidade de OP estão justamente à procura dessa sensação de bem-estar, advinda da possibilidade de externar ideias, colocar em prática conhecimentos, construir projetos e implementar mudanças, por meio do desempenho de uma atividade profissional. Por outro lado, esses jovens, estimulados pelo movimento do consumismo, que retroalimenta o sistema capitalista, também procuram o processo de OP como ferramenta de ajuste e adaptação ao sistema e como alternativa à exclusão social, entre outros motivos.

Método

Participaram do estudo sete estudantes de graduação, sendo cinco homens e duas mulheres, com idade entre 22 e 29 anos, todos regularmente matriculados na disciplina optativa de Orientação e Planejamento de Carreira da UFSC[2]. Um participante da pesquisa cursava Administração, dois cursavam Ciências Econômicas, três cursavam Engenharia Mecânica e o último, Engenharia de Produção Mecânica. Todos estavam em fase de conclusão de seus cursos. A participação no estudo foi espontânea e voluntária, de forma que as pesquisadoras acolheram alunos(as) interessados(as) sem a preocupação com a quantidade de integrantes de cada curso.

Como instrumento para a coleta de informações, foi realizada uma entrevista semiestruturada com cada um dos participantes do estudo; nesse momento, eles escolheram um nome fictício para identificá-los, pelo qual serão chamados também neste capítulo. Ao material coletado, foi aplicada a Análise de Conteúdo, em sua forma temática (Bardin, 1977).

Mediante leitura flutuante e identificação dos padrões recorrentes nas falas dos entrevistados, foram construídos alguns eixos temáticos e categorias analíticas, conforme apontado em Veriguine (2008). Neste capítulo será evidenciado o eixo temático "Autoconhecimento" e suas categorias de análise: a) autoconhecimento: "*que coisa difícil*" e b) o papel do autoconhecimento no processo de planejar a carreira.

2. Como vimos, trata-se da dissertação de Veriguine (2008) realizada em 2008 e vinculada ao Programa de Pós-Graduação em Psicologia da UFSC. Foi submetida ao Comitê de Ética de Pesquisa com Seres Humanos (CEPSH) da mesma universidade.

Autoconhecimento: "que coisa difícil"[3]

Essa temática parece ter sido uma das mais difíceis para os entrevistados, uma vez que houve uma variedade de respostas para as perguntas referentes ao autoconhecimento. Alguns entrevistados foram capazes de descrever várias características pessoais, outros tiveram dificuldades de responder à pergunta e houve ainda quem demonstrasse pouquíssimo conhecimento a respeito do seu jeito particular de ser.

Os entrevistados consideraram que não se conhecem (muito ou pouco) porque às vezes se enganam com aquilo que acreditam de si mesmos. Ao se comparar com outra pessoa, descobrem que não são tão bons (ou tão ruins) em alguma característica pessoal como julgavam. Houve quem tenha citado a importância de se autoanalisar e a diferença que existe entre a autopercepção e a percepção que outras pessoas têm sobre ele, não sendo possível uma apreensão total de si mesmo.

> Porque eu acho que eu ainda tenho muito que me conhecer, sabe? Tenho de me entender melhor. (Catarina)

> Se você perguntar como eu sou para mim e para as outras pessoas, como elas me veem, sempre vai dar alguma diferença razoável, então acho que não há nenhuma pessoa que seja exatamente como ela se descreve e como as pessoas a descrevem, acho que nenhuma das duas é o que você é exatamente, acho que é uma combinação das duas. (João)

3. Discurso extraído da entrevista de Fernando.

Refletir sobre si mesmo e sobre o próprio comportamento demonstrou ser uma tarefa árdua para esses jovens, mesmo quando estabelecem uma relação com o trabalho que realizam. Ao ser questionados sobre seus principais aspectos positivos e negativos como profissional, houve quem tenha "se perdido" na fala ou mesmo esquecido qual era a pergunta.

> Como profissional? [...] Acho que negativo: falta de organização [...] Tá, eu tenho, acho que, comprometimento, né? Sim. Eu me comprometo com tudo que faço, senão [...] eu não largo [...] se eu me comprometo a fazer uma coisa eu faço. Como era a pergunta mesmo? (Fernando)

Para o grupo de entrevistados que apresentavam um número maior de experiências profissionais, a atividade de relatar as principais características não foi tão complexa. João foi capaz de explicar os motivos que o levam a não querer a carreira acadêmica em consonância com seus gostos, interesses e valores pessoais.

> Não gosto muito de ficar em cima de livro para estudar, gosto de pegar o conhecimento que eu já tenha adquirido e trabalhar em cima disso, [...] então eu não dou muito para pesquisa, gosto mais da parte mais aplicada [...] eu gosto disso, da parte aplicada e prática, real. Laboratório, não! (João)

Tereza e Catarina, as duas entrevistadas do sexo feminino, também estabeleceram uma relação entre as características pessoais e as atividades que seriam ou não mais indicadas diante desse jeito particular de ser.

> Eu resolvo bem problemas, [...] acho que eu consigo entender, compreender bem, assim, quando eu tenho um dado, eu já consigo visualizar pra quê [...] quais são as utilidades que ele pode ter, né? Não sei qual é o nome disso. [...] É senso prático. É, sim, senso prático, sim, mas não é exatamente o que eu queria dizer. Também a capacidade analítica, eu tenho bastante. (Catarina)

> Eu não gosto de todos os dias fazer a mesma coisa. Eu não consigo. Preciso pensar, fazer alguma coisa que me motive. Acho que não iria aguentar um trabalho que durante todo o expediente tivesse de fazer sempre a mesma coisa. (Tereza)

As características que Fernando, João, Tereza e Catarina citam vão ao encontro do que o mercado de trabalho vem solicitando aos profissionais: gostar de desafios, ter senso prático e capacidade analítica, ser criativo, dinâmico, responsável, comprometido e buscar um trabalho com sentido (Oliveira, Guimarães e Coleta, 2006). Elas se aproximam daquilo que Malvezzi (1998) descreve como "agente econômico reflexivo", o profissional comprometido com os resultados que busca produzir valor econômico contando com sua capacidade de reflexão.

Ricardo e Lucas, os dois participantes da pesquisa que demonstraram estar mais seguros em relação à escolha de um futuro profissional, afirmam que se conhecem e estão satisfeitos consigo mesmos. Ricardo é capaz de perceber que às vezes tem um comportamento arrogante e gostaria de realizar uma consulta com um profissional especializado para ampliar ainda mais sua autopercepção, enquanto Lucas

 está feliz com as descobertas que fez sobre si por meio das

atividades da disciplina de Orientação e Planejamento de Carreira, que frequentou.

> Por vezes demonstro certa arrogância por ter conhecimento, acho que às vezes acontece isso, prepotência na mesma linha, né? [...] Às vezes as pessoas chegavam para mim e perguntavam: "Você acha que sabe de tudo?" Foi aí que eu consegui perceber que as pessoas percebiam isso de mim. [...] (Ricardo)

> Estou extremamente feliz agora com o tanto de coisa que vi. [...] Pô, isso é legal. Está funcionando pra mim. (Lucas)

O fato de Ricardo e Lucas conhecerem várias características e particularidades pessoais os auxiliou no processo de planejar a carreira, facilitando as decisões quanto à escolha com que mais se identificam, como mostram Bohoslavsky (1993), Greca (2000) e Soares (2000).

Relações entre autoconhecimento e planejamento de carreira

Assim como encontrado na literatura, todos os participantes da pesquisa afirmaram ser necessária alguma informação de si mesmos para pensar o futuro profissional. Para eles, ao planejar a carreira é essencial ter conhecimento sobre suas características, seus gostos e interesses, pois isso facilita o direcionamento para aquilo que traz realização pessoal. Segundo os entrevistados, o objetivo do planejamento de carreira é permitir que o indivíduo encontre algum grau de felicidade no trabalho; sem conhecimento sobre si mesmo, parece difícil encontrar essa satisfação. Para eles, a carreira é feita de muitas pequenas escolhas que precisam estar baseadas nos interesses da pessoa, no que ela gosta de fazer. Dessa forma, a principal relação que os participantes estabeleceram entre o autoconhecimento e o planejamento de carreira é que aquele pode auxiliar a pessoa em seu processo constante de escolhas e na busca de realização profissional.

> Porque tem de fazer um planejamento de carreira que, dentro de todas as escolhas que tu vai ter de fazer, tu estejas sempre indo para o lado da satisfação, seguindo aquele plano de carreira... Várias escolhas vão ter de ser feitas e se tu tiver sempre pro lado do que tu quer, [...] eu acho que isso é planejamento de carreira ideal. É quando tu sabe exatamente o que tu quer, né? (Catarina)

> Não adianta, por mais que a pessoa preze muito a questão financeira pelo retorno, ela vai ser muito infeliz se não gostar um mínimo. Não é fazer o que se gosta, porque é muito difícil. Mas é gostar do que se está fazendo. Se não gostar do que está fazendo, por mais bem remunerado que seja, fica difícil. E pra gostar do que se está fazendo tem de se conhecer um pouco. (Tereza)

Essa relação que os entrevistados tecem entre planejamento de carreira e realização profissional está de acordo com Soares (2000). A autora afirma que o planejamento de carreira visa possibilitar um bom desenvolvimento da pessoa em sua profissão e está intimamente ligado ao sucesso e à realização pessoal que o indivíduo almeja alcançar no desempenho de sua atividade profissional.

Ricardo, estudante de Administração, relaciona o planejamento de carreira e o planejamento estratégico de uma empresa, afirmando que, como esta precisa conhecer sua missão, sua visão e seus valores, o indivíduo também precisa conhecer seus gostos e interesses para hierarquizar as escolhas de sua carreira. Segundo Ricardo, "se você não tem uma visão, uma missão, não tem seus valores solidificados, como é que você pode seguir uma carreira? E sem esse autoconhecimento você não consegue escolher nem o tipo de empresa onde você trabalharia".

Para outros participantes da pesquisa se faz importante ter autoconhecimento, mas isso não é essencial para planejar a carreira. Segundo Paulo, que apresenta uma concepção de carreira limitada à ascensão de cargos e salários e, portanto, ao modelo tradicional de carreira, o ideal seria receber orientação desde muito cedo. Essa orientação, e não o autoconhecimento, é que auxiliaria o processo de escolhas e a tomada de decisões na carreira.

Embora para Lucas o conhecimento pessoal não seja fundamental para o processo de planejar a carreira, há outra relação entre planejamento de carreira e autoconhecimento. O processo de planejar a carreira já é um exercício de autoconhecimento. Com as reflexões do planejamento, a pessoa inevitavelmente buscará conhecimento pessoal porque precisará pensar naquilo que lhe é ou não fundamental.

> O planejamento do cara que se conhece vai ser muito mais preciso, muito mais fácil de ser alcançado. Mas se a pessoa que não tem um autoconhecimento muito bom for tentar fazer [...] for sentar pra fazer o planejamento, ela vai se conhecer um pouco na hora de fazer o planejamento. (Lucas)

Os entrevistados fazem também uma relação entre autoconhecimento e realidade do mundo do trabalho. Para planejar a carreira, além de identificar gostos e habilidades, é importante também ter certo conhecimento sobre oportunidades de trabalho. Na opinião dos participantes da pesquisa, a pessoa deve alinhar suas características pessoais com as necessidades do mercado.

> Tentando casar o mercado e eu. Acho que não adianta eu planejar só pensando em mim e depois não encontrar espaço no mercado. Eu não quero nadar, nadar e morrer na praia. Também levo em conta o que mercado procura. Às vezes abrir mão de alguma coisa que eu gostaria mais. Mas de repente não é algo que o mercado preza. Porque eu também quero algum sucesso financeiro. Eu quero poder comprar as coisas de que eu gosto. Então não adianta nada, pra mim, só levar em consideração aquilo de que eu gosto. Eu levo em consideração também o que o mercado pede. (João)

Esse achado vai ao encontro do que afirmam os autores, para quem a informação profissional, que envolve o conhecimento das possibilidades de trabalho, da profissão e de si mesmo são os pilares do processo de escolha e de planejamento de carreira (Bohoslavsky, 1993; Greca, 2000; Soares, 2000).

A OP em ação

Ao findar este capítulo, as autoras salientam quanto o processo de planejamento de carreira é uma das formas de colocar a OP em ação. Assim, cabem algumas considerações sobre esse processo no âmbito das universidades.

Um primeiro ponto é que o autoconhecimento deve ser elementar para a ação/intervenção em OP, tal como preconiza Soares (2002). Para isso, no entanto, o orientador profissional deve promover a autonomia e não o ajuste ou a adaptação dos sujeitos às normas, em especial à ideologia que o conduz ao emprego numa sociedade de trabalho assalariado. Nesse sentido, historicizar os termos "trabalho", "emprego", "ocupação" e "profissão" se configura como ponto nodal na atuação em OP.

No âmbito da universidade, onde os sujeitos se encontram em processo de profissionalização, isto é, pretendem se tornar profissionais a partir da certificação obtida pelo curso universitário, é preciso investigar o que eles pretendem em relação ao diploma de curso superior, assim como as razões que os fizeram ingressar na universidade. É preciso entender o papel da educação e da instituição de ensino superior em diferentes tempos e espaços.

Logo, pensar sobre si mesmo não constitui tarefa fácil, mas é importante realizá-la não só na forma de disciplina/componentes curriculares nas universidades, como foi o caso narrado ao longo do capítulo. Na própria universidade podem ser realizados projetos de extensão para levar ao seu entorno uma possibilidade (e um momento) de refletir sobre si mesmo, que é também refletir sobre um tipo de sociedade que se constrói no presente.

Finalmente, a OP em ação deve atingir a todos os sujeitos que pretendem uma reflexão e uma mudança social; desse modo, cabe aos próprios orientadores profissionais o rompimento com um modelo de atendimento endereçado às elites, àqueles que têm condições financeiras de pensar e planejar o seu futuro. E quanto aos demais sujeitos da sociedade? Fica a pergunta.

Referências

BARDIN, L. *Análise de conteúdo*. São Paulo: Martins Fontes, 1977.

BOHOSLAVSKY, R. *Orientação vocacional: a estratégia clínica*. São Paulo: Martins Fontes, 1993.

BOWDITCH, J. L.; BUONO, A. F. *Elementos de comportamento organizacional*. São Paulo: Thomson, 1992.

COELHO, J. A. "Organizações e carreiras sem fronteiras". In: COSTA, I. de S. A. da; BALASSIANO, M. *Gestão de carreira: dilemas e perspectivas*. São Paulo: Atlas, 2006.

DUTRA, J. S. *Administração de carreiras: uma proposta para repensar a gestão de pessoas*. São Paulo: Atlas, 2006.

FERRETTI, C. *Uma nova proposta de OP*. São Paulo: Cortez, 1998.

GRECA, M. G. "A importância da informação na orientação profissional: uma experiência com alunos de ensino médio". In: SOARES, D, H. P.; LISBOA, M. D. (orgs.). *Orientação profissional em ação – Formação e prática de orientadores*. São Paulo: Summus, 2000.

MALVEZZI, S. "Empregabilidade e carreira". *Cadernos de Psicologia Social do Trabalho*, v. 1, ano 2, 1998, p. 68-72.

MARTINS, H. T. "Gerenciamento de carreira proteana: contribuições para práticas contemporâneas de gestão de pessoas". In: COSTA, I. de S. A. da; BALASSIANO, M. (orgs.). *Gestão de carreira – Dilemas e perspectivas*. São Paulo: Atlas, 2006.

MARTINS, L. C. "Escolha profissional e desenvolvimento: contribuições a partir da perspectiva sócio-histórico-cultural". In: BARROS, D. T. R.; LIMA, M. T.; ESCALDA, R. (orgs.). *Escolha e inserção profissional: desafios para indivíduos, famílias e instituições – Orientação profissional: teoria e técnica*. v. 3. São Paulo: Vetor, 2007.

MELO-SILVA, L. L. "Ética e competência na prática da orientação profissional". In: MELO-SILVA, L. L. *et al. Orientação profissional: teoria e prática – Arquitetura de uma ocupação*, v. 1. São Paulo: Vetor. 2003, p. 69-90.

OLIVEIRA, M. C.; GUIMARÃES, V. F.; COLETA, M. F. D. "Modelo desenvolvimentista de avaliação e orientação de carreira proposto por Donald Super". *Revista Brasileira de Orientação Profissional*, v. 7, n. 2. 2006. Disponível em: <http://pepsic.bvsalud.org/scielo.php?script=sci_arttext&pid=S1679-33902006000200003>. Acesso em: 12 maio 2017.

PRANDI, R. *Os favoritos degradados: ensino superior e profissões de nível universitário no Brasil hoje*. São Paulo: Loyola, 1982.

RIBEIRO, M. A. "Reflexiones epistemológicas para la orientación profesional en América Latina: una propuesta desde el Construccionismo Social". *Revista Mexicana de Orientación Educativa, REMO*, v. X, n. 24, jan.-jun. 2013, p. 2-10. Disponível em: <http://pepsic.bvsalud.org/scielo.php?script=sci_arttext&pid=S1665-75272013000100002>. Acesso em: 12 maio 2017.

______. "A trajetória da carreira como construção teórico-prática e a proposta dialética da carreira psicossocial". *Cadernos de Psicologia Social do Trabalho*, v. 12, n. 2, 2009, p. 203-16.

RODRIGUES, E. A. *Escolher a profissão (Ponto de Apoio)*. São Paulo: Scipione, 1995.

SOARES, D. H. P. *O que é a escolha profissional*. 2. ed. São Paulo: Brasiliense, 1991.

______. "As diferentes abordagens em orientação profissional". In: SOARES, D. H. P.; LISBOA, M. D. (orgs.). *Orientação profissional em ação – Formação e prática de orientadores*. São Paulo: Summus, 2000.

______. *A escolha profissional do jovem ao adulto*. São Paulo: Summus, 2002.

TEIXEIRA, M. A. P.; BARDAGI, M. P.; HUTZ, C. S. "Escalas de exploração vocacional (EEV) para universitários". *Psicologia em Estudo*, v. 12, n. 1, 2007, p. 175-82. Disponível em: <http://www.scielo.br/scielo.php?script=sci_arttext&pid=S1413-73722007000100023&lng=pt&nrm=iso>. Acesso em: 12 maio 2017.

VERIGUINE, N. R. *Autoconhecimento e informação profissional: implicações para o processo de planejar a carreira de jovens universitários*. Dissertação (mestrado em Psicologia), Universidade Federal de Santa Catarina, Florianópolis, 2008.

APÊNDICE

A formação em orientação profissional: uma experiência de 21 anos

Cabe aqui enfocar, de modo mais aprofundado, a origem da presente coleção, concebida como resultado do trabalho com a formação do orientadores profissionais, num período que perdura por 21 anos, realizada pelo Instituto do Ser – Orientação Profissional e de Carreira.

Composto por um grupo de profissionais pesquisadores e preocupados com o desenvolvimento do ser humano em sua essência e abrangência, o Instituto do Ser foi fundado em 1993, na cidade de São Paulo. Sua proposta centrou-se no trabalho em psicologia, em especial nas áreas da psicologia clínica e de orientação profissional, buscando propiciar o fortalecimento do ser no sentido de ampliar a consciência de suas potencialidades como autor, construtor e transformador de si e, de acordo com seus desejos e capacidades, contribuindo com a construção do meio social.

Transcorridos 24 anos, o Instituto ampliou seu campo de atuação, em contextos e abordagens, estendendo-se a escolas e organizações públicas e privadas. Em 2011, sua sede foi transferida para Florianópolis (SC).

No ano de 1996, foi dado início ao trabalho com a formação em orientação profissional, quando foi concebido pelas psicólogas e professoras, então mestres, Marilu Diez Lisboa e Dulce Helena Penna Soares o Curso de Formação em Orientação Profissional – *A facilitação da escolha.*

Conforme vimos no primeiro capítulo deste livro, a orientação profissional é uma área do conhecimento que merece estudo aprofundado e específico. O número de teorias que embasam a OP não é pequeno, embora no Brasil haja maior incidência de algumas linhas, tais como as teorias psicodinâmicas e as desenvolvimentistas.

Mesmo diante dessa realidade, tanto no caso da formação em Psicologia quanto em Pedagogia, cursos de nível superior em que a OP faz parte do currículo, a disciplina de OP pode ser opcional. No caso da formação em Psicologia, mesmo não havendo opção pela disciplina, os estudantes têm a possibilidade de realizar estágio supervisionado na área, mas, mesmo assim, são restritas as universidades que proporcionam esse estudo ou prática. Assim, o profissional está habilitado a trabalhar na área, mas não necessariamente capacitado. Nessa medida, torna-se necessária a existência de cursos livres em orientação profissional, que forneçam os subsídios teórico-práticos para quem não fez a opção por OP durante a formação universitária. No entanto, mesmo para quem fez tal opção, é interessante aprofundar conhecimentos ou buscar novos.

Desse modo, o papel dos formadores em orientação profissional se torna de grande importância, pois há de se zelar pela qualificação desses profissionais, pela abrangência e pelo aprofundamento dos conhecimentos na área, assim como pela qualidade da experiência acumulada e pela questão ética, esta que leva à importante pergunta: como uma área do conhecimento específica pode não ser oferecida como formação e, ao mesmo tempo, considerada parte do trabalho de determinados profissionais?

Outra questão a ser observada diz respeito ao grau de importância dado à OP pela sociedade, a começar pelo sistema de ensino no seu papel de formador das novas gerações. Cabe aqui salientar como exemplo que no sistema público de ensino brasileiro nada se realiza em nome da orientação profissional, a não ser de modo pontual e voluntário. Não existem no Brasil políticas que garantam aos estudantes da escola pública uma orientação quanto ao seu futuro, em qualquer das instâncias.

Mais presentemente, também os profissionais de recursos humanos das organizações de trabalho têm-se alertado para a função da OP em consequência dos altos índices de desligamento de funcionários, diante do complexo contexto do mundo do trabalho que os demitidos enfrentarão em busca de novos postos. A questão da empregabilidade está imbricada com a reescolha profissional, colocando assim a OP num lugar de importância no contexto empresarial privado e até mesmo no setor público brasileiro, este que se evidencia cada vez mais como uma escolha pautada somente no quesito segurança em detrimento da realização profissional.

Nesses 21 anos de existência, foram concluídas no Brasil 45 turmas do curso de formação, em nove capitais e uma cidade do interior paulista, e seis turmas em três universidades, uma federal e duas particulares, nos estados de Santa

Catarina e Minas Gerais. Somando as duas modalidades de curso, hoje estamos com aproximadamente 850 orientadores profissionais formados.

O Curso de Formação em Orientação Profissional – *A facilitação da escolha* foi firmado com base em quatro pilares:

1. **Formar profissionais com um nível básico de conhecimento sobre as principais teorias da psicologia vocacional, bem como de um número significativo de técnicas que propiciassem a efetivação de um trabalho eficaz com a população.** Fundamentando essa ideia, se firmava a constatação de que nem sempre os estudantes de Psicologia e Pedagogia saíam da faculdade com o conhecimento mínimo necessário das teorias e técnicas mais atuais em OP e, mesmo que o obtivessem, estavam dissociados como grupo.
2. **Formar profissionais preocupados com a questão do papel social da orientação profissional, até então vista primordialmente como uma prática dirigida a estudantes das classes média, média alta e alta, que escolhem passar por um curso universitário como requisito para o ingresso no mundo do trabalho.** Assim, ao falarmos dos jovens brasileiros, acabamo-nos referindo aqueles que podem estudar e ingressar numa universidade, deixando de lado a grande maioria que necessita ingressar no mundo do trabalho ainda criança ou adolescente.
3. **Formar orientadores profissionais conscientes, críticos e criativos, que possam desenvolver a área de OP tanto no aprofundamento científico quanto na abran-**

gência de sua ação. Nessa concepção, procuramos propor aos alunos orientadores a reflexão sobre propostas e, ao mesmo tempo, incentivar a pesquisa de novos caminhos na orientação profissional, de forma que possam ser agentes transformadores da complexa e problemática realidade que vivemos, no seu papel profissional.

4. **Formar orientadores profissionais comprometidos eticamente com o seu papel profissional,** postura minimamente imprescindível para cumprir com os objetivos já citados.

A realização do Curso de Formação em Orientação Profissional - *A facilitação da escolha* tem demonstrado um efetivo crescimento dos estudantes em relação tanto aos conhecimentos teórico-práticos como ao amadurecimento do papel de orientadores profissionais. Não é raro acompanhar suas trajetórias na busca de um lugar como orientador, ou, ainda, a afirmação como orientador profissional em locais onde já trabalhavam, incrementando a atividade com novas propostas e com elas obtendo êxito.

Também tem chamado a atenção o despertar de muitos em relação à importância social do trabalho em orientação profissional. A ampliação da consciência do papel da OP na sociedade atual, com suas circunstâncias e idiossincrasias, vem obtendo lugar de destaque no curso e no desempenho dos estudantes.

O clima que procuramos cultivar no curso tem propiciado o cultivo frequente de afetos e amizades. Assim, a colaboração e o compartilhar, que tanto julgamos necessários, vão além de relações superficiais e limitadas. É possível sentir o crescimento de relações construtivas, cujo produto fica evidente no decorrer do próprio curso. O desejo de muitos de dar continuidade ao curso demonstra bem esse clima que se imprime nas turmas.

Finalmente, eu não poderia deixar de agradecer aos colegas que têm trabalhado como parceiros nos diferentes locais onde o curso acontece, sem os quais certamente não seria possível seu alcance e sua expansão. Num país de dimensões continentais, sua contribuição é essencial para a efetivação dessa proposta.

Encerrando este Apêndice, citamos os parceiros desde que iniciamos o Curso de Formação em Orientação Profissional e de Carreira, bem como os professores e palestrantes que desenvolveram ou vêm desenvolvendo seu trabalho no curso. A eles o nosso eterno agradecimento.

Parceiros:

Colégio João Paulo II - RS - Psic. Regina Anzolch Crestani
Centro de Integração Empresa e Escola do Paraná - PR
Rita de Cassia Guerra Matias - SP
Casa do Psicólogo - SP
Centro Universitário Municipal de Franca (Unifacef) - Franca - SP
Colégio São Vicente de Paula - RJ
Psic. Marília Lessa - RJ
Sobrado Cultural - RJ
Psic. Hans Muylaert - RJ
Psic. Ms. Maria Isabel Drummond Oppel Silva - BA
Psic. Ms. Roberta Maria Fernandes Cavalcante - CE

Psic. Anna Kelly Fraxe Tizianel Frota - MA
Psic. Hans Muylaert - RJ

Professores:

Psic. Ms. Roberta Maria Fernandes Cavalcante - CE
Psic. Ms. Marcília Simeão - CE
Psic. Dra. Tereza Gláucia Matos - CE
Psic. Ms. Andreza Almeida Alves de Oliveira - CE
Psic. Dra. Geruza D'Avila - RJ
Dra. Clarissa Stefani - SC

OS AUTORES

Adolfo Kuhn Pfeifer

Formado em Engenharia Mecânica pela Universidade Federal do Rio Grande do Sul (UFRGS), em Análise de Sistemas pelo Serviço Federal de Processamento de Dados (Serpro) e em Orientação Profissional pelo Instituto do Ser - Orientação Profissional e de Carreira. Especializado em Administração pela UFRGS e mestre em Ergonomia pela Universidade Federal de Santa Catarina (UFSC). Trabalha desde 2009 com gestão de pessoas no Serpro.

adolfo.pfeifer@gmail.com

Anna Kelly Fraxe Tizianel Frota

Psicóloga graduada pela Pontifícia Universidade Católica de Campinas (PUC-Campinas) e formada pelo Instituto do Ser - Orientação Profissional e de Carreira de 2009 a 2015, nas cidades de Fortaleza (CE) e Florianópolis (SC). Autora do livro *Profissão futuro - 100 perguntas para auxiliar na escolha profissional* (Matrix, 2016). Atua como orientadora profissional de vestibulandos na Profissio - Escolhas e Carreiras e no Único Vestibulares, em São Luís (MA).

annakellyfrota@gmail.com
www.annakellyfrota.com

Camila de Sousa Pereira-Guizzo

Psicóloga, doutora em Educação Especial pela Universidade Federal de São Carlos (UFSCar) e especialista em Gestão Organizacional e Recursos Humanos pelo Departamento de Engenharia de Produção da mesma instituição. Realizou o Curso de Formação em Orientação Profissional pelo Instituto do Ser - Orientação Profissional e de Carreira em 2013, em Salvador (BA). Atualmente, é professora adjunta da Faculdade de Tecnologia Senai Cimatec (Salvador, Bahia), atuando como docente dos cursos de graduação e dos programas de pós-graduação *stricto sensu* da instituição. Líder do grupo de pesquisa CNPq Fatores Humanos e Aprendizagem Tecnológica e membro do Grupo de Trabalho Relações Interpessoais e Competência Social (Anpepp).

camila.pereira@fieb.org.br

Claudia Basso

Bacharel licenciada, mestre e doutora em Psicologia. Docente no Senac - Unidade Saúde e Beleza em Florianópolis (SC). Participou do Curso de Formação do Instituto do Ser - Orientação Profissional e de Carreira em 2006, também em Florianópolis, onde exerce a função de orientadora profissional e de carreira.

claudiabassopsi@hotmail.com

Dulce Helena Penna Soares

Psicóloga, mestre em Psicologia da Educação pela Universidade Federal do Rio Grande do Sul (UFRGS), doutora em Psicologia Clínica pela Universidade de Estrasburgo, na França, e pós-doutora em Psicologia pela UFRGS. Professora aposentada da Universidade Federal de Santa Catarina (UFSC). Sócia do Instituto do Ser - Orientação Profissional e de Carreira e professora dos cursos de formação em orientação profissional e de carreira. Realiza consultoria em programas de orientação para aposentadoria e orientação financeira em organizações públicas e privadas. Ministra palestras e workshops em empresas e escolas.

dulcepennas@gmail.com
www.instserop.com.br

Gabriel Feigel

Graduado em Psicologia pela Universidade Federal de Santa Catarina (UFSC), é formado em Orientação Profissional pelo Instituto do Ser - Orientação Profissional e de Carreira, de Florianópolis (SC), e especialista em Psicologia Clínica pela Universidade de Araraquara (Uniara), em São Paulo. Atualmente, faz mestrado em Psicologia Organizacional e do Trabalho na UFSC. Desde 2013, atua como psicólogo educacional com adolescentes e adultos em busca de orientação profissional, além de aprovação em vestibulares e concursos públicos.

gabriel.feigel@gmail.com
www.academiadasprovas.com.br

Geruza Tavares D'Avila

Psicóloga, mestre e doutora em Psicologia pela Universidade Federal de Santa Catarina (UFSC). Professora do departamento de Administração e Turismo do Instituto Multidisciplinar da Universidade Federal Rural do Rio de Janeiro (UFRRJ). Realizou curso de formação em orientação profissional no Instituto do Ser - Orientação Profissional e de Carreira em 2008/2009, em Florianópolis (SC).

geruzad@yahoo.com.br

Iúri Novaes Luna

Psicólogo e doutor em Sociologia Política. Professor do Departamento de Psicologia da Universidade Federal de Santa Catarina (UFSC), com atuação no curso de graduação em Psicologia e no programa de pós-graduação em Psicologia. Tem experiência nas áreas de psicologia e administração, com ênfase (pesquisa, ensino e intervenção) em psicologia organizacional e do trabalho e orientação profissional, de carreira e para a aposentadoria.

iuri.luna@ufsc.br

João Lucas Xavier Schüler

Graduado pelo Complexo de Ensino Superior de Santa Catarina (Cesusc) e formado em Orientação Profissional, de Carreira e para a Aposentadoria pelo Instituto do Ser - Orientação Profissional e de Carreira. Pós-graduado em Terapia Cognitivo--Comportamental pelo Instituto WP - Centro de Psicoterapia Cognitivo-Comportamental. É psicólogo clínico, orientador profissional, de carreira e para a aposentadoria e empresário.

joaolucas@diadepsicoterapia.com.br
www.diadepsicoterapia.com.br

Magda Baetta

Psicóloga e pedagoga, é pós-graduada em Supervisão Escolar e Psicopedagogia. Trabalha em consultório particular, como psicóloga e orientadora profissional. Participou do curso de formação do Instituto do Ser – Orientação Profissional e de Carreira no Rio de Janeiro (RJ).

magdabaetta@gmail.com
www.magdabaetta.com.br

Maria Teresa Mandelli

Mestre em Psicologia pela Universidade Federal de Santa Catarina (UFSC). Especialista clínica pelo Conselho Federal de Psicologia (CFP) e Gestalt-terapeuta pelo Instituto Gestalten. Pós-formada em Gestalt-terapia pelo Instituto Müller-Granzotto e docente e supervisora dos cursos de formação da mesma instituição. Formada em Orientação Profissional pelo Instituto do Ser – Orientação Profissional e de Carreira. Atende adolescentes, adultos, famílias e casais. Coordena grupos de orientação profissional e grupos terapêuticos.

tetemandelli@yahoo.com.br

Marilu Diez Lisboa

Psicóloga clínica e social, é mestre e doutora em Psicologia Social pela Pontifícia Universidade Católica de São Paulo (PUC-SP). Pós-doutora em Sociologia pela Universidade Estadual Paulista (Unesp) e em Educação pela Universidade Federal de Santa Catarina (UFSC). Fundadora e diretora do Instituto do Ser – Orientação Profissional e de Carreira, é professora coordenadora dos cursos de Formação em Orientação Profissional – *A facilitação da escolha* da instituição. Presidente-fundadora e conselheira da Associação Brasileira de Orientação Profissional (Abop). Organizadora e coautora de livros nessa área.

marilu@instserop.com.br

Nádia Veriguine

Bacharel, licenciada, mestre e doutora em Psicologia pela Universidade Federal de Santa Catarina (UFSC). Professora do ensino básico, técnico e tecnológico do Instituto Federal Catarinense - campus Camboriú. Participou do curso de formação do Instituto do Ser - Orientação Profissional e de Carreira em Florianópolis, em 2006.

nadia.veriguine@ifc.edu.br

Regina Célia Borges

Psicóloga e orientadora profissional, doutora e mestre em psicologia pela Universidade Federal de Santa Catarina (UFSC). Tem formação em orientação profissional pelo Instituto do Ser - Orientação Profissional e de Carreira, de Florianópolis, e especialização em Administração de Recursos Humanos pela Universidade São Judas Tadeu (USJT) e em Administração Hospitalar pela Fundação Getúlio Vargas (FGV), ambas de São Paulo. Atua em orientação e reorientação profissional de jovens e adultos, preparação para vestibulares e concursos e consultoria organizacional.

reginacl@uol.com.br

leia também

ORIENTAÇÃO PROFISSIONAL
Uma experiência psicodramática
Lucila Camargo

Uma proposta prática de programa de orientação profissional em função do contexto socioeconômico do grupo a ser atendido. Baseando-se nos recursos do psicodrama, a autora trabalha na retomada da espontaneidade e da criatividade para estimular o jovem a manter- se atualizado, a se abrir para novas possibilidades profissionais e se adaptar às transformações do mundo.

REF. 20015 ISBN 978-85-7183-015-8

PENSANDO E VIVENDO A ORIENTAÇÃO PROFISSIONAL
Dulce Helena Penna Soares-Lucchiari (org.)

Imprescindível como instrumento de trabalho para psicólogos, educadores ou mesmo para pais que desejam auxiliar seus filhos na difícil tarefa da escolha da profissão, a Orientação Profissional é tratada aqui do ponto de vista da afetividade, da criatividade e das relações com o meio social e econômico.

REF. 10427 ISBN 978-85-323-0427-8

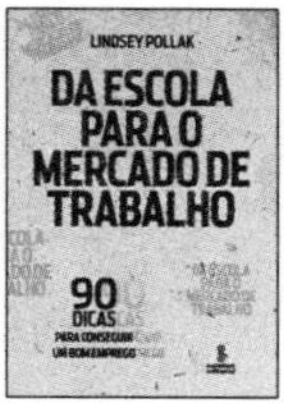

DA ESCOLA PARA O MERCADO DE TRABALHO
90 dicas para conseguir um bom emprego
Lindsey Pollak

Neste livro, Lindsey Pollak dá dicas de como conseguir um bom emprego mesmo antes de se formar. Fazer uma rede de contatos, ler jornais da área, fazer cursos de especialização, participar de eventos e trabalhar como voluntário são alguns dos conselhos da autora. Com linguagem jovem e atraente, a obra é dedicada a estudantes de faculdade ou de escolas técnicas.

REF. 10516 ISBN 978-85-323-0516-9

O QUE O JOVEM QUER DA VIDA?
Como pais e professores podem orientar e motivar os adolescentes
William Damon

Por que muitos jovens, atualmente, não conseguem encontrar um objetivo de vida, ao passo que uns poucos sabem direitinho o que querem? Baseado em entrevistas e pesquisas, o autor oferece métodos simples para encorajar os jovens e orientá-los para uma vida produtiva e plena em todos os sentidos.

REF. 10535 ISBN 978-85-323-0535-0

www.gruposummus.com.br
Acesse, conheça o nosso catálogo e cadastre-se para receber informações sobre os lançamentos.

www.gruposummus.com.br

IMPRESSO NA GRÁFICA sumago

sumago gráfica editorial ltda
rua itauna, 789 vila maria
02111-031 são paulo sp
tel e fax 11 **2955 5636**
sumago@sumago.com.br